바칼로레아
: 유럽 학교의 교육과정 개혁

원제: 유럽학교의 교육과정 개혁
: 21세기 비전을 향해

저자

산드라 리톤 그레이 Sandra Leaton Gray
University College London 교수

Sandra Leaton Gray는 UCL 교육연구소의 교육학 부교수이다. 그녀는 전직 교사이자 교육 사회학 전문가로 현대의 정체성과 기술을 둘러싼 이슈에 특별한 관심을 가지고 있다. 산드라는 또한 생체인식학 연구소의 프라이버시 전문가 그룹의 일원이며 캠브리지 대학 울프슨 칼리지의 수석 멤버이기도 하다. 산드라는 '공성 아래 교사들'(2006년), '보이지 않는 불투명함'(Invisible Blighty)의 저자이다. 아동기의 디지털 침식'(2017), '유럽 학교의 커리큘럼 개혁'(2018)을 비롯하여 교육, 전문성, 생체인식, 기술, 정체성 등 사회학에 관한 많은 기사와 책 챕터들이 있다. 그녀는 라디오와 TV에 정기적으로 출연하여 어린 시절과 학교를 주제로 다루고 있으며, 데이비드 풋남 경의 교육 다큐멘터리 영화 '우리는 기다리던 사람들'(2009)에 출연했다.

데이빗 스콧 David Scott
University College London 교수

런던 대학교 교육연구소의 명예교수다. 저서로 『교육, 인식론, 비판적 실재론(Education, Epistemology and Critical Realism)』(2010), 『교육 시스템과 학습자: 지식과 앎(Education Systems and Learners: Knowledge and Knowing)』(2017) 등이 있다. 로이 바스카가 별세한 뒤 그와 나눈 대담을 정리해 『로이 바스카, 비판적 실재론과 교육을 말하다(Roy Bhaskar, A Theory of Education)』(2015)를 썼으며, 이 책은 한국어로 번역되어 2020.12.31.일 출간되었다(한올아카데미).

피터 메히스토 Peeter Mehisto
University College London 교수

Peeter Mehisto는 아이디어를 발산하고 이해관계자들의 협력을 촉진하여 실질적인 새로운 공공 프로그램을 시작하게 되었다. 특히 에스토니아를 포함한 아시아, 멕시코 및 유럽의 초등, 중등 및 대학 수준에서 이중언어 교육 프로그램의 개발 및 관리를 지원해 왔다. 현재 피터는 에스토니아의 PISA 성공 스토리를 연구하고 있다. 또한 그는 2030 세계 교육기술 이니셔티브에 대한 OECD 워킹 그룹의 일원이다. 피터 메이히토는 그의 작품으로 여러 상을 받기도 하였다. 케임브리지 대학 출판부와 함께 집필한 세 권의 저서들은 교사, 학교 관리자, 지역 및 국가 공무원 대상 뿐만 아니라 연구 커뮤니티에도 발표되었다.

번역자 소개

윤소영(Soyoung YUN) [E-mail: Soyoungyun0725@gmail.com]

영국 버밍엄대학교 대학원에서 영어교육학 석사와 교육학 박사학위를 취득했다. 현재 공주교육대학교 교육학과에서 교육과정을 강의중이며, 백석예술대학교 언어문화학부에서 영어학개론과 영문법을 강의중이다. 대표논문으로는

▫ A Linguistic Ethnographic study of young American novice teachers in Korea: A policy into practice,

▫ Effects of enhancing multicultural knowledge competence through an international teaching practicum programme for Korean student-teachers,

▫ The long-term effects of an international teaching practicum: the development of personal and professional competences of Korean pre-service teachers 등이 있다.

관심을 가지고 있는 연구 분야는 교육과정(curriculum), 교사교육(teacher education), 인재양성(Human Resources Development) 관련 분야이며, 관심키워드는 행위주체성(agency), 정체성(identity), 포지셔닝(positioning), 실천공동체(communities of pracitce), 상황학습(situated learning) 등이다.

사사표기

본 번역서는 ㈜ 라일린의 사회기여프로젝트 학술연구지원사업의 지원을 받아 출판되었다.

서 문

예전 한 연회장에서 영광스럽게도 유럽 학교의 설립자 중 한 분인 Albert Van Houtte씨의 옆 자리에 앉게 되는 기회가 생겼다. 당시 이미 90세가 넘는 연세였음에도 불구하고, 생각이 분명하고 다소 직설적인 표현방식을 사용하시는 분이셨다. 그는 나를 힐끗쳐다보더니 천천히 고개를 가로저으면서 이렇게 말씀하셨다. "이보게, 잘 들어보게. 난 정말 실망스러워. 우리는 유럽 학교의 기반을 빠르게 만들었어. 단지 몇 주 밖에 걸리지 않았단 말이지. 그 후로 50년이 지났는데 뭐가변하거나 발달한 게 없지 않나!"

그가 옳았다. 유럽 학교의 기본원리들은 지난 60년 동안 변한 것 없이 그대로 이어져 왔고, 같은 기간 동안 주변은 완전히 달라졌다. 유럽 연합 소속국가는 6개국에서 28개국으로 늘어났고, 언어와 언어구역(language sections)의 수 역시 네 배 증가했으며, 학교 내 조직들은 21세기 젊은이들의 교육적 필요를 충족시키기 위해 지속적으로 요구되어 온 교육과정 혁신 노력에 대한 언급조차 없이 점점 더 복잡해져왔다.

유럽 학교 시스템의 사무총장으로서, 나는 대규모의 혁신을 이루는 것을 최우선으로 내세웠다. 유럽학교 이사회에서는 이 부분에 대해 논의할 팀을 구성했다. 외부의 시각이 필요하다는 것은 명백했고, 이 중요한 과업은 UCL(University College London)의 교육연구소에 주어졌다.

이 책의 목차를 보면 알 수 있듯이, UCL 교육연구소 소속의 전문가 그룹은 굉장히 인상적으로 배열된 필수 요소들과 타당성을 갖춘 평가, 그리고 제언을 제시했다.

제안된 여러 제언들은 유럽 학교의 시스템에만 국한되는 것이 아니라 훨씬 거대한, 세계적인 가치를 지니고 있는 것이다. 이상적인 21세기 교육과정의 모습은 어떠해야 할 것인가? 현대 교육프로그램의 목표들과 목적들은 무엇인가? 어떻게 하면 8개의 유럽 연합이 추구하는 핵심 역량이 잘 실행될 수 있도록 교육과정을 설계할 수 있을까? 일관성있고 효과적인 교육과정을 어떻게 구성해야 할 것인가? 학생들의 성공적인 고등교육을 돕기 위해 필요한 역량과 기술들은 무엇일까? 다문화/다언어 환경 속 모국어의 역할은 무엇일까? 언어교육을 증진시키기 위한 방법은 무엇일까? 평가와 측정의 기준을 어떻게 개발해야 할까? 이러한 질문들은 묻고 탐구되어야 할 수많은 질문들의 지극히 일부들이다.

UCL 교육연구소 보고서의 개념, 방안, 제안점들에 대해 발표한 후, 우리는 어떤 혁신의 방향을 설정할 것인지에 관해선 학교 및 이해당사자들 내에서 협의와 성찰적 토론이 필요하다는 것을 확실히 알 수 있었다. 이를 바탕으로, 나는 전체 유럽 학교 공동체들에게 아래와 같은 편지를 보냈다:

모두에게,

지난 60여 년 동안 유럽 학교의 목표는 2가지 였습니다. 유치원에서부터 대학 입학에 이르기까지 폭 넓은 양질의 교육을 제공하는 것과, 학생들이 모국어로 교육을 받으면서도 다문화/다언어환경속에 충분히 스며들어 열린 마음을 가진 유럽시민이 될 수 있도록 것이었습니다. 앞선 우리의 목표들이 오늘날에도 유의미하다는 것은 확신하지만, 학생들이 마주하게 될 21세기의 요구를 고려하여 우리의 교육과정과 몇몇 현장을 수정하고 개선하는 것이 더욱 값질거라 생각합니다.

이번 가을, 2차 주기 재편성 연구팀은(Reorganisation of Secondary Cycle Studies Working Group) 이전의 토론과 제안 및 외부 평가자인 UCL교육연구소의 자문을 고려하여 중학교 교육과정에 대해 논의할 예정입니다. 평가팀의 보고서에 따르면, 현재의 현장과 새로운 제안은 8개의 역량을 충분히 반영하지 못하고 있다고 평가되었습니다.

UCL교육학과 평가팀의 최종보고서가 제시하는 중요한 제안중의 하나는 우리가 '현재 교육과정의 개요를 8개의 핵심역량과 관련지어 명확히 하고 확장해야 한다는 것'입니다. 이와 더불어 유럽학교들은 이 러한 유럽의 핵심역량을 학습 및 교육 실습에 번역하고 해석하는데에 앞장서야 합니다.

동일한 보고서에 따르면, 가장 중요한 교육과정 혁신의 요소는 교사역량(teacher capacity)를 개선하는 것입니다. 이를 위해선 ;

첫째, 필요한 배경지식, 기술과 성향을 이미 갖추고 있는 교사들을 채용하는 것 또는

둘째, 예비교사와 현직교사를 대상으로 보상적 차원에서 새로운 교수요목(syllabus)를 가르치는데 필요한 지식, 기술, 성향을 교육하는 것입니다.

여름동안, 저는 무엇이 가치있는 배움인가?(What's worth learning?)라는 주제로 실시된 교육과정 당면회의(Curriculum Confrontation Event)'에 참석했었는데요, 많은 이해당사자들로부터 아래와 같은 내용을 배울 수 있었습니다.

전체 28개의 유럽국가들은 지난 10년 동안 자신들의 교육과정을 개선했습니다.

우리 학교들이 운영되고 있는 국가는 지난 20년 동안 큰 변화를 겪어왔는데, 국제화의 확대와 지속가능한 미래를 위한 도전은 두 개의 예시에 불과합니다.

한 학생이 완전히 익혀야 하는 역량은 '교차교육과정, 윤리, 지속성' 세 요소들을 포함하는 것으로 확대되었습니다.

학습의 개념 또한 진화했습니다. 학습을 위한 배움이 더욱 중요해지고 있습니다. 이러한 능력은 기본적인 문해능력, 산술능력, 그리고 계속학습을 위한 ICT등의 기초능력들 속에 녹아들어있어야 합니다. 따라서, 개인들은 새로운 지식과 기술들을 습득하고, 접근하고, 주장하고, 완전히 이해할 수 있어야 합니다. 학생들은 또한 자율적으로 배울 수 있어야 하고, 자기 훈련이 가능해야 하며, 협업이 가능하고, 자신이 배운 것을 나눌 줄 알며, 자신의 학습을 계획하고, 스스로의 일을 평가하고, 때에 따라 적절하게 조언과 정보, 그리고 도움을 구할 수 있어야 합니다.

교사들과 교수의 역할 역시 변했습니다. 우리는 학습공동체로서 학교를 향해 나아가고 있습니다. 또한,
교수요목의 항목들과 교육학적 관행들은 우리 환경에서 드러날 수 있는 교차과목(cross-subject)의 문제를 고민해봄으로써 학생들이 실제 문제들과 세상의 현상들을 다룰 수 있도록 해야 합니다.

또한 우리는 우리학교들을 더 나은 교육환경이면서 용기를 북돋워 줄 수 있는 공동체로서 자리매김하고, 학교에서 공부한다는 것이 가치있음을 느끼게끔 하기 위해 성찰의 시간을 가져야 합니다. 우리의 구성원들의 열정과 행복과 더불어, 우리학생들의 배움의 즐거움 또한 커져야 합니다. 이러한 모든 교육학적 이슈들은 다양한 포럼을 통해 이번년도 동안 논의될 것입니다.

전체 유럽학교 공동체를 이러한 논의의 장에 초청합니다.

브뤼셀, 2015년 9월 9일
카리 키비넨(Kari Kivinen)
유럽학교 사무총장

유럽학교 시스템의 개혁과정은 여전히 진행중이다. UCL의 제안들은 개혁 범위를 깊이 있

게 만들었고, 개혁을 위한 넓은 혜안과 새로운 방향성을 제시했다. 교육과정 설계 아이디어는 UCL의 다학문분야 전문가팀이 최근 연구결과와 최신 교육학 발달추세를 바탕으로 제시했다. 그들의 연구결과는 교육학연구이론들과 실제 학교교육현장을 연결하여 전체적으로 어우러지도록 했다.

유럽전역의 학교기관들, 학교장들, 교사들, 부모들, 그리고 정책결정자들은 우리가 유럽 학교에서 고민하는 것과 같은 문제를 당면했다. 우리학생들이 적절한 역량을 갖추어 미래를 마주할 수 있도록 우리가 어떻게 학교시스템을 개혁할 수 있을까? 새로운 교육학 연구결과들을 어떻게 현장에서 실천할 수 있을까? 어떻게 우리가 학생들의 능력과 기타 요구들을 반영한 차별화된 교육과정을 세워나갈 수 있을까? 새롭게 강화된 책임을 위한 새로운 도전들을 충족시키기 위해 우리는 평가시스템을 어떻게 개혁할 수 있을까?

이 책은 교육학 연구를 통한 최신 교육과정 설계에 대해 지적으로 자극적인 개요이다. 해당분야에서 선구적인 연구자들이 제시하는 이상적인 21세기 교육과정 세팅의 진수를 알고자 하는 이들 모두가 관심있어 할 책이다.

벨기에 브뤼셀에서,

카리 키비넨

2021년

세계 경제가 새로운 교육 비전을 필요로 하고 있는 이 시기에, 이 오픈엑세스 책은 유럽 연합 내 현대 유럽 학교 시스템의 역할을 탐구한다. 급격한 유럽 연합의 팽창과 브렉시트(Brexit)는 영어를 모국어로 하는 교사 유입을 중단시켰고, 이는 이중언어와 다언어 교육 근간이었던 60년 전통의 유럽학교를 위기에 직면하게 하였다. 교육학 및 평가 연구의 발전은 그들이 시도해온 수학/과학 교육 모델을 뒤쳐지게 만든 반면, 유럽 회원국들에 대한 자금 조달 여부 검토는 학생 및 교사 채용과 보유를 어렵게 만들고 있다. 저자들은 전후 유럽 프로젝트 전체가 위험에 처할 가능성이 있는 새로운 시대의 유럽에서 유럽학교들의 위치를 평가하기 위해 독창적이고 경험적인 연구를 진행한다. 이 우수한 연구 결과물은 유럽학교에서 일하는 실무자들 뿐만 아니라 EU정치, 국제교육관련 학생들 및 학자들에게도 관심의 대상이 될 것이다.

역자 서문

본 서는 Curriculum Reform in the European Schools: Towards a 21st Century Vision의 한국어 완역이다. 본 서는 EU 학교(유럽학교) 교육과정의 현재를 진단하고 미래를 위한 교육과정 개혁 방안을 제시하고 있다. 새로운 정책을 현장에 적용하고자 하는 세계 여러나라의 많은 정책담당자들과 교원들, 학생들 그리고 학부모들에게 있어서 본 서는 각자의 위치에서 필요한 부분을 참고할 수 있을 좋은 지침서가 될 수 있을 것이다. 각주 작업을 위한 많은 부분은 서울대학교 교육연구소에서 편찬한 교육학 용어사전을 참고했다[서울대학교 교육연구소(2015). 교육학 용어사전. 서울: 하우동설].

본 서를 번역하는 전 과정 동안 정말 많은 분들의 도움과 지원을 받았다. 그 분들의 도움과 지원, 그리고 응원이 없었다면 본 서의 번역을 마무리할 수 없었을 것이다. 흔쾌히 원서의 한국어 번역 작업에 동의와 응원을 보내준 본 서의 원저자들(Prof. Leaton Gray, Prof. Scott, Prof. Mehistoe)에게 깊은 감사를 전한다. 그리고, 학술지원사업으로 본 서의 번역

프로젝트를 지원한 (주)라일린의 김태균 대표님과 최순일 팀장님, 그리고 유가화 팀장님께도 깊은 감사의 마음을 전한다. 라일린(Lylinn)은 사회기여프로젝트의 일환으로 학술지원 사업을 진행하고 있고, 본 서는 그 첫번째 프로젝트이다. 라일린이 꿈꾸는 사람과 자연이 어우러지는 세상을 만들어나가는 데 본 서가 가치로운 첫 단추이길 희망한다.

본 서의 오역이나 실수에 있어서 그 책임은 오롯이 역자에게 있다. 본 서의 감수로 도움을 주신 서다영 선생님과 이진성 선생님께도 감사드린다.

일일이 언급하지 못했지만 물심양면으로 도움을 주시고 응원해주신 많은 분들께 다시 한번 감사를 드리며, 본 서가 한국의 교육개혁 과정에 도움이 될 수 있는, 그래서 한국에서 교육을 받고 자라나는 미래 세대들이 자신을 사랑하고 서로를 아낄 수 있는 사람들로 성장하고, 서로 협력하고 함께 성장하는 건강한 공동체로서의 한국사회를 구현하는 꿈을 꿀 수 있는, 그런 인재들을 육성하는 교육과정을 설계하는데에 도움이 될 디딤돌이 되길 희망한다.

2022년 01월 01일

윤소영

Acknowledgement

UCL(University College London)의 교육 연구소 연구팀은 유럽위원회가 EU 학교 시스템의 상위 중등 교육 단계를 주체적으로 조사하는 평가 프로젝트의 일환으로 2014-2015 학기에 이 책에 대한 연구를 수행했다(참조. Leaton Gray et al. 2015). 이 팀은 Sandra Leaton Gray, David Scott, Didac Gutierrez-Peris, Peeter Mehisto, Norbert Pachler and Michael Reiss로 구성되었다.

Reference

Leaton Gray, S., Scott, D., Gutierrez-Peris, Mehisto, P., Pachler, N. and Reiss, M. (2015) External Evaluation of a Proposal for the Reorganisation of Secondary Studies in the European School Systen, London: UCL Institute of Educaion.

차례

List of Tables

1
유럽인이 되기
: EU 학교의 역사[1]

　나란히 교육을 받고, 유아기부터 분열적인 편견에 시달리지 않으며, 서로 다른 문화에서 위대하고 좋은 모든 것을 알게 되면, 이렇게 그들이 성숙해짐에 따라 함께 속해있다는 것이 그들에게서도 드러나게 될 것이다. 사랑과 자부심을 가지고 자신의 나라를 바라보기를 멈추지 않고, 그들은 마음속부터 유럽인임을 기억하고, 학교 교육을 받음으로서 그들 조상의 일을 완성하고 통합하여 통일되고 번영하는 유럽이 될 것이다.

(진 모넷, Jean Monnet 1953)

　EU 학교(유럽학교)는 지금으로부터 거의 60여년 전, 2차 세계 대전의 여파로 설립되었다. 첫 번째 학교는 브뤼셀(Brussels), 그리고 스트라스브루그(Strasbourg)와 더불어 유럽 연합의 공식적인 수도이자 유럽사법재판소[2]가 위치하고 있는 룩셈부르크(Luxembourrg)에 설립되었다. 현재 EU 학교는 그 수가 7개국 14개의 학교에 달하고, 25,000명이 넘는 학생들을 가르치고 있다. 유럽 연합 직원들의 자녀들을 위해 설계된 EU 학교는, 유럽내에서 특별한 법적 지위를 가지고 있으며, 현존하는 여러 유럽 교육모델들을 혼합한 특정한 모델의 교육과정과 평가모델을 사용하고 있다. 이 책에서 우리는 이러한 EU 학교들의 역할, 기능, 그

1　© 저자(들) 2018
산드라 리톤 그레이 외., 유럽학교의 교육과정 개혁, http://doi.org/10.1007/978-3-319-71464-6_1
2　European Court of Justice 유럽사법재판소

14

리고 지위를 연구한다.

학교집단을 하나의 시스템 (원저자 강조) 이라고 칭하는 것은 관례적이며, 게다가 우리가 아래에서 설명하는 이유들에서 드러나듯이 실제로 많은 의미가 있다. 하지만, 교육을 하나의 시스템이라고 묘사하는 것은 그 활동의 핵심, 즉, 온전한 개인적인 학습의 연속이라는 것을 간과하는 위험을 무릅쓰는 것이다. 따라서, 시작부터 분명히 할 것은, 이 교육시스템에 관련된 모든 것들은 학습하려는 본능적인 추진력과 학습을 조직하고 통제하려는 체계적인 시도 사이 긴장의 정도도 고려할 필요가 있다는 것이다. 이러한 긴장의 근원은 필요(감정적, 정신적, 물질적, 그리고 지성적)의 충족을 위한 학습 기회로의 접근에 대한 기본적인 요구와 교육시스템이 채택하는 선택과 통제의 과정 사이의 차이에 있다.

교육시스템은 시간이 지남에 따라 변화하고, 내부와 외부의 구조는 물론 관계 모두에 있어서 변화를 경험한다. 변화가 발생하는가 않은가는 시스템의 능력은 변화 촉매 혹은 일련의 개혁 조건에 달려있다. 그리고 이들은 순차적으로 변화의 주체로서 스스로 활동활 수 있는 능력을 결정하는 특별한 방식으로 구성되어 있다. 특정한 종류의 촉매, 예를 들어, 인사이동(은퇴나 죽음에 기인하거나 혹은 시스템 내에서 막강한 권력을 지닌 자리에 있는 사람들에 의해 자연적으로 발생하는), 새로운 정책, 자연스러운 사건, 외부의 개입, 자원들의 새로운 배열, 시스템 내에서의 역할 및 기능의 새로운 협의, 새로운 재정의 해결 등은 다른 것들보다 시스템의 변화를 유도할 가능성이 더 높다. 간단히 말하자면, 이러한 변화 촉매 중 일부는 다른 촉매보다 더 막강하거나, 혹은 적어도 더 강력해질 잠재력을 지니고 있다. 그리고 이 지점에서 시스템 내에서 변화에 영향을 끼치기 위한 촉매의 능력은 변화가 실제로 발생할지 여부를 보장하거나 결정할 수 없다. 우리는 이것을 EU 학교 시스템에서 수행된 일부 개혁 과정을 통해 가장 명확하게 확인할 수 있다. 예를 들어,

시스템을 개방하고 EU 바칼로레아(European Baccalaureate[3])를 다른 학생들에게 개방하는 것, 시스템 내부 관리 관련 이슈들, 그리고 회원국들 간의 비용 분담에 초점을 맞춘 2009개혁 처럼 말이다. 어떤 개혁이나 변화 과정도 시스템 내 변화 정도는 물론 개혁이 얼마나 오랫동안 지속될 것인지, 그리고 발생할 수 있는 예기치 못한 결과들이 무엇인지 결정하거나 보장하지 않는다. 게다가, 일부 유형의 변화 촉매들은 다른 유형들보다 시스템 내에서 변화를 불러오는데 더 성공적일 수 있다. 이것은 일부 교육 시스템내의 특정 개입들이 다른것들보다 더 강력할 뿐만 아니라, 개혁되는 시스템 내의 변화 기제에 더 잘 들어맞도록 변화를 유도해내는 능력 때문이다.

예를 들어, 조정 기관과 그 구성 부서 사이의 위계가 확실한 시스템에서, 강력한 보상과 제재에 기반한 교실 수준의 변화 정책은 변화를 유도하는 데 성공할 가능성이 높다. 이는 교사들에게 더 큰 자율성을 부여한 시스템과는 대조적이며, 결과적으로 같은 변화 기제가 후자의 시스템에서 성공할 가능성은 더 적을 것이다. 추가적인 국가 변화의 행위주체들은 같은 방식으로 일하며, 그 하나의 예로서 국제 학생 평가로 잘 알려진 프로그램인 경제협력개발기구(OECD)[4]의 '국제 평가'를 들 수 있다. OECD와 같은 국제기구들이 하려는 것은 다양한 국가적인 시스템은 물론 여러 국가간 시스템의 활동들이 초국가적 기구에 보여지고, 결과적으로 한 지점에서도 시스템의 모든 부분들을 뚜렷하게 알아볼 수 있는 국제적 범국가주의[5]의 형태를 확립하는 것이다. 하지만, 이것이 필요로 하는 것은 한 측면의 비교 혹은 적어도 이를 가능하게 하는 비교 기제(mechanism)로서, 사람들이 그 비교 기제를 유용하게 여길 수 있고 충분히 신뢰할 수 있게 하는 것이다. 이는 본질적으로

---

3   European Baccalaureate. EU 바칼로레아. 이 이름은 온전히 유럽학교에만 속하는 이름으로서, 설립 이래로 유럽연합의 모든 공식 언어에서 이 이름의 사용을 독점해왔다.
(출처:https://www.eursc.eu/en/European-Schools/European-Baccalaureate).
4   Organisation for Economic Cooperation and Development(OECD) 경제개발협력기구
5   global panopticism 국제적 범국가주의

이 책의 초점인 EU 학교 시스템과 같은 특정한 교육 시스템에 적용된다.

지금까지 우리는 EU 학교 시스템을 일련의 기관들과 그 내부 부분들 간의 관계, 그리고 중앙 권력과 특별한 관계와 위치를 가지고 있는 여러 하위시스템들의 조정 기관으로 분류해왔을 것이다. 하지만, 이것은 중앙 권력과 학교들, 그리고 시스템과 시스템 외부의 다른 기관들과의 관계가 시간이 흘러도 같은 상태로 유지된다는 것을 의미하지는 않는다. 이러한 관계들은 예를 들어, 새로운 아이디어의 탄생, 자연적인 진보, 개방된 활동 시스템들 사이에서 역사적으로 축적되어온 구조적 긴장감과 같은 모순들(참조. Engeström 2001)등 여러가지 가능성 있는 이유들로 인해 바뀔 수 있다.

한 교육 시스템을 다수의 하위 단위를 총괄하는 조정 기관으로 이해하는 것은 상당히 쉬우며, 중앙 권력이 특정 유형의 활동을 요구하면 이러한 보조 기관들은 그 지시들을 이행할 것이다. 여기서 사용되는 시스템 개념의 주요한 요소는 모두가 한 시스템의 요소들로 간주되는 상황에서 한 기관이 다른 일련의 기관들에게 지시를 내린다는 것이다.

하지만, 어떤 실제 시스템도 이런 방식으로 작동하는 것은 찾아보기 쉽지 않다. 시스템 내에서 조정 기관이 다른 요소에 대해 행사할 수 있는 힘의 범위와 유형은 다른 방식들로 발휘될 수 있을 것이다. 그러므로, 한 시스템의 조정 기구는 그 시스템의 다른 부분들과 조금 더하거나 덜한 직접적인 관계를 가지고 있을 수도 있다. 게다가, 이런 관계들 중 일부는 점점 약화되어 그것들을 시스템에 포함시키는 것이 점점 더 어려워질 수도 있다.

뿐만 아니라, 시스템들은 그들 내부 요소들이 특정한 방식들로 배열되는 내부의 규칙을 가지고 있다. 전통적인 시스템은 ▪ 명확하게 정의된 노동의 분배, ▪ 조직 내 공식적인 업무의 분배, ▪ 분명하게 정의된 책임 영역을 가진 권한의 계층적 구조, ▪ 조직의 운영을 규제하는 공식 규칙, ▪ 서면 행정, ▪ 공적인 것과 사적인 사이의 확실한 분리, ▪ 능력과 기술적 지식을 바탕으로 한 인력 채용 등의 높은 수준의 전문성을 가지고 있다. 이 시스템이 중앙 권력인 유럽연합위원회와 일련의 책임관계들을 염두에 두고 설정되었다는 것을 이해하기만 한다면, 이 모든 것은 EU 학교 시스템에 적합함을 알 수 있다.

그러나, 우리가 시스템의 개념을 어떻게 이해하든, 그 시스템에 대한 어떤 변화이던지 간에 그것은 항상 크고 작은 정도의 현재의 변화이다. 따라서, 우리는 그러한 시스템들과 교육과정들이 어떻게 구조화되었는지를 이해할 필요가 있다. 이는 다른 교육시스템으로 전달된 같은 개혁 프로그램이 해당 시스템의 다른 요소들에 다른 영향을 미칠 가능성이 있으며, 해당 시스템 내에서 다른 역사를 가질 것이라는 것을 의미한다. 먼저 우리는 굉장히 독특한 이 교육 시스템의 역사를 줄거리로 구성해 보고자 한다.

EU 학교 시스템의 역사

EU 학교 시스템은 1953년 10월 룩셈부르크에서 설립되었으며, 유럽 석탄 철강 공동체[6] 회원들과 룩셈부르크 정부의 주도로 만들어졌다.

6개 회원국의 다른 정부와 교육부는 서로 다른 모국어와 다른 국적을 가진 학생들을 교육하기 위한 시스템을 구축하기 위해 협력했다. 1957년 4월, 의정서에 서명하면서 룩셈부르크 학교는 최초의 EU 학교가 되었다. 1959년 7월 첫 EU 바칼로레아가 시행되었고, 회원국의 모든 대학교로부터 기본 입학 요건의 충족을 인정받았다. 이러한 교육적 실험의 성공은 유럽 경제 공동체(EEC[7]) (및 유럽 원자력 위원회[8])를 고무시켰고, 이들은 결국 EEC 집행 기관들에 의해 인수되어 다양한 정부 당국에 다른 유럽 학교들을 설립할 것을 설득하였다.

작성 당시, 7개의 다른 국가에 14개의 유럽학교들이 설립되어 있었다(표1.1 참

---

6   the European Coal and Steel Community. 유럽 석탄 철강 공동체
7   the European Economic Community. 유럽 경제 공동체
8   the European Atomic Energy Commision. 유럽 원자력 위원회

조).

<표1.1> 교육과정내의 선택권

학교명	회원국	설립연도	첫 바칼로레아
룩셈부르크 I	룩셈부르크	1953	1959
브뤼셀 I	벨기에	1958	1964
몰&질[9] I	벨기에	1960	1966
바레세	이칼리아	1960	1965
칼스루에	독일	1962	1968
베르겐	네덜란드	1963	1971
브뤼셀 II	벨기에	1974	1982
뮌헨	독일	1977	1984
컬햄	영국	1978	1982
브뤼셀 III	벨기에	1999	2001
알리칸테	스페인	2002	2006
프랑크푸르트	독일	2002	2006
룩셈부르크 II	룩셈부르크	2004	2013
브뤼셀 IV	벨기에	2007	2017

출처: EU학교 관리 사무국(2017)

학부모, 기관 관계자, 공무원, 그리고 정책입안자들과 같은 서로 다른 이해관계자들은 이 아이들이 자신들의 모국어로 교육받을 수 있는 기회를 가져야 할 뿐만 아니라 동시에 고국의 동급생들과 동등한 수준의 교육을 받아야 한다는 데 합의했다. 자금의 3분의 2는 유럽 연합의 기관들로부터 충당된다.

이 시스템은 거의 60년 동안 거의 변한 것 없이 유지되어 왔으며, 유럽 연합 공무원 자녀들에게 우선권을 부여하는 입학 정책 또한 유지되고 있다. 게다가, 시스템 시행의 시초부터 자체 학교 증명서인 EU 바칼로레아를 제공해 왔으며, 이 자격은 유럽 연합 소속 국가의 모든 대학들이 법으로 인정한다(참조. EU 학교 관리 사무국, 2017). 비록 개혁의 기원은 더 거슬러 올라가야겠지만, 2009년부터 지금까지 본 시스템은 가장 가시적인 개혁에 착수해왔다. 개혁은 시스템과 EU 바칼로레아를 다른 학생들에게 개방하는 것, 시스템 내부의 체제 운영, 그리고 회원국들 간의

9   Mol, Geel 벨기에의 도시들. 브뤼셀 기준 북동쪽에 위치하고 있다.

비용 분담이라는 세 가지 분야에 초점을 맞춰 왔다.

'개방(Opening up)'은 이사회가 2009년 EU 학교 개혁의 첫 번째 요소와 관련한 모든 공식 문서에 사용한 명칭으로, 이는 추가적인 EU 학교 설립을 위한 인가 절차의 개발을 나타낸다. 전통적인 EU 학교들은 범주 I로 분류되고, 인가된 국립학교들은 EU 학교 범주 II 혹은 범주 III으로 분류된다. EU 학교들 세 유형의 가장 주된 차이점은 범주 II와 범주 III 학교들은 공무원 자녀만을 모집하지 않으며, 유럽의 일반인들에게 EU 학교교육(schooling[10])을 보급하기 위해 설립되었다는 것이다. 범주 II와 III학교들의 자금 지원 시스템은 물론 운영 시스템 역시 전통적인 범주 I EU 학교들과 다르다. 범주 II와 범주 III 학교의 주된 차이는 범주 II EU 학교의 경우, EU로부터 해당학교에 출석중인 공무원 자녀의 수에 비례하는 보조금을 받는다는 점이다. 범주 II 학생들은 학교와 다수의 인가된 기관 및 기업 간 재정협약을 통해 입학할 수 있다. 이와는 대조적으로, 범주 III EU 학교들은 이사회가 학교와 EU 학교교육을 제공한다는 것을 증명하는 합의를 제외하고는 유럽 기관들에 결코 의존하지 않는다.

범주 II와 범주 III 학교의 구분은 최근 들어 그 중요성이 덜해졌다. 범주 III 학교들은 현재(2018년 당시)인가된 학교로 여겨진다.

범주 I 학교 학생들은 EU 기관 소속의 공무원 혹은 계약직 직원(최소 1년 이상 직위)의 자녀들과 EU 학교 교직원의 자녀들이 주를 이루고, 뮌헨학교의 경우에는 유럽특허청[11](EPO)소속 직원의 자녀들이 주를 이룬다. 범주 I에 해당되는 학생들의 비율은 최근 몇 년 동안 꾸준히 증가하고 있으며, 현재 범주 I은 EU 학교 학

---

10 schooling: 학교교육(=School Education). 제도화된 학교 내에서 이루어지는 교육활동. 학교 밖에서 이루어지는 학교외 교육(out-of-school education), 사회교육 또는 성인교육(adult education)과 대조시켜 흔히 그렇게 부른다. 흔히 형식교육(formal education)과 동의어로 쓰이며 유치원·초등학교·중등학교·대학에서 이루어지는 교육을 총칭한다.(출처: 교육학용어사전. 서울대학교 교육연구소,p.760)
11 European Patent Office(EPO) 유럽특허청

생 인구의 79.8%를 차지한다(2016년 9월 기준). EU 공무원의 수는 많지만 학교 수용 가능 인원이 적어 범주 II와 범주 III 학생 대상으로는 제한적인 등록 정책을 시행하는 브뤼셀과 룩셈부르크 학교들의 경우, 분류 I에 해당하는 학생들이 높은 비율을 차지하고 있으며, 4개의 브뤼셀의 학교들에서 90%가 넘는 높은 비율(베르켄다엘의 경우 100%)을 차지하고 있는 반면, EU 공무원의 수가 적은 지역의 학교들은 그러한 학생들의 비율이 훨씬 적다. 최근 브뤼셀의 새로운 학교 설립이 의뢰되었다. 범주 II 학생들은 전체 학생 인구의 4%를 차지하고 있고, 범주 III 학생들은 전체 인구의 16.1%를 구성하고 있다. (2016년 9월 기준).

개방 정책의 두 번째 요소는 EU 바칼로레아의 변화를 포함한다. 범주 II와 범주 III 학교들 역시 범주 I 학교와 동일한 졸업장을 수여하는 것이 허가되었다. 바칼로레아는 법적으로 모든 유럽 대학에서 인정받는다. 인가된 학교 시스템과 EU 바칼로레아에 대한 접근을 확대하는 과정 모두, 전체 시스템은 공통의 교육학적 정신(ethos[12])을 공유한다는 생각에 뒷받침된다. 우리는 시스템 내에서 이루어진 시험 준비의 유용성과 지속 가능성을 검토하고, EU 바칼로레아의 상충되거나 때로는 모순되는 목적, 학습과 인증 관련 부분들을 5장에서 지적하고자 한다.

이러한 심화와 확장은 EU 학교 교육의 개념이 특별하고 수출 가능하며 반복 가능한 형태의 교육이라는 생각에 기초한다. 이 원칙은 현재 이사회에 일반 평가기준을 설정하고, 수정하며, 조작 등을 통제하는 권한을 부여하는 중앙집중화된 시스템을 통해 운영되고 있다. 이러한 기준은 2005년에 제정되었고, 이후 주기적으로 개정되어 왔다.

전 유럽연합 집행위원장이었던 쟈끄 들뢰르(Jaques Delors)는 한때 EU학교들을 '사회학적, 교육학적 실험실'(Delors, 1993)이라고 불렀다. 심지어, 여러

---

12   ethos: 에토스. 성격·인격·개성 등을 의미하는 그리스어. 아리스토텔레스(Aristoteles)에 의하면 극적인 행위의 원동력이 되는 것으로서 사유 혹은 지력과 구별된다. (출처: 교육학용어사전. 서울대학교 교육연구소,p.460)

문건들에서 EU 학교를 지칭하기 위해 가장 흔하게 사용된 형용사는 '개척적인 (pioneering)'과 '실험적인(experimental)'이다.

2009년 개혁의 두 번째 요소는 범주 Ⅰ의 학교들에게 더 많은 자율성을 부여하는 것을 허용한 것이다. 교육학적, 행정적, 그리고 재정적 준비에서와 마찬가지로, 이 자율성은 학교 수준에서 내려질 수 있는 합리적인 결정, 즉 그들의 의결과 일치하는 가장 즉각적인 결정을 허용하도록 고안되었다. 이것은 보완성[13]의 원칙이며, 이러한 맥락에서 ▪재직자 교육, ▪직원 발달, ▪정보의 활용과 의사소통 기술, ▪자료 보호, ▪아동 보호, ▪금융 규정에 의해 제공되는 전학 및 ▪학생 등록 등의 문제들을 다룬다. 새로운 합의를 통해 드러난 개혁의 세 번째 요소는 회원국들 간의 비용 분담, 특별히 교원 파견 비용에 관한 것이다.

쇼어와 피날디(Shore and Finaldi, 2005), 그리고 사비데스(Savvides, 2006a, b, c)와 같은 EU 학교들을 연구했던 여러 연구자들은 이 시스템의 가장 주된 한계들 중 하나가 '선택적인 성격'이라는 것에 동의한다. 2007년 유럽 의회는 EU 학교 졸업생들의 커리어와 그들의 배경(European Commission, 2007 a,b)에 대한 광범위한 분석을 요청했다. 이는 일부 전통적인 EU 학교들이 학생 인구의 90% 이상을 같은 가정 배경으로부터; 즉, 유럽 연합 공무원 가족에서, 모집했다는 것을 보여주었다. 브뤼셀과 룩셈부르크에 위치한 EU 학교들의 경우, 범주 Ⅰ의 아동들의 수요가 입학 가능한 자리 수 보다 많다.

EU 학교들의 배타적인 성격의 이유 중 하나는 그들이 특정한 미션과 기능에 동의하고 수행하기(subscribe) 때문이다. EU 학교 시스템 규정들은 '유럽 학교의 설립은 [...] 필수적인 공동체[유럽 연합] 최적 활동을 보장하는 것이 필수적인 경우에만 정당하다'(이사회, 2009:4)라고 한다. 이런 의미에서 새로운 학교들을 설립하는 기준들은 쉽게 충족되지 않으며, 최종 결정은 언제나 회원국의 절차 개시 의

---

13   보완성(중앙 정부는 지방 정부가 행하기 어려운 업무를 보완한다는 원칙) 출처: 옥스포드 영한사전

지에 달려 있다. 수년간 이러한 조건들이 충족된 사례들이 존재해 왔지만, 브뤼셀과 룩셈부르크 이외의 도시들에서는 아직 새로운 학교가 개교되지 않았다.

　새로운 학교를 열기로 한 결정은 정치적인 결정으로 남아있다. 새로운 EU 학교를 설립할 수 있는 힘은 회원국들과 그들의 국가 정부들만이 가질 수 있는 공식적이고 독점적인 권한이다. 다시 말해, 유럽 기관들과 EU 학교들의 운영 기관들은 EU 학교의 시스템을 개방하고 확장할 능력이 없다. "회원국의 영토에 유럽 학교를 설립하는 제안은 해당 국가에 의해 발의된다"(이사회, 2009: 4).

　EU 학교의 특수성은 오로지 그들의 유럽 국가라는 정체성에만 있는 것이 아니라, 주로 국가적 차원에서 존재하지 않는, 예를 들어, ▪ 조기 다언어[14] 교육, ▪ 유럽 전역의 통합된 교육과정, ▪ 다원적 국가 관점에 근거한 교육학, 그리고 ▪ 다국적 학생들로 구성된 환경과 같은 학교교육 요소에 기반한 교육을 제공한다는 사실에 있다. EU 학교 시스템의 의도는 유럽인의 의식을 고취시키는 것, 제도와 그 역사에 대한 지식을 증진 시키는 것, 그리고 유럽 수준의 시민 자질을 발달 시키는 것과 같은 특수성을 발전시키기 위함이다.

　EU 학교들의 언어 정책은 가장 철저한 검토를 필요로 했다.(참조. Baetens Beardsmore, 1993; Bulmer, 1990). EU 학교들은 언어 영역들로 구성되어 있다. 일반적으로 말하자면, 학생들은 자신들의 모국어로 교육을 받는다. L2로 알려진 첫 번째 외국어(영어, 프랑스어 혹은 독일어)는 초등학교 1학년 때부터 각 학교에서 필수 과정이다. 게다가, 중학교 1학년부터, 모든 학생들은 반드시 두 번째 외국어(L3)를 공부해야만 한다. 중요한 것은 역사, 지리학, 그리고 경제학(경제학의 경우 4학년 때부터)과목들은 중학교 3학년 때부터 (학생들의 모국어 대신) 첫 번째 외국어로 공부하게 된다는 것이다.

　두 번째 관심 분야는 학교의 역사와 일반적 기능들을 분석하는 것에 초점을 맞추

14　multiculturalism 다언어주의

고 있다(참조. Swan, 1996; Shore and Finaldi, 2005; Smith, 1995). 또한, 특별히 시스템의 유럽 차원 연구와 관련하여, 최근 시행된 몇몇 연구들은 새로운 조사 패러다임을 제시하기 시작했다(참조. Savvides, 2006 a, b, c). 우리는 4장에서 이 유럽 차원을 더 깊이 있게 다루고자 한다.

범주 I EU 학교들은 유럽 연합이 주요 행정 기구들을 배치한 도시들에 위치해 있다. 브뤼셀과 룩셈부르크에는 14개의 범주 I EU 학교 중 6개의 학교가 있으며, 이는 전체 학생 인구의 60% 이상을 차지한다. 범주 I EU 학교를 설립하기 위해, 2000년에 이사회는 EU학교의 개교, 폐쇄 또는 유지 기준(Critéres pour l'ouverture, la fermeture ou le maintien des Écoles Européennes)을 포함하는 지시문(indicative document)을 승인했다(이사회, 2000). 특정 기관의 공식 선정 조사 위원을 의미하는 라포퇴르(rapporteur)라는 이름으로 시스템 상에서 잘 알려진 Gaignage 기준은 정치적으로 범주 I EU 학교의 설립을 정당화 하는 몇 가지 조건을 설정했다. 그리고 2000년 이후 경험한 것은 이 기준들이 브뤼셀과 룩셈부르크 이외의 도시들에서는 쉽게 충족되지 않았다는 것이다. 해당 문서에는 범주 I EU 학교의 개교를 위해 이사회는 반드시 ①최소 언어 영역의 수, ②언어 영역별 최소 학생들의 수, ③최소 범주 I 학생들의 수 세 가지의 요소를 고려해야 한다고 명시한다. 또한, 새로운 범주 I EU 학교를 설립하겠다는 계획은 학교가 위치하게 될 회원국이 제시해야 한다.

언어

EU 학교들은 역설적인 상황에 대처해야 한다. 한편, 이 시스템 설립 원칙은 EU 학교에 소속된 학생들의 언어적 배경에 상응하는 언어 영역들을 만들 것을 요구한다. 다른 한편으로, 2000 Gaignage(원저자 강조) 기준은 해당 언어 영역들을 만들기 전에 같은 언어적 배경을 가진 최소 학생 수가 충족되어야 한다고 명시하고 있다(이사회, 2000). 브뤼셀에 있는 네 개의 EU 학교들은 입학 관련하여 다양성과 일관성을 유지하기 위해 노력한 학교들의 예이다. 그 결과로서, SWALS[15](언어 영역이 없는 학생들을 지칭함)의 수는 2007년부터 지속적으로 증가하여, 2011-2012년에는 676명까지 증가했는데, 이는 브뤼셀에 있는 전체 EU 학교 인구의 약 7%에 달하는 수치이다(이사회, 2011). 그 이후로도 SWALS의 수는 줄어들 기미가 보이지 않았다.

모든 EU 학교들이 같은 유형의 언어 영역을 제공하는 것은 아니다. 예를들어, 리투아니안 학생은 브뤼셀에 있는 학교에서는 제한된 선택을 하게 될 것이다.

리투아니아어 영역을 가진 유일한 학교는 브뤼셀 II 학교이다. 일부 EU 학교와 일부 언어들의 경우, 참여 가능한 학생의 수가 충족되지 않아서 특정 언어 영역을 개설할 수가 없었다. 범주 I EU 학교들의 언어 배치와 관련된 주요 문제는 높은 수준의 언어 영역의 다원성과 다양성을 유지하는 동시에 2000년 Gaignage 보고서에서 제시한 지표 기준을 충족하는 것이다.

언어는 EU 학교 시스템의 기원과 진화를 가장 잘 설명하는 요소이다. 학교들은 특별하고 구체적인 목적을 염두에 두고 설립되었다. 1953년 룩셈부르크에 도착한 공무원들은 자녀들이 자신들 스스로의 문화유산을 보존하기를 원했다. 이것은 여러 다른 학생들이 자신들의 출신 국가와 동일한 기준에 따라 모국어로 공부할 수 있는 시스템을 만들면서 성취될 수 있었다. 그런 의미에서 EU 학교 시스템의 역사는 EU 학교 운영의 원칙이 언어 동화[16]가 아닌 언어 다원주의[17]라는 것을 보여준다.

세 개의 언어 매개(langues vehiculaires[18])인 프랑스어, 독일어, 그리고 영어는

---

15 Students without a Language Section(SWALS)
16 language assimilation 언어동화
17 language pluralism 언어다원주의. Pluralism(다원론): 무수한 현상의 근저에 개개의 궁극적 실재를 설정하고 각 실재의 자기 보존에 의해 현상을 설명한 헤르바르트(J.F. Hernart)의 질적 단자론은 다원론의 전형적인 것에 속한다고 볼 수 있다. (출처: 교육학용어사전. 서울대학교 교육연구소,p.195)
18 langues vehiculaires 매개 언어. L2를 의미함

특별한 지위를 가진다. 학생들은 초등학교 1학년에 입학할 때 이 중 하나의 언어를 선택해야 하고, 학생들은 선택한 매개 언어(L2)를 바칼로레아까지 유지하게 된다. 역사와 지리 과목은 학생들이 입학할 때 선택한 L2 언어로 수강해야 하는 필수 과목이고, 또한 선택 과목으로 경제 과목을 선택한다면 S4(중등교육과정 4년차)부터, 그리고 2014년 9월 이후로, 종교나 윤리 과목 S3(중등교육과정 3년차)역시 L2로 수강해야 하기 때문에, L2는 언어 과정뿐만 아니라 각 학생들의 실무 언어(working language)가 될 것이다.

이러한 실무 언어의 지위는 학술적 논쟁의 근원이다. 예를 들어, 스완(Swan, 1996)은 이미 20여년 전에 프랑스, 영국, 그리고 독일과 같은 다른 유럽 국가들은 이미 해외의 학교 네트워크를 구축해 자녀들에게 모국어가 교육 언어인 교육의 원천을 제공하고 있다고 주장했다. 하지만, 일부 작은 회원국들은 그러한 대안을 제공하지 않는다. 스완의 주장은 EU 학교의 언어 정책으로부터 가장 많은 이익을 얻고 있는 언어들이 정확히는 매개언어(vehiculaires)가 아닌 언어들이라는 것이다. 게다가, EU 학교들이 유럽 연합에서 사용되는 모든 언어들을 언어 영역으로 제공하는 것을 목표로 하고 있다는 사실은 브뤼셀에 폴란드 학교나 스페인 학교를 설립하지 않고도 전체 회원국으로부터 오는 부모들에게 자녀들을 모국어 영역에 등록할 수 있는 기회를 제공한다.

하지만, 다양성 측면에서 그 제안은 실제 환경에서는 훨씬 더 제한적이다. EU 연합의 모든 공식 언어들을 언어 영역으로 포함하는 EU 학교는 없다.

이에 따라 자신의 모국어가 언어 영역으로 없는 학생들을 통합할 필요성이 생겼다. 언어 영역이 없는 학생들(이후 'SWALS')은 사용 가능한 언어 영역 중 하나에 참가해야 하며, 모국어로 지도되는 별도의 프로그램에도 참가해야 한다. 이들은 초등 및 중등 과정에서는 한 수업만 모국어로 받고, 나머지 과정에서는 통합하기로 선택한 교과의 언어로 진행된다. 'SWALS' 들은 일반적으로 실무 언어 영역 중 하나에 등록되며, 이 언어는 그들의 제2언어(L2)가 된다. 이에 더하여 추가 비용이 발생하지 않는 조건하에 주최국 언어 영역에도 등록할 수 있다. 2011년 이후로 범주 III 의 학생들은 제 1언어(L1)을 해당 영역의 언어로 등록하고 있다.

쇼어와 파이날디(Shore and Finaldi, 2005) 또한 학교의 언어 정책에 찬성하는 수상을 별쳤다. 그들의 연구에서 말한 이 언어 정책의 가장 주복할 만한 측면은 교사들이 자신의 학생들과 같은 국적을 공유할 확률이 희박하다는 점이다. 이는 역사나 지리학 같은 민감한 과목을 가르치는 상황에서 국적을 분리하려는 시도로부터 확인할 수 있다. 'SWALS'들은 항상 자신들의 본국에서 온 교사로부터 제 1언어(L1)을 배운다. 더 많은 비원어민[19] 교사들이 채용되고, 더 많은 교과들을 제 2언어로 가르치면서, 학생들은 점점 더 다양한 국적의 교사들을 통해 배운다. 그러나 일반적으로, EU 학교의 첫 번째 원칙은 모국어 교육을 우선시 하는 것이며, 각 국가 시스템에 속한 교사들을 파견하는 것을 중심으로 EU 학교 시스템이 구축되기 때문에, 대다수의 영역(확실히 매개 언어에 속하지 않는 영역들)에서, 핵심 교과목 교사들이 그들의 학생들과 같은 국적을 공유하도록 만들어졌다는 것을 기억해야 한다. 표1.2는 2016년 학생 인구의 국적을 나타낸다.

<표1.2> 국적별 국가인구에 따른 학생 인구

국적	2015 - 2016인구 (국가인구 - 2017.07.01기준)	%
오스트리아	354(8,569,633)	1.3
벨기에	2737.25(11,371,928)	10.3
영국	1314.67(65,111,143)	4.9

---

19   원어민(native)와 비원어민교사(non-native)의 구별의 정당성과 정의의 기준에 대한 논쟁은 계속되고 있다.

불가리아	442.83(7,097,796)	1.7
크로아티아	121.17(4,225,001)	0.5
사이프러스 (사이프러스 북부 포함)	52.17(1,176,598)	0.2
체코	431(10,548,058)	1.6
덴마크	531.5(5,690,750)	2.0
네델란드	920.67(16,979,729)	3.4
에스토니아	264(1,309,104)	1.0
핀란드	554.42(5,523,904)	2.1
프랑스	3222.08(64,668,129)	12.1
독일	3358.17(80,682,351)	12.6
그리스	989.83(10,919,459)	3.7
헝가리	515.08(9,821,318)	1.9
아일랜드	452.5(4,713,993)	1.7
이탈리아	2650.75(59,801,004)	9.9
라트비아	270.33(1,955,742)	1.0
리투아니아	372.17(2,850,030)	1.4
룩셈부르크	241.25(576,243)	0.9
몰타	74.75(419,615)	0.3
폴란드	800.92(38,593,161)	3.0
포르투갈	684(10,304,434)	2.6
루마니안	488.17(19,372,734)	1.8
슬로바키아	323(5,429,418)	1.2
슬로베니아	210.33(2,069,362)	0.8
스페인	2275.58(46,064,604)	8.5
스웨덴	607.17(9,851,852)	2.3
기타	1431.25	5.4
총계	26,691	100

출처: EU 학교 사무국(2017)

참고: 이 표의 숫자는 '반올림'되지 않았다. 많은 수의 EU 학교에 등록한 학생들은 하나 이상의 국적을 가지고 있다. 이중국적 혹은 그 이상의 국적자들은 다음과 같은 비율로 계산이 되었다: 이중국적 0.5+0.5, 삼중국적 0.33+0.33+0.33 스완(Swan, 1996)은 또한 교육과정의 필수적인 부분으로 언어 매개의 사용을 검토했다. 그는 다른 국적을 가진 학생들에게 역사를 가르치는 것은 특정한 언어와 문화가 지배적인 학교, 가정, 그리고 국제학교에서 사람들의 태도에 대해 의문을 제기할 수 있는 기회를 제공한다는 장점을 가지고 있다고 이야기한다.

하지만, EU 학교에서 사용하는 교과서를 검수할 때, 교사들이 이용 가능한 도구적 측면보다 유럽 감수성을 개발해야 하는 필요성이 교사에게 더 큰 문제이다. 교과서는 국가 시스템에서 사용되는 것과 같은 것이다. 그런 의미에서 역사와 지리를 가르칠 때 특정한 초국가적 접근법을 개발하는 것은 교사들에게 달려 있으며, 이것은 단지 유럽이라는 맥락에서 한 국가의 역사를 가르치거나 혹은 모든 유럽 연합 국가들의 역사적 이야기들을 통합하여 교과서에 교수요목으로 제시하는 문제가 아니다. 오히려 그것은 역사와 역사 교육에 대한 진정한 다언어(multilingual[20]), 다중문화(pluricultural[21]), 그리고 해석학적 관점을 발전시키는 문제이다.

피날디 베어티어리(Finaldi-Baratieri, 2005)는 서로 다른 언어 존중에 대한 평등 원칙이 이론적 표현보다 실제적으로 달성하기가 더 어렵다는 것을 지적한다. 그녀의 관점에서, 매개 언어 정책은 EU 학교들이 공식 담론에서 허용되는 것보다 어떻게 더 국수주의적(nationalistic)일 수 있을지를 보여준다. 더 흥미롭게도, 그녀는 실무 언어 정책(working language policy)이 미시적 수준[22](micro level)에서 유럽 연합 핵심 회원국들의 추진력과 힘을 증명한다고 주장한다. 심지어는 언어 사이의 존중 평등 정책을 시행할 때, 시스템의 불완전함이 드러난다. 제시된 복수성(plurality) 이면에서, 현실은 훨씬 더 제약적이고 제한적이다. 그리고, 학교의 다언어(multilingual) 정책의 원칙으로서 이러한 이론적인 원칙들을 불완전하게 해석하고 현장에 적용함에도 불구하고, 언어 다양성 측면의 교육 제공은 전체 나머지 유럽의 교육 시스템에서 제공하는 것보다 더 높은 수준을 유지하고 있다. 이러한 문제점에도 불구하고, EU 학교의 언어 정책은 여전히 독특한 무언가, 즉, 그

---

20 multilingual 다언어
21 pluricultural 다중문화
22 micro level 미시적 수준. 가까이에서 현상을 관찰하는 것. 반대 개념은 macro-level (거시적 수준)으로, 넓은 관점으로 현상을 관찰하는 것.

시스템을 전체 유럽 언어로 확장하려는 정치적 의지를 보여준다. 우리는 3장에서 언어 학습 조직과 EU 학교 시스템의 문화 간 역량 발달을 더 깊이 있게 검토한다.

입학과 접근

표 1.3은 2013-2016년 동안 시스템에 등록된 각 학교별 학생 수와 시스템에 등록된 총 학생 수, 그리고 연도별 차이를 보여준다. 브뤼셀 1학교의 학생 수는 메인 캠퍼스의 확장으로 인해 베르켄다일 학교의 학생 수까지 포함한다. 이러한 이전은 브뤼셀 5 학교가 개교할 때까지 기다리기 위한 것으로, 일시적인 것이다. 표1.3.에 부속학교(associate schools)들의 수치는 포함되지 않았다.

EU 학교의 총 학생 수(2016년 10월 기준)는 26,691명으로 전년 대비 3% 증가했다. 전체 학생의 67.7%는 브뤼셀 4개 학교(46%)와 룩셈부르크의 2개 학교(21.7%)중 한 곳으로 진학한다(2018년 이 책이 쓰여질 당시 추가로 브뤼셀에서 한 학교가 개교했다). 브뤼셀에 위치한 EU 학교들은 지난 10년 동안 인구 과밀 문제에 조직적인 고통을 겪어 왔다.

<표 1.3> 2013년부터 2016년까지의 학생들의 수

학교명	2013 인구	2013 (%)	2014 인구	2014 (%)	2015 인구	2015 (%)	2016 인구	2016 (%)	2013 -2016 인구의 차이	2013- 2016 (%)의 차이
알리칸테	1042	-1.0	1007	-3.4	980	-2.7	1010	3.1	-32	-3.1
베르겐	565	1.6	552	-2.3	537	-2.7	526	-2.0	-39	-6.9
브뤼셀1	3083	1.4	3278	6.3	3394	3.5	3344	-1.5	261	8.5
배르켄데일							154		154	
브뤼셀2	3078	-2.1	2958	-3.9	2998	1.4	3056	1.9	-22	-0.7
브뤼셀3	2870	-0.8	2906	1.3	2989	2.9	3041	1.7	171	6.0
브뤼셀4	1932	26.3	2263	17.1	2498	10.4	2703	8.2	771	39.9
컬햄	600	-12	537	-10.5	459	-14.5	390	-15.0	-210	-35.0
프랑크프루트	1247	4.7	1424	14.2	1452	2.0	1465	0.9	218	17.5

칼스루에	925	1.5	863	-6.7	813	-5.8	837	3.0	-88	-9.5
룩셈부르크1	2786	2.6	2972	6.7	3081	3.7	3260	5.8	474	17.0
룩셈부르크2	2101	6.9	2243	6.8	2348	4.7	2531	7.8	430	20.5
몰	738	-0.8	723	-2.0	722	-0.1	740	2.5	2	0.3
뮌헨	2183	5.8	2237	2.5	2261	1.1	2313	2.3	130	6.0
바레스	1397	0.9	1422	1.8	1371	-3.6	1321	-3.6	-76	-5.4
총계	24,547	2.8	25,385	3.4	25,903	2.0	26,691	3.0	2144	8.7

출처: EU 학교 사무총장실(2017)

장소 부족 문제에 직면하자, 이사회는 범주 III 학생들을 대상으로 지난 6년 동안 제한적 입학 정책을 적용해 오고있다. 2013-2014년 공식 입학 정책에 명시된 바에 따르면, 이러한 학생들의 입학은 "현재 재학중인 학생들의 형제자매로 제한되며, 해당 학생군에 대한 이사회의 결정을 엄격히 준수한다"(이사회, 2012:03). 이로 인해 브뤼셀의 EU 학교에서 범주 III 학생들의 비율이 감소했으며, 동시에 학교 내 학생들의 잠재적인 동질성 논쟁에 관한 새로운 주장들이 제기되었다. 예를 들어, 브뤼셀의 인구 과밀과 같은 문제 해결의 어려움은, 정책의 정당성(legitimacy)에 관한 주요 이슈로 이어진다. 비록 인가된 학교 시스템이 이전에 도입되었음에도 불구하고, 2009년 개혁은 범주 I의 학생들이 아닌 다른 학생들에게 시스템을 '개방'하기 위해 시행되었다. 이 시스템이 벨기에 수도 밖에서 개방되기 시작한 반면, 범주 I EU 학교에서는 전체 입학 제도의 합법성과 관련한 문제가 더욱 심각해졌고, 이는 브뤼셀에 새로운 학교를 개교하면서 부분적으로만 해소되었다.

학교교육

2006년, 이사회는 유럽 전역에 위치한 네 개의 소규모 범주 I 학교들에 대한 독립적인 분석을 의뢰하기로 결정했다. 의뢰의 결과로 2006년 8월 반 다이크 경영 컨설턴트 SA의 보고서가 제출되었다(Van Dijk, 2006).

이 보고서는 EU 학교들에 대한 간략한 비교 분석과 연구한 네 개 학교들의 국제 학교교육 측면과 관련된 잠재적인 대안들을 포함하고 있었다.

컨설턴트 팀은 이 네 개 EU 학교의 학부모, 교사, 이사들과 여러 차례 실시한 일련의 면담에 근거하여 결론을 내렸다. 보고서에서 가장 칭찬받는 이 제도의 특징들 중 하나는 "다른 국제학교들의 경우와 비교하자면, 그들은 EU 학교가 하는 것처럼 다양화되고 집중적인 언어 수업을 제공하지 않는다"(Van Dijk, 2006:13)는 것이었다. 학부모들에 의해 높게 평가된 두 가지 요소 중 첫 번째 요소는 "거의 모든 유럽 연합 회원국에서 인정되고 그들의 자녀들이 유럽의 모든 대학교에서 공부를 할 수 있게 하는"(Van Dijk, 2006:13) EU 바칼로레아이고, 두 번째 요소는 "확실히 국제 학교에서는 느껴지지 않는, EU 학교의 다언어 교육이 가져온 다문화와 유럽 시민 정신"이었다(Van Dijk 2006:14).

이것은 연합 내에서 60년 동안 자라난 시스템으로, 위원회 자체뿐 아니라 사회변화를 따라 오랫동안 대체되어 온 엘리트 유럽 교육 모델에 기반하고 있다(특히 유럽 연합은 1952년 최초 6개의 국가에서 현재 28개의 국가로 성장했으며, 영국이 현재 유럽 연합 탈퇴[23]를 추진하고 있다). 대체로 현행 제도가 여러 다른 학교들과 다른 언어 영역들에 걸쳐 일관성이 없는 징후를 보이고 있으며, 비논리적인 징후도 보이고 있다는 것이 인정되고 있다. 많은 학생들이 14세에서 16세 사이(중등교육 S4, S5)에 EU 학교 시스템을 떠나는데, 이 시기는 과학 교과 과정이 현저히 어려워지는 시기라고 보고된다. 학생들을 위한 자유로운 선택권이 있어야 하지만, 현실을 보자면 학교마다 다르고 해마다 변동되는 가능한 교과들과 선택권들이 상당히 헐거운 조합에 가깝다. 질과 학문적 어려움의 대용물로서 시간표에 드러나는 교과들의 배치에 대한 지나친 강조가 있다.

일부 교육 집단은 교육학과 관련된 당연시 되지만 유효하지 않을 수도 있는 많은

---

23 Brexit는 EU referendum을 뜻한다. 2016년 6월 24일 개표.

요소들 때문에 그 규모가 굉장히 작다. 시스템 내에서, 학생들이 대학으로 진학할 수 있는 능력과 마찬가지로, 학생의 정체성에 대한 학부모의 인식도 매우 중요하다. 시스템 내 언어(languages)의 역할에 대하여 약간의 혼란이 있으며, 특히 작은 단위의 언어 영역들의 필요성과 관련하여 제2 언어와 세3 언어에서의 비현대 외국어 교과들을 둘러싼 문제들에 대한 고민이 부족하다.

EU 바칼로레아의 자격으로서는 특히 구술시험, 채점 시스템, 변환표와 품질보증 시스템 활용에 관련한 문제들이 있다.

EU 학교 언어 정책은 ▪언어 영역 생성을 통한 L1 학습 지원 원칙, ▪언어 영역이 없는 학생에 대한 추가 지원 제공, ▪학생들의 L2를 통한 교과 학습, 그리고 ▪L3, L4, 그리고 L5 언어 과정의 제공 등이 우선적으로 구체화되어 있다. 하지만, 창립 협약과 EU 학교 원칙에 언어의 사용에 대한 비전이 명시되어 있음에도 불구하고, 이중언어(bilingualism[24]), 삼중언어(trilingualism) 혹은 다언어주의(multilingualism)를 육성하는 학습 환경을 구성하기 위한 지침과 관련된 언어 정책 문서는 존재하지 않는다(EU 학교 사무총장실, 2017).

시스템 변경

우리는 또한 변화나 교체에 대한 개념을 이해할 필요가 있다. 사물들, 여러 교육 시스템, 그리고 사람들 사이의 대상과 관계는 시간의 흐름에 따라 그 형태가 변화한다. 인식론적(epistemological[25]) 수준에서 이러한 변화의 예시로는 19세기 개연성 개념의 발명(여러 개념과 개념들 사이의 관계가 새롭다는 전제하에)(참조. Hacking, 2005)을 들수 있으며, 이것은 사회적 사물들이 구상되고 궁극적으로 배열되는 방식을 변화시켰다. 변화는 ▪우발적 존재론, ▪계획된 존재론, ▪인

---

24   bilingualism 이중언어
25   epistemology 인식론. 앎에 관한 학문, 혹은 앎에 관한 지식의 체계. (출처: 교육학용어사전. 서울대학교 교육연구소,p.541). 부록 1 참조.

식론적-주도적 존재론, 그리고 ▪인식론 상의 지식의 전의적 영역 네 가지 방법으로 일어날 수 있다(참조. Scott, 2011). 위의 예시와 관련하여, 개연성의 발명으로 두 단계의 변화를 확인할 수 있다. 첫 번째는 지식이 생성되고, 따라서 지식의 새로운 배열인 인식론적 수준에서 작동하는 단계이다. 두 번째는 이 지식이 존재론적(ontological[26]) 수준에서 실제적인 영향을 끼치는 단계로, 새로운 배열, 새로운 형성, 그리고 새로운 집합체가 생성되는 것이다.

물리적 세계와는 대조적으로, 사회적 세계는 항상 변화하고 유동적인 상태이기에 기본적이면서 논리적인, 그리고 합리적인 감각을 제외하고 언제 어디서나 세계가 작동하는 불변의 법칙이 있다고 주장하기는 어렵다는 것이 '딜레마'(dilemma)이다.

사회는 지속적인 출현, 유동성, 그리고 변화의 개념들로 특징지어진다. 세상의 사물들은 그들의 본질적인 성질로 특징지어질 수 없고, 오직 다른 사물들과의 상호작용을 통해서만 특징지어 질 수 있다. 복잡성(complexity)은 새로운 개체들을 생성하는 모든 다양한 상호작용들(다른 형태의 구조로 이해되는)과, 물질 객체들과 인간 객체들의 배열의 혼란스러운 배치가 초래하는 결과들에 존재하므로, 그것들을 특정짓기 어렵기 때문에 무엇이 생산되어질지에 대한 명확한 설명을 거의 허

---

26 ontology 존재론. 서양철학사상, 특히 형이상학적 개념으로서의 존재는 대개 참존재(real being) 혹은 실재(reality)를 가리킴. 고대 그리스의 파르메니데스(Parmenides)와 엘리아 학파(Eleatic School)에서는 변화·생성·비존재에 대립되는 개념으로서의 존재는 유일하고 영원하며 모든 것을 포괄하는 것으로서 사유의 대상이 되는 것이라고 하였다. 데모크리토스(Demokritos) 등 당대의 유물론자들은 물질적인 실체는 변화와 운동을 하는 만큼 존재 이외에 비존재·공허(void)를 상정하지 않을 수 없다고 하였다. 플라톤은 존재의 영원성 보편성에 관한 파르메니데스의 주장을 받아들였으나, 아리스토텔레스는 사물 혹은 실체의 본질(essence)은 영원하지만 그것은 변화하는 사물 혹은 실체를 초월해서 존재하는 것은 아니라고 하였다. 근대철학에서 헤셀(G.W.F. Hegel)은 존재와 비존재는 동일한 우주의 자연적 과정에 일어나는 순간적인 것들로서 존재는 그 자체 속에 비존재를 포함하고 있어서 종합적 통일을 형성하는 과정에서 실제적으로나 논리적으로 통합된다고 하였다. 후설(E. Husserl)에 있어서는 존재(existenz)는 개체의 존재 혹은 어떤 종류의 존재를 가리킨다(출처: 교육학용어사전. 서울대학교 교육연구소,p.621) 부록 1 참조.

용하지 않는다. 이러한 객체 간 상호작용의 복잡성과 함께 그들의 후속적이고 일시적인 병합은 이러한 상호작용에 대한 완전한 설명을 제공하기 어렵게 만든다. 인식론적 수준은 존재론적 수준과 일치되지 않는데, 이는 연구자와 조사자가 변화무쌍하고 너무나 많은 요소들을 내포하고 있는, 즉, 너무나 복잡한 무언가를 포착하기 위한 도구들과 개념적 도식(schema[27])을 충분히 개발하지 않았기 때문이다. 하지만, 이것은 세계의 사건, 구조, 기제, 그리고 그들의 관계에 대한 좀 더 완전한 설명을 제공할 가능성을 절대적으로 배제하지는 않으며, 이것은 인간의 행동은 교정 가능하다는 것을 의미하는 오류를 범하기 쉬운 인간(human fallibility) 개념을 암시한다. 복잡성과 시간적 출현이라는 두 가지 요소는 세상 속 활동들에 대한 정확한 설명을 불가능하게 할 수는 없지만 이러한 요소들을 통해 상당한 어려움을 야기할 수는 있다. 이것은 세상 속에서 출현(emergence)의 작동 방식에 따라 더욱 복잡해진다. 많은 이론가들은 이보다 더 나아가서(예를 들어, 오스버그와 비에스타의 연구, Osberg and Biesta, 2007), 시간의 흐름에 따른 다른 형태들 사이에 급진적인 상호보완성이 존재한다는 견해를 고수한다(그것이 물질적이든, 구체적이든, 혹은 해체적이든). 게다가, 새로운 기제의 원칙들이 현재 배치에는 주어지지 않았기 때문에, 객체 시스템의 어떤 상호 연결, 새로운 형성 및 반복이 실현될 지 예측하는 것은 불가능하다. 다시 말하자면, 활동 시스템을 구성하는 객체들 스스로와 그 객체들 간의 여러 관계들은 어떤 의미있는 방식으로도 패턴화되지 않으며, 이러한 다른 반복들 사이에는 근본적으로 비교 불가능한 비간섭성

---

27   schema 스키마. 도식. 인지구조의 한 단위를 기술하기 위하여 피아제(J. Piaget)가 사용한 용어. 행동주의학파에서 말하는 소위 '습관(habit)'에 해당되는 말이다. 도식은 어떤 방법으로든 환경을 조작함으로써 이 환경에 적응하도록 하는 데에 관련되는 지식과 기술들을 포함한다. 감각운동 도식 또는 행동적 도식 등은 사물을 신체적으로 조작하는 것과 관련되며 언어적 도식은 언어를 이해하고 사용하는 것과 관계된다. 또한 인지적 도식은 과거의 경험들과 연관된 사상 및 기억들뿐만 아니라 사고와 문제해결의 목적으로 이러한 경험들을 조작하는 데에 관련되는 논리적 및 기타 인지적 능력들을 포함시키기도 한다. (출처: 교육학용어사전. 서울대학교 교육연구소,p.219)

(incommensurability)이 존재한다.

시간의 흐름에 따른 개인 혹은 교육 시스템에 관한 모든 논의들은 변화에 대한 어느 정도의 이해를 필요로 하는데, 이 이해는 변화의 개념이 인간과 시스템의 이해에 내재되어 있음을 이해하는 것을 말한다. 이와 더불어, 지속성(persistence)의 문제 역시 존재한다. 만약 여러 시간의 순간들 사이에 일관성을 띠게 하는 요소가 없다면, 그래서 매 순간이 개인 혹은 시스템의 변화를 수반하고 있다면, 우리는 인간성 혹은 시스템 정체성과 같은 개념을 가질 수 없을 것이기에, 시간의 지속성에 대한 개념과 더불어 출현에 대한 개념을 가져야 한다. 그리고 이 출현은 ▪일시적인 현상으로 이해하는 것과 ▪존재론적으로 계층화된 현실의 본질에 대한 반응, 이 두 가지 방식으로 이해 될 수 있다.

한 교육 시스템이 직면하고 있는 문제들에 대한 통찰력과 잠재적인 해결책에 대한 인식은 이해관계자들이 변화에 착수할 수 있도록 유도하기 위한 어떤 효과적인 행동 능력으로 이어지는 것은 아니다. 한 학교 시스템 개혁의 신속하고 성공적인 이행은 시스템과 계획된 개혁을 도입하는 이들이 개혁 과정에 가져오는 지식, 기술, 사고의 질에 직접적으로 의존한다. 또한, 혁신과 개혁은 여러 영역에서 새롭고 개선된 지식, 기술, 그리고 사고를 요한다. 이것은 도구적 수준과 정서적 수준 모두에서 변화해야 할 장애물들에 대한 지식과 변화 과정 그 자체에 대한 지식을 포함한다.

마이클 풀란(Michael Fullan, 2001)은 한 교육 시스템을 개혁하기 위해, ▪도덕적 목적에 대한 초점을 유지하는 것, ▪변화의 과정을 이해하는 것, ▪계획된 변화의 다양한 측면들 사이의 일관성을 증가시키는 것, ▪관계형성, ▪지식 형성과 공유, 그리고 ▪조직의 내부 구성원과 외부 구성원들(이해관계자들) 사이에서 헌신을 구축하는 것 등의 다양한 전략들을 제시한다. 풀란(Fullan)은 열망, 약속, 그리고 가치의 관념적인 영역을 의식적으로 인지하고, 형성하고 사용하는 것과 동시에 사람들이 함께 일하고 지식을 창조하고 관리하는 기제에 주목한다.

하지만, 교육적 변화에 대해 알려진 사실에도 불구하고, 교육 시스템과 그들의 '제도적 준비의 내용들이 변화에 대해 완강하게 저항하고 있다'는 사실은 주목할 만 하다. 아기리스(Argyris, 2010)는 심지어 더 나아가, 조직들과 그 조직의 지도자들은 그들 스스로의 행동과 현재 상태(status quo)에 갇혀있는 경향이 있다고 주장한다. 이러한 행동들은 종종 타인을 비난하는 경향과 자기 기만(self-deception), 그리고 합리화(rationalisations)로 특징지어진다.

이와 유사하게, 케이간과 라히(Kegan and Lahey, 2009)는 개인적, 그리고 조직적인 수준 모두의 변화에서, 일반적으로, 특정 상황 혹은 집단내에 존재하는 설명하기 힘든 문제들이 면역적으로 드러난다는 것을 발견한다. 변화에 대한 저항을 극복하는 두 가지 중심 메세지는 변화 관리와 관련한 선도적인 사상가들의 연구에서 드러난다. 그 첫 번째는 이러한 선도적인 변화는 높은 수준의 초인지적(meta-cognitive), 초관념적(meta-affective), 그리고 초사회적 인식(meta-social awareness)[28]을 요구한다는 것이다. 두 번째는 사람들은 개인적인 이해와 감정들을 지니고 직장에 도착하고, 이러한 이해와 감정이 업무 과정에 미치는 영향을 알기 위해서는 업무와 이해 및 감정의 관련성에 대해 탐구되어야 할 필요가 있다는 것이다. 다시 말하자면, 직장에서의 변화는 거의 항상 기계적인 혹은 기술적인 해결책 이상의 것을 요구한다. 어떤 변화를 추구하든 간에, 만약 이 변화가 지속 가능 하려면, 대개의 경우 이 변화는 신념, 감정, 지식 및 행동의 변화를 이끌어 낼 필요가 있다.

순전한 기계론적 해법들을 넘어서기 위해, 케이간과 라히(Kegan and Lahey, 2009)는 의사 결정을 주도하는 이러한 가정들에 대한 식별이 필요하다고 주장한다. 가정(assumptions)이란, 철저한 조사 없이 우리가 사실로 여기는 것이다. 예를 들어, 명시된 조직적 헌신이 궁극적으로 학생들의 학습을 향상시키기 위해 리

28　초인지(메타인지/meta cognision), 초관념(메타정서/meta-affective), 초사회인식(메타사회인식/meta-social awareness)

더쉽을 분배하는 것이라도, 어떤 리더는 통제력을 잃고 싶지 않기 때문에 지휘권을 확실히 위임하지는 않을 수도 있다. 그 리더는 통제력을 유지하는 것이 기준을 유지하는 방법이라고 믿을 수도 있다. 그 기저에 깔린 가정이 여러 분석을 통해 도전 받고 다른 이들의 지도 능력에 대한 믿음이 확실해져갈 때까지, 실질적인 변화는 일어나지 않을 것이다. 케이간과 라히(Kegan and Lahey, 2009)는 개개인은 계획된 변화에 대한 자신의 개별적 면역성을 탐구할 수 있도록 지원 받아야 하며, 조직은 꿈꾸고 계획하는 변화에 대한 집단적 면역성을 탐구할 필요가 있다고 제안한다. 개인적, 제도적 차원 모두의 기저에 깔려 있는 가정들에 대한 도전 없이는, 조직이 변화를 도모하기는 어려울 것이다.

가장 중요한 변화 기제 중 하나는 정치적인 것이며, 우리는 이러한 유형의 기제들을 2장부터 7장까지의 내용을 통해 좀 더 자세히 들여다 볼 것이다. 각 장의 내용으로, ▪교육과정(2장), ▪시스템 내에서의 언어의 역할(3장), ▪유럽 민족주의와 학교교육(4장), ▪시스템 개혁 평가(5장), ▪다양한 유럽 고등교육 시스템과 같은 다른 교육 시스템과의 대외적 관계(6장); 그리고, 가장 중요한 것으로, 마지막 장에서는 ▪학교교육의 세계화 및 유럽의 개념화를 다룬다.

이 책의 저자를 포함한 런던 대학교의 소속의 UCL 교육 연구소의 연구팀은 2014-2015학년도에 유럽 위원회로부터 자금을 지원받아 EU 학교 시스템의 중등교육[29](upper secondary)과정을 구체적으로 조사한 프로젝트의 일환으로 본 프로젝트를 위한 연구를 수행했다. 이 기간동안 우리는 학생들, 교사들, 학부모들을 포함한 모든 이해관계자 그룹의 대표자들은 물론이고, 사무총장실과 유럽 위원회의 주요 고위 인사들과 이야기를 나누었다. 우리는 또한 여러 다른 EU 학교들을 방문하고 여러 회의에 참석했다. 우리는 상당한 양의 문헌 연구를 수행했고, 내부 문서들을 검토했다(Leaton Gray et al., 2015). 다음 장에서, 우리는 EU 학교의

---

29 본 서에서 이야기 하는 중등교육은 우리나라의 중학교 고등학교 학년을 총칭한다.

현재 교육과정과 더불어 교육과정이 시스템의 지난 역사 동안 어떻게 변화해 왔는지를 살펴보고자 한다.

2
훌륭하고 좋은 모든 것에 대해 숙지하기
: 21세기 교육과정 설계[30]

　세계 각국 정부와 20세기 말 및 21세기 초 유럽 학교 시스템과 같은 교육 시스템의 조정자들과 교육과정 개발자들은 몇 가지 중요한 예외를 제외하고는 학교 교육과정의 본질, 학습 접근법 및 평가 실행에 관련한 합의에 도달했다. 이러한 합의는 현재 모든 수준의 교육 시스템에서 작동하고 있으며, 다음과 같은 여러 가지 제안들로 표현될 수 있다. ▪ 전통적인 여러 지식 형태들과 그 지식들 사이의 강한 분리 및 영역구별이 지켜져야 한다. ▪ 이러한 각 지식 형태들은 하위 및 상위 수준의 영역으로 표현될 수 있으며, 상위 수준 영역은 하위 수준 영역보다 먼저 가르쳐야 하고 정확하게 배열되어야 한다. ▪ 특정 그룹의 아이들은 다른 아이들보다 교육과정에 더 잘 접근할 수 있고, 따라서, 결과적으로, 모든 학교 학습자들의 요구를 충족시키기 위해서는 차별화된 교육과정이 필요하다. ▪ 교사의 역할은 가장 효과적인 방법으로 지식을 전달하는 것이기에, 그들의 업무는 교육이 지향하는 목적에만 관여할 수 없고, 효율적인 전달을 위한 수단에만 관여할 수 있다. ▪ 이와 더불어, 학교의 역할은 정부, 그리고 다른 교육 시스템에 의해 설정된 목표를 충족하는 공공 서비스를 제공하는 것이다.

　유럽 학교 시스템의 가장 중요한 요소는 교육과정이기에, 우리는 먼저 교육과정이 무엇인지 이해해야 할 필요가 있다.

　교육과정은 학습 프로그램에서 발생해야 하는 것으로 '의도된 것'과 이러한 활

30　© 저자(들) 2018
산드라 리톤 그레이 외., 유럽학교 교육과정 개혁, http://doi.org/10.1007/978-3-319-71464-6_2

동이 '일어나는 상황'을 제시한다. 이러한 활동들은 학습 활동들이며; 따라서 교육과정은 한 가지 또는 다른 유형의 학습으로 막을 내리는 과제와 연습의 집합이다. 학습에는 인지적 학습(cognitive), 기술 기반 (skill-based)학습, 그리고 기질(dispositional)학습의 세 가지 유형이 있으며, 이들은 다른 형태를 가지고 다른 방식들로 운영된다. 인지는 그 자체 외의 어떤 것을 가리키는 상징적 자원(단어, 숫자, 그림 등)들을 조작하는 것이다. 기술 기반 지식은 선언적 지식이 아닌 절차적 지식이며, 기질적 지식은 비교적 안정된 심신의 습관, 상황에 대한 민감성, 그리고 참여에 수반되는 모든 것을 나타낸다. 분명한 것은 이 세 가지 유형의 학습은 지식 구성(knowledge-construction)에 초점을 맞추고 있고, 또한 지식개발(knowledge-development) 활동들이지만, 세 가지 유형 사이에는 몇 가지 중요한 차이가 있다는 것이다. 이로부터 추론할 수 있는 것은 지식이 어떻게 해석되는지가 어떻게 적절한 학습 환경이 구성되고 또 궁극적으로 어떻게 학습자들이 그 학습 환경속에서, 그리고 그 학습 환경으로부터 배우는지를 결정할 것이라는 것이다.

　교육 및 학습 접근법이 교육과정의 학습 목표와 목적에서부터 파생되었음에도 불구하고, 교육과정의 학습 목표와 목적은 지식, 기술, 그리고 기질을 어떻게 가르쳐야 하는지를 명시하지는 않는다. 결과적으로 교육과정 개발자는 의도된 각 학습 결과를 학습 프로그램 혹은 행동 학습 세트 프로그램으로 재개념화 할 필요가 있다. 교육학적 접근법과 전략은 교훈적(didactic)인것부터, 모방적(imitative), 반영적(reflective), 초반영적(meta-reflective) 행동 학습 세트에 이르기까지 다양하며, 여러 가지 공통적인 특성들을 가지고 있다. 교육적 접근법은 ▪학습 환경에서 그 접근법이 사용될 수 있는 상황, ▪학습이 이루어질 수 있도록 하는 자원과 기술, ▪학습에 영향을 미치는 교사와 학습자 사이, 그리고 학습자와 학습자 사이의 관계 유형, ▪학습 이론의 구성(즉, 지식 집합, 기술 혹은 기질)이 어떻게 동화될 수 있는지에 대한 이론, ▪교사가 보유하고 있는 전달 이론, 즉, 어떻게 특정 상황적 배경에서 일어난 학습(예를 들어, 한 집합의 학습자가 있는, 특정한 학습 이론이 뒷받침 하는 등의 특정한 방식이 있는 교실)이 다른 시간과 장소의 다른 환경으로 옮겨갈 수 있는 방법이다. 이러한 부분들에 충분한 주의를 기울이는 것으로 학습에 대한 적절한 초점을 맞출 수 있게 되는데, 이 부분들은 유럽 학교 시스템 교육과정의 다양한 반복(제안된 것과 실행된 것 모두)에서 일반적으로 도외시된다.

또한, 교육학적 준비는 교육과정 개발자가 가지고 있는 지식의 관점과 들어맞아야 할 필요가 있다. 이를 위하여, 교육과정 결정은: ①교육학적 접근들과 전략들(예를 들어, 관찰, 코칭, 목표지향적 학습, 멘토링, 동료학습, 시연, 설명, 개념형성, 성찰, 메타인지학습, 문제해결 및 연습), ②지식영역들 사이의 관계(예를 들어, 전통적/파편화된 혹은 연결된/완전히 통합된 상태), ③지식, 기술 혹은 기질적인 성향; ④지식의 틀구성; ⑤진행 및 속도; ⑥교사와 학생 사이의 관계 유형, ⑦학습자 유형들간의 관계, ⑧학습을 위한 공간 및 시간적 준비, ⑨형성평가와 피드백 과정, 그리고 ⑩학습 평가를 위해 사용될 수 있는 평가 기준들을 고려하여 결정되어야 한다. 이 모든 것들은 교육과정 지식을 교육학적인 지식으로 전환하는데 있어서 고려될 필요가 있다.

따라서, 학습 목적, 목표, 규정, 혹은 교육과정 기준들(예를 들어, 학습대상들)은 이러한 교육학적인 접근법 및 평가 준비와 구별된다. 흔히, 평가 절차는 한 학습자가 갖추어야 하는 것으로 요구되는 지식 집합, 기술 혹은 기질을 명시하며, 시험과 같은 통제된 환경에서 테스트 할 수 있는 방식으로 표현된다. 이러한 유형의 평가 절차와 관련된 주요 문제는 개인의 지식, 기술과 기질을 테스트하는 것이 본래의 상태에 역류효과(washback effects)를 가져올 가능성이 있다는 것이다. 평가과정이 단순히 기술적인 장치로서 작용하는 것이 아니라, 측정하고자 하는 교육과정을 변화시키기 위한 다양한 방법들로 작용한다. 역류효과는 다양한 방식으로 다양한 객체에 작용한다. 예를 들어, ①교육과정, ②교육과 학습, ③개인의 능력, 그리고 보다 근본적으로 ④지식의 구조에 대한 역류효과가 있는데, 이 네 가지의 기제들이 교육 이해관계자들의 마음속에서는 자주 융합되어 이해되곤 한다. 미시적(micro) 역류효과는 개인에게 직접적으로 작용하는 반면, 거시적(macro) 역류효과는 기관들과 시스템에 직접적으로 작용하여 이후에는 그 기관들과 시스템 내의 개개인들에게 영향을 미친다. 마지막으로, 학습자는 시험에 적합하도록 자신의 지식이나 기술을 재구성해야 할 수 있으며, 따라서 이러한 지식이나 기술의 숙련도에 대한 평가는 그들의 역량에 대한 결정이라기보다는 학습자가 시험 기술의 요구에 들어맞게 자신의 역량을 재작업하는 방법을 성공적으로 이해했는지에 대한 것이다.

결과적으로, 시험을 위한 교육이 발생하고, 교육과정은 더 쉽게 평가될 수 있는 학습 결과들을 제공하기 위해 그 폭이 좁아진다. 이러한 현상이 EU 바칼로레아에서 일어난다는 증거가 있다.

학습 접근법과 평가 접근법을 분리하는 이유는 이제 명확하다. 이러한 평가 접근법들이 학습 접근법들과 동일하다면, 이는 교육과정에 해로운 효과를 미칠 가능성이 있으며, 더 중요하게는 발생하는 학습의 유형과 내용에도 영향을 미칠 수 있다. 하지만, 교육 시스템 내에는 서로 다른 요구들이 존재하며, 그들 중 하나는 정해진 시점에 초국가적(유럽 위원회와 같은)교육 기관과 지역 교육 단체들의 시스템이 얼마나 잘 운영되고 있는지에 대한 정보를 보유하고 있어야 한다는 것이다. 이것은 개별 학습자의 학습을 개선하는 것과는 굉장히 다른 과정이다. 하지만, 학습과 보고 사이에 어떤 연결고리들이 있어야 이를 통해 보고가 학습을 왜곡하지 않게 되는데, 이것이 바로 학습 목표와 목적의 역할이다.

교육과정과 같은 학습 프로그램에 대한 학습 및 평가 실천은 형성적인 것으로 간주할 수 있는데, 이는 교사, 개별 학생, 혹은 동료 학생들이 후속 학습 프로그램을 결정하려는 구체적인 의도를 가지고 학습자의 지식과 기술 습득의 증거를 수집하고 사용할 경우에 해당한다. 결과적으로, 평가는 학습자의 인지에 직접적인 영향을 끼칠 때 형성적으로 사용된다. 교육과정 개발자들은 따라서 총괄평가(summative assessment)와 형성평가(formative assessment)를 명확히 구분할 필요가 있다. 이 둘의 기능이 결합되면, 교육과정의 잠재적인 영향이 약해진다.

교육과정 내에서 내용의 선택과 순서를 구성하는 두 가지 원칙이 있는데, ▪ 개념, 기술 혹은 기질을 높은 수준의 강도에서, 혹은 연구 프로그램의 후기에 반복하는 나선형 요소와, ▪ 이론에서 실제로, 그리고 학습 현장에서 적용 현장으로 이론이 옮겨가는 것이다. 그 중 첫 번째는 교육과정에 나선형 요소들을 통합해야 하는 필요성인데, 예를 들어, 다양한 아이디어들 혹은 활동들이 일단 도입되면, 교육과정은 학습 프로그램의 여러 다른 단계들에서 좀 더 공식적이고 실제적인 방법으로 재검토되고 재구성되기 때문이다(참조. Bruner 1996).

그리고 두 번째는 ▪ 경험, ▪ 이론 발달 혹은 개념 발달(세 가지 지식의 영역인 지식, 기술, 그리고 기질 영역에서), ▪ 해당 이론 혹은 개념들의 적용을 위한 전략들, ▪ 이러한 학습과 실천 기술들의 적용, ▪ 행동을 위한 계획과 전략, 그리고 ▪ 이러한 관행을 변화시키기 위한 목적으로 한 평가들 사이의 상관관계를 나타낸다. 그 효과는 학습자들을 현장의 중심으로 이동시키고 주변부로부터 멀어지도록 하는 것이다[31].

지식 수준의 증가, 기술 수준의 향상 및 기질의 개선들과 같은 학습이 이루어지도록 하기 위해서는, ▪ 역류 효과의 최소화, ▪ 평가 중심의 변화보다는 교육과정의 강조, ▪ 쉽게 평가될 수 있는 학습 프로그램이 아닌 학습프로그램의 주된 추진체로서의 교육과정의 보존, ▪ 모든 교육프로그램에서 평가와 학습 기능의 명확한 분리 ▪ 그리고 학습 표준 기준 혹은 대상으로 표현되는 잘 짜여진 형태의 교육과정 세트 등이 중요한 사항들로 고려되어야 한다. 유럽 학교 시스템이 이러한 부정적 효과들을 경감시키는데 있어서 대다수의 다른 시스템들보다 낫지만, 현재의 방

---

31   합법적 주변참여(peripheral participation)에서는 이러한 역할을 수행하는 broker로서의 교사의 역할을 강조한다. Lave & Wenger (1991) 참조.

식에는 이러한 문제들과 관련한 퇴행적인 요소들이 있다.

교육과정의 구성에 대한 추가 논점이 더 필요하며, 이는 교육과정이 유래된 지식의 영역 내에서 어떻게 진보과정을 이해할 것인지를 나타낸다(이것은 규율적인 지식이다). 전 세계의 많은 교육과정들은 설계에 있어서 확장적인 진보모드를 채택하고 있는데, 이는 지식 기반, 기술 지향 혹은 기질적인 것과는 별개로 활동의 양, 혹은 범위의 증가로 이해된다. 이는 교육과정의 항목들 사이와 그 교육과정 내에서 학습자가 만드는 진행 과정 모두에서 진보의 개념을 제한하고 왜곡하는 효과를 가지고 있다.

진보에는 많은 다른 형태가 존재하고, 그런 다양한 형태들은 교육과정의 설계에 포함될 필요가 있다. 이들 중 첫 번째는 선행조건이다. 특정한 지식, 기술, 그리고 기질적 요소들을 습득하는데 있어서, 학습의 진행과정에는 전제조건이 있다. 두 번째는 성숙기인데, 여기에서 이것은 학습자의 신체적인 정신 발달을 의미한다. 세 번째는 심화이다. 확장이 진보의 양 혹은 범위를 나타내는 반면, 심화 혹은 복잡성은 개념에 대한 정교한 이해가 피상적인 이해를 대체한 정도를 나타낸다. 교육과정에 내포된 지식 구성, 기술, 그리고 기질과 관련하여, 진보를 의미하는 네 가지 형태의 복잡성이 있다.

이들은 행동적 복잡성(behaviour complexity), 상징적 복잡성(symbolic complexity), 정서적 복잡성(affective complexity), 그리고 지각적 복잡성(perceptual complexity)이다. 또한 개념에 대한 구체적인 이해에서 조금 더 추상적인 이해로 옮겨가는 과정을 의미하는 추상화도 진보의 한 형태이다. 진보의 또 다른 유형은 아이디어나 구성을 분명하게 설명하거나 증폭시킬 수 있는 능력의 증가이다. 학습자는 기술을 효율적으로 사용할 수 있는 능력을 보유하고 있고, 이에 더해, 그들은 이제 자신들이 무엇을 할 수 있는지, 그리고 무엇을 해왔는지를 분명하게 표현하고, 설명하고 혹은 증폭시킬 수 있다. 마지막으로 진보는 진행과정의 일부로서 이해될 수 있으며, 이것은 학습자가 학습대상과 상호작용하는 방식을 일컫는다. 예를 들자면, 보조적인 역할에서 독립적인 역할로 옮겨가는 것을 들 수 있다. 이는 현재 전 세계에서 생각하는 교육과정들이 만약 다양한 다른 유형들을 희생시키면서 배타적으로 확장하는 형태의 진보를 채택하게 될 경우에는 결함을 내포하게 됨을 시사한다. 이러한 진보의 형태들이 모두 같은 순서는 아니지만, 학습 과정의 다른 측면들을 드러낸다. 여기에서 범주에 대한 오류는 없다. 그들은 학습 과정의 여러 다른 부분들, 특별히 개인이 특정한 한 상태의 존재에서 다른 상태로 옮겨가는 과정에 영향을 끼칠 수 있는 능력에 의해 연결된다. 예를 들어, 확장적 형태(extensional forms of progression)의 진행은 학습의 대상들에 초점을 맞추는 반면, 과정적 형태(process forms of progression)의 진행은 학습자와 학습자들의 이러한 대상들에 대한 반응 가능성과 반응 방식에 초점을 맞춘다.

지난 50년이 넘는 시간 동안, 일부 학교들의 교육과정은 전통적인/파편화된 접근방식들에서 탈피해 네트워크 접근방식으로 변화해왔다. 파편화된 접근법 또는 네트워크 접근법, 혹은 그 둘 사이에 걸쳐있는 영역을 선택하는 것에 따른 영향 또한 존재한다. 파편화된 또는 전통적인 접근법(A fragmented or traditional approach)은 대학교들, 교사들, 학부모들, 그리고 학생들이 학교 수준에서 교육과정들의 분류를 어떻게 이해하는지에 더 적합하며, 핵심 과목들을 유지하면서 과목 선택권을 허용하고, 현재의 방식을 더 잘 반영하며, 전통적인 교육학 구조들 내에 더 잘 수용될 수 있다. 네트워크 접근법(A networked approach)은 모든 교수 및 학습의 준비와 시행과정에서 다루어져야 하는 교육과정의 모든 측면을 함축하고 있기 때문에 선택권을 축소하기에, 교과 지식의 본질을 더 잘 반영할 수도 있다. 핵심질문은, 우리가 이 책에서 초점을 맞추고 있는 바칼로레아와 같은 한 시스템에서 중등교육의 개혁을 수행할 때 어떻게 이러한 필수 사항들의 균형을 유지할 것인가이다.

따라서, 유럽학교 시스템의 교육과정, 유럽학교 바칼로레아의 법적인 구조, 그리고 특별히 바칼로레아의 규칙들에 대한 이러한 아이디어들 중 일부는 중요한 의미를 내포하고 있다. 또한 유럽 학교에서 유럽 전역의 대학들로 진학이 가능한 고등교육으로의 접근이라는 의미도 가지고 있다.

유럽학교 교육과정

유럽학교의 시스템과 세 가지 범주의 학교들의 유럽 바칼로레아로의 접근성을 넓히는 과정 모두 시스템 전체는 공통된 교육적 기풍을 공유한다는 생각에 바탕을 두고 있다. 우리가 앞서 언급한 '개방'은 유럽학교 교육의 개념이 특별하고, 수출 가능하며, 반복할 수 있는 형태의 교육이라는 생각에 기반한다. 이것은 현재 중앙 집권화된 시스템을 통해 조직되어 있으며, 이사회는 공통 평가기준을 설정하고 수정하며 조정할 권한을 부여한다. 그러한 기준은 2005년에 제정되었으며, 주기적으로 갱신된다.

2012년 2월, 유럽 학교 시스템의 모든 교육학적 이슈를 감독하는 권한을 가진 공동 교육위원회(the Joint Teaching Committee)는 '유럽학교 시스템의 모든 교수요목들에 대한 새로운 구조'('New Structure for all Syllabuses in the System of the European Schools', 참조. Board of Governors 2012)라는 문서를 채택했다. 이 문서는 교육학적 발전 측면에서 유럽 학교 시스템이 취하고 있는 경로를 보여주며, 모든 교수요목들의 공통적인 구조를 채택하고 시스템의 두 가지 목표를 식별한다.

유럽 학교들은 정규 교육을 제공하는 것, 그리고 더 넓은 사회적, 그리고 문화적 맥락에서 학생들의 개인적인 발전을 장려하는 두 가지의 목표를 가지고 있다. 정규교육은 지식, 기술 및 태도 등 다양한 영역에 걸친 역량의 습득을 포함한다. 개인의 발전은 다양한 영적, 도덕적, 사회적, 문화적 맥락에서 이루어진다. (이사회 2012:3)

다음은 유럽학교 시스템의 다문화 환경에 대한 내용이 포함된 참고문헌이다:

유럽학교의 학생들은 유럽과 세계의 미래시민이다. 이와 같이, 급변하는 세계의 도전에 대처하고자 한다면, 다양한 역량이 필요하다. 2006년 유럽이사회와 유럽의회는 평생학습을 위한 핵심역량들을 위한 유럽의 틀을 채택했다. 그것은 모든 개인이 능동적인 시민권, 사회적 포함 및 고용을 위해 개인적 성취와 개발에 필요한 8가지 핵심 역량: 모국어 의사소통, 외국어 의사소통, 과학과 기술 기본 역량과 수학적 역량, 디지털 역량, 학습을 위한 학습, 사회적 시민역량, 진취성과 기업가 정신, 그리고 문화적 인식과 표현,을 명시한다. 유럽 학교들의 교수요목들은 학생들의 이러한 모든 핵심 역량들을 발전시키려 한다(이사회 2012:3)

명백하게, 유럽 학교의 교육학적 목표들은 유럽 기관들에서 채택한 유럽 핵심역량의 틀에 기초하여 정의된다.

교육학의 새로운 공통 구조는 유럽학교들과 유럽연합의 교육정책을 연결하고자 하는 의지를 강조한다. 공동교육위원회에서 나온 문서는 유럽학교들에 의해 개발된 유럽학교 교육의 개념과 유럽연합의 교육정책 사이의 연관성을 공식화하고 있으며(cf. Board of Governors 2012), 문서의 도입부에는 다음과 같은 내용이 쓰여있다:

이 구조의 기저에 깔린 개념은 내용중심의 교수요목에서 역량중심의 교수요목으로의 변화를 표현한다. 교수요목은 간략하고 정확하도록 의도적으로 구조화되었다.(Board of Governors 2012:3)

유럽학교의 교육학적 목표들을 유럽연합과 더 비슷하게 하려는 경향은 2012년 4

월 부모 모임에 의해 만들어진 유럽학교 교육에 관한 알리칸테 선언[32]에서 더 강조되었으며, 특별히 14번 조항에서 다음과 같이 강조되었다:

부모들은 양질의 교육, 성소년 및 이동성, 문화적·언어적 다양성, 유럽 차원·시민권 및 세계적 안목, 유럽 2020전략 및 평생 학습 목표의 개발에 투자하려는 회원국들의 의지가 유럽학교에도 적용되기를 요청한다.(Board of Governors 2012)

　알리칸테 선언은 유럽 수준에서 교육 의제의 기반이 되는 것으로 여겨지는 주제들인 2020년 전략과 평생학습의 개념을 직접 파악한다.

　유럽학교에 제공되는 교육과정의 유형을 유럽 기관들이 설정한 교육 정책에 맞춰 조정하는 전략 역시 유럽 바칼로레아에 도입된 변화에서 확연히 드러난다. 이 사회가 연구 최종 보고서인 유럽 바칼로레아 개혁안(Reform of the European Baccalaureate)을 채택했을 때, 평가/등급 부여 기준은 유럽학점인정시스템(European Credit Transfer System)을 참고하기로 합의되었는데, 이 기준은 유럽연합의 대학원들에서 사용되는 기준이다. 유럽학교의 중등교육은 7년으로 구성되어 있다. 첫 3년 동안 모든 학생들은 관찰주기라고 알려진 공통 과정을 따른다. 학생들은 대다수의 과목들을 여전히 각 언어 영역에 해당되는 언어로 배운다. 중학교 2학년 과정에서, 이미 초등과정에서 선택 사항이었던 제 2외국어를 배우는 것은 필수이다. 3학년 과정에서 모든 학생들은 시스템상에서 '실무언어(working language)', 혹은 '매개언어(langue vehiculaire)'로 알려진, 자신들이 선택한 외국어로 지리학과 역사를 공부한다. 시스템은 유럽 연합에서도 실무언어로 통용되는 프랑스어, 영어, 독일어를 실무언어로 제공한다.

　중등 4학년과 5학년(S4, S5)의 과학영역에서 필수과목은 수학뿐만 아니라 물리

32　Alicante Declaration 알리칸테 선언

학, 화학, 생물학을 포함한다. 4학년부터는 경제학, 제 3외국어, 그리고 고대 그리스어와 같은 새로운 선택권이 부여된다. 마지막 2년 동안인 6학년과 7학년 (S6, S7)은 유럽 바칼로레아에 필요한 내용들로 구성된다. 필수과목은 국어, 제2외국어, 수학, 과학, 철학, 체육, 역사, 그리고 지리학 등이다. 유럽 바칼로레아를 준비하는 몇 해 동안, 학생들은 다양한 선택지 중에서 선택을 하며, 필수 과목 중 일부를 2시수 과정으로 공부하거나 혹은 심화과정에서 4시수 과정으로 공부하는 것을 선택할 수 있다.

지리 교과에서 주된 강조점은 유럽 연합에 있다. 교사들은 학생들에게 유럽 연합과 유럽 연합의 기관들에 관련된 역사적인 자료들을 제공해야 하며, 자연환경, 인구통계학, 산업과 동력자원, 농촌환경, 지역정책 등을 포함하여 유럽을 정의할 수 있는 다양한 방법들에 대해 학생들과 토론식으로 수업을 진행할 것으로 기대된다.

예술과 인문학은 교육과정에서 특별한 지위를 차지하고 있고, 음악은 특히 중요하다. 이 프로그램은 '젊은이들에게 창의적 노력의 기회를 제공하고, 유럽 공통 유산에 대한 이해를 증진하는 유럽 학교의 주요 목표들 중 하나를 이행해야 할 책임이 있다 (Board of Governors 2012:2).

다문화적 요소는 중요한 줄기로서 유럽학교의 교육과정을 가로지른다. 뱅크스 (Banks 2007:139)는 다문화 교육의 5가지 차원을 ①내용통합(수업시간에 다양한 문화의 예와 콘텐츠들을 활용), ②지식구축(교사들은 학생들이 암시된 문화적 가정들을 이해하는 것을 돕는다), ③편견감소(인종적, 사회적, 경제적, 민족주의자), ④학교문화 강화, 그리고 마지막으로 ⑤모두를 위한 교육학(교사들이 학생들의 학업 성취를 촉진하기 위해 스스로의 교수법을 수정하는 것)으로 파악한다. 이 다섯 가지 차원 중에서, 유럽 학교는 내용 통합과 지식 구축의 두 가지 차원을 우선시한다. 교육과정은 서로 다른 유럽 문화들 사이의 평등한 존중을 만들기 위해 구성되었다. 이는, 예를 들어, 중학수준에서 지리학이나 역사 과정에서 초국가적인 예시를 제공하고, 공통의 유럽 문화와 관련된 여러 가지의 교육학적 틀을 조기에 제공함으로써 성취된다. 게다가, 다언어주의(multilingualism)는 교육과정에서 중요한 역할을 부여받는다. 알레망 지온다(Allemann-Ghionda, 2012: 126)는 '다언어 교육은 문화간 교육의 특권적 경로로 여겨지며[...], 그들의 교육은 모국어 이외의 언어에 대한 깊은 지식과 적극적 구사력을 습득하는 것이 정신을 확장하고 문화간 역량 강화에 효과가 있다는 가정에 기초한다'고 이야기한다.

과목들

무엇이 좋은 과학이나 수학 교육과정을 만드는지에 대한 글들은 주로 개념적인 일들과 전문적인 지혜에 의존한다. 우리는 개입을 엄격하게 테스트하는 양질의 대규모 평가가 부족하다. 이러한 이유로, 증거 기반 연구의 종합(어떤 종류의 체계적인 검토는 말할 것도 없고)은 가능하지 않다(e.g. Watson et al. 2013, 수학과 관련하여).

그럼에도 불구하고, 과학 교육과 수학 교육 모두에서 무엇이 좋은 교육과정을 만드는지에 대한 증거를 제공하는 연구가 점차 증가하고 있다. 아마도 가장 근본적인 문제는 내용의 문제일 것이다. 최근 과학 교육에서 많은 학교 교육과정들에 과부하가 걸린다는 인식이 증가하고 있다. 때로는 분리되어 있는 무수히 많은 종류의 내용들을 다루는데 너무 많은 시간이 소요되고 있고, 이는 큰 그림이 사라지는 결과를 초래한다.

학생들이 할 수 있는 한 최선을 다해 학습을 진행하도록 촉진하거나 최소한 가능하게 하는 교육과정을 갖는 것은 분명히 중요하다. 학생들의 학습 진도에 대한 연구(수학이든, 과학이든, 혹은 더 일반적으로든)는 종종 학습이 사다리를 타고 올라가거나 단계를 밟는 것처럼 해석되어 있다. 따라서, 학생들은 사다리 각각의 가로대(또는 단계)에 도달해야 후속 진도를 볼 수 있다. 사피로(Sapiro 1994)의 연구와 같은 학생들의 학습에 대한 세밀한 관찰을 통해, 이와 같은 경우 학습이 거의 없다는 것이 드러나는 것은 놀랍지 않다. 학생들은 때때로 퇴보할 뿐만 아니라, 무대 혹은 사다리의 가로대를 놓치기도 한다. 이것이 교육과정 개발자에게 시사하는 바는 개념은 학습을 용이하게 하는 논리적 전개에 따라 정렬해야 하지만, 학습이 이러한 경로를 따라 경직된 형태로 진행된다고 가정해서는 안 된다는 것이다. 학습은 미리 정해진 하나의 순서가 아닌 여러 가지 방법으로 성공적으로 이루어질 수 있기에, 마치 직소 퍼즐의 조각들을 조립하는 것과 더 비슷할 수 있다. 수학과 과학이 핵심 과목이 되어야 한다는 것은 전 세계 교육과정에서 일반적으로 동의하는 내용이다. 이러한 점을 감안할 때, 유럽 학교 교육과정에서 어떤 과목을 가르쳐야 할지에 대한 많은 고려사항이 있다. 학부모들과 학생들은 교육과정 계획에 대한 자신들의 이해를 개혁 과정의 논의들에 계속해서 가져올 것이다. 예를 들어 학부모들이 과학분야에는 세 개의 분리된 과학(i.e. 물리학, 화학, 생물학)이 있어야 한다고 생각하는 등 교육과정에 대해 전통적인 사고방식을 가진다면, 그들의 입장에서 일반 과학교육과정은 이해할 수 없는 것으로 보이거나, 과학교육과정이 단순화되어 과학 영역의 질적 저하를 의미하는 것으로 보여진다. 교육과정 교과목 구성에 대한 학부모들의 판단이 옳은지의 여부는 중요하지 않으나, 학부모들의 관점은 유럽 학교 교육과정 제작자들의 결정에 있어서 중요한 요소이기 때문에 고려될 필요가 있다.

보통 밀접하게 관련된 사람들의 견해를 무시하는 시스템은 도움이 되지 않고 반응도 없으며, 그런 상황에서는 어떠한 개혁도 실제로 효과가 없을 것이다.

교사들 또한 모든 논의에 교육과정 계획과 관련된 그들 자신들의 이해를 가져올 것이다. 비록 교사들은 다른 각도에서 문제에 접근하겠지만, 여전히 이는 학부모들의 관점과 같은 효과를 낸다. 그들의 관점은 오랫동안 강력하게 유지되어온 교육과정 구분 및 교사 스스로의 학문적 관점(i.e. 대학 교과와 해당 교과의 교육학적 훈련)에 대한 신념, 그리고 경우에 따라 여러 해 동안 자신들이 가르쳐 온 교육과정과 교수요목에서 비롯된다. 다시 한 번 언급하자면, 효과적인 개혁은 교사들의 충분한 참여와 지지가 없이는 불가능하기에, 교사들의 관점은 진중하게 받아들여질 필요가 있다.

이사회가 작성하는 시스템 세부 사항에 대한 설명 또한 이러한 논쟁에서 중요한 역할을 한다. 이 내용들은 협약 제4조에 가장 잘 요약되어 있다:

1. 교과 과정들은 지정된 언어로 진행되이야 힌다.

2. 특정 과목들은 동일 수준의 공동수업으로 가르친다.

3. 학생들에게 여러 현대 언어에 대한 깊은 지식을 제공하기 위한 특별한 노력을 기울여야 한다.

4. 유럽관점(European dimension)은 여러 교육과정에서 개발되어야 한다.

5. 개인의 양심과 신념은 존중되어야 한다.

6. 특별한 교육을 필요로 하는 아동이 학습을 원활하게 할 수 있는 조치를 취해야 한다.

제 4조는 유럽연합 헌법에 법적으로 명시되어 있다.

유럽위원회는 평생 학습을 위한 8가지 핵심 역량을 모든 교육과정 개혁의 기초가 되는 요건으로 확인했다. 본 역량들은: ①모국어 의사소통(communication in the mother tongue), ②외국어 의사소통(communication in foreign languages), ③과학과 기술 기본 역량 및 수학 역량(mathematical competence and basic competences in science and technology), ④디지털 역량(digital competence), ⑤학습을 위한 학습법(learning to learn), ⑥사회 및 시민 역량(social and civic competences), ⑦결단력과 기업가 정신(a sense of initiative and entrepreneurship), 그리고 ⑧문화적 인식과 표현(cultural awareness and expression)이다. 교육과정 개혁을 계획할 때, 전반적으로 근거가 없거나 위의 여덟 가지 역량의 예시가 되지 않는 교과들은 피하는 것이 중요하다. 그렇지 않으면 교육과정은 임의적인 과목들의 집합체가 되고 말 것이다.

교과들은 또한 현재의, 그리고 미래의 바칼로레아에 적합해야 한다.

또 다른 요인은 대학 진학이다. 전통적인 학문적 경계에 속하는 과목들은 다양한 대학시스템에 의해 더 쉽게 인식된다는 점에 유의해야 한다. 그러나 대학들은 이러한 교과 영역들을 학생 입학시점의 교과분류로 정할수도 있지만, 가령 현재 극히 일부 대학만이 과학 교과를 물리학, 화학 및 생물학으로 나누고 있는 것처럼, (많은 대학들은) 전통적인 교과 영역과는 다르게 지식을 교과로 배열할 수 있다. 또한 대학 입학 요건은 시행 중인 국가 시스템, 대학의 명성, 얼마나 입학 경쟁이 높은지(예를 들자면 경쟁이 높은 과정으로 의학과를 들 수 있다), 특정 학생들의 입학 자격 유형, 전체 학생 수, 그리고 과정 운영 기간 등에 따라 달라질 수 있다는 점에 유의해야 한다. 과목들을 어떻게 배열하든지 간에 가장 중요한 것은 유연성이다. 각 학위들의 입학 요건은 학위 주제를 반영한다. 다양한 학위의 명칭들은 현재 유럽 학교 시스템에서 제공되는 교과의 명칭과 동일하지 않는다. 그리고 이러한 차이는 누락과 특정 조합의 집합 모두를 반영한다. 또한, 그들은 대학 또는 고등교육 기관의 유형, 해당 기관들의 교과를 결합해 온 다양한 방법들, 기관 이력, 그리고 교직원들과 다른 자원들의 유용성을 반영한다. 마찬가지로, 유럽학교 시스템의 현재 배열들은 시스템의 역사와 자원의 가용성(교사 자원을 포함한), 그리고 발달되어 온 학교의 유형을 반영한다. 이는 광범위하고 포괄적인 시스템을 위한 어느 정도의 시도는 있지만 실제로 유럽 학교 시스템 또는 유럽 고등교육시스템의 교과 선정과 교과들의 조합 전체를 아우르는 교육과정상의 근거는 없음을 의미한다.

유럽 전체 학교의 전반적인 교육과정과(제공된 과목들 관련하여)전반적인 유럽 고등교육기관들의 교육과정 사이의 이러한 차이는 예상치 못한 것은 아니지만, 그럼에도 불구하고 이사회는 유럽 학교 시스템의 광범위함과 포괄성을 법으로 규정하고 있다.

이것은 교육과정(▪ 과목 선택, ▪ 핵심과목, ▪ 핵심, 선택, 그리고 보완과목 사이의 관계, 각 교과에 주어진 교육 시간 길이 등)에 여덟 가지의 핵심 역량이 반영되어야 한다는 것이다. 그렇지 않으면, 과목 선택, 과목간의 관계, 해당 과목들의 내용, 해당 과목들에 대한 교육시간에 관련된 결정들은 특별한 변론 대상이 되며, 상대적으로 임의적이다.

철학이 이의 한 예이다. 철학이 유럽 학교들의 교육과정의 중심이 되어야 한다는 생각을 지지하기 위해 많은 주장들이 세기되어 왔다. 철학은 이미 프랑스, 이탈리아, 그리고 스페인의 바칼로레아의 일부를 구성하고 있다. 이 세 국가들에 속한 대학교들에 지원하면서 대학입학 전 자격요건으로 철학이 충족되지 않은 학생들은 불리하다. 일부 유럽 시민들은 철학을 포함하지 않은 유럽 바칼로레아를 2등급의 자격 정도로 생각할 수도 있다. 심지어, 철학은 법, 심리학, 경제학, 신학, 문학, 역사, 지리 등의 근간을 제공하고, 그 자체로도 조직화되고 통합된 주제이다. 더 나아가, 철학은 학생들이 학문 전반에 걸쳐 지식을 강화하고 통합할 수 있게 하는 유일한 과목이다. 교육과정에 필수과목으로 철학이 없다면, 학생들은 단편적인 지식의 묶음을 가지고 졸업하게 되기에, 모든 학문을 아우르고 일관되고 지적인 세계관을 발전시킬 수 있는 어떤 한 지식의 틀(framework)을 형성할 수 없게 된다. 그러므로 철학 교수요목(syllabus)은 유럽 학교 교육과정의 다른 부분에 존재하고 있는 대단히 중요한 공백을 메운다. 예를 들어, 철학 강좌는 학생들이 공민학(civic), 정치이론(political theory), 인식론(epistemology), 과학 철학(philosophy of science), 윤리(ethics)등을 공부하는 유일한 강좌이다. 많은 6학년과 7학년(S6, S7)학생들에게 이는 그들이 습득한 학문적 지식을 이해하고 그들의 지식 이해의 틀(framework)을 만드는 데 도움을 준다. 또한, 철학은 역량 교육과정에 잘 맞으며, 유럽 8대 역량 중 5,6,7,8 역량, 즉 학습을 위한 학습, 사회와 시민 역량, 진취성과 기업가 정신, 문화적 인식과 표현과 관련이 깊다.

이는 철학이 유럽 학교들의 교육과정의 중심이라는 것을 보여주며, 대학 입학 요건에 있어 선택 과목보다는 핵심 과목이어야 한다는 강력한 주장이다. 라틴어는 교육과정에 지속적으로 포함되고 있기에 상대적으로 강력한 근거를 제시하기가 쉬운 또 다른 예이다.

라틴어가 왜 교육과정에 포함되어야 하는지에 관한 많은 논쟁들이 제기되어 왔다. 학생들은 라틴어 공부를 원하기에 그것을 제한하거나 없애는 것은 선택을 제한하는 것이고, 동시에 학생들에게 선택권을 제공함으로써 암시되는 학습의 가능성을 감소시킬 것이다. 즉, 학생들은 자신들이 무엇을 공부할지에 대한 선택권이 있다면 자신들의 공부에 더 동기부여될 수 있다. 라틴어는 많은 유럽 언어들의 기초이고, 따라서 라틴어를 공부하는 것은 이러한 많은 언어들의 학습을 용이하게 한다. 라틴어는 유럽 학생들에게 문화적 의미를 지니고 있다. 유럽의 대학에서 고대 문명(ancient civilizations)을 공부하고 싶어하는 학생들이 라틴어를 공부하는 것은 특히 유리하다.

교육과정의 내용 영역에 대한 이견은 모든 과목에서 발생하며, 이는 종교교육에서도 예외는 아니다. 종교 교육과정의 목적에 대한 논란은 특히 심할 수 있다. 많은 종교 교육들에서 잘 확립하고 있는 목표는 하나의 특정한 종교나 교파(i.e. 고백 종교 교육처럼)에 대한 학생들의 믿음을 유지한다는 것이다. 그러한 접근법은 종종 학교가 자신들의 가정에서 추구하는 것과 동일한 종교적 방법으로 세상을 이해하는 것을 보고 싶어하는 특정 부모들에게 인기가 있다. 이러한 목표는 일반적으로 한 종교적 신앙에 대한 특정 입장이 우세하다는 것을 나타내는 종교학교(faith schools)[33](공립이든 사립이든)들에서 종종 발견되고, 이는 하나의 특정한 종교적 입장이 지배적이라는 것을 의미한다. 이 접근법의 지지자들은 부모 입장에서 자신의 아이들이 특정 종교 관점의 틀(religious framework)이나 정신(ethos) 안에서 교육 받는 것을 보장할 권리가 있다고 주장할 것이다.

철학, 라틴어, 종교 연구들과 마찬가지로, 우리는 중등교육과정의 각 과목들에서도 핵심과목 혹은 그 대안으로서 특별한 사례들이 만들어 질 수 있다는 것을 볼 수 있다. 그러나 학생들의 선택을 현재 허용되는 수준으로 유지하는 것과, 철학, 종교

---

33 우리나라에서는 미션스쿨(mission school)이라고 불리우며, 주로 기독교와 천주교 학교가 많다.

혹은 라틴어와 같은 특정 과목의 교육을 유지하는 문제는 학교간 일치하지 않는 매우 복잡하고 다양한 시스템을 초래했다는 것이다. 어떤 경우에는 학생들의 첫 번째 선택이 거부당하고, 혹은 그들이 듣고 싶지 않았던 과목을 들어야 하는 경우가 발생한다. 현재, 6학년과 7학년(S6과 S7)에서 학생들은 생물학, 화학, ICT[34], 물리학, 그리고 지리 중에서 의무적으로 적어도 두 가지 과목을 선택해야 한다. 물리학을 선택하는 학생들에게 수학5는 필수 과목이다. 지리학을 선택하지 않은 학생들에게는 인문과학은 필수이다.

대안 교육과정

이제 우리는 ①선택사항이 없는 교육과정, ②정해진 과정 내에서 선택사항이 있는 교육과정, 그리고 ③핵심과 선택과목을 제시하는 교육과정의 세 가지 대안을 제시하고자 하며, 각각의 대안들에 대하여 아래에서 논의하고자 한다. 첫 번째 대안은 과목 선택권을 없애고 교육과정의 일부가 될 수도 있는 모든 과목들(그리고 이것은 현재 유럽학교 교육과정에서는 제공되지 않는 심리학, 언어학, 사회학, 미술사, 공학 등의 과목을 포함할 것이다), 혹은 유럽의 대학교들에서 교과로 인정되는 과목들의 내용을 가르치는 것이다(표 2.1. 참조). 이것은 여러 가지 방법을 통해 성취될 수 있다. 일반 과목 영역 혹은 경로(그리고 이들 중 일부는 유럽 대학 여러 교육과정에서 인정됨)는 8개의 필수 유럽 역량을 따라 개설되며, 모든 가능한 과목들과 유럽 대학이 인정하는 모든 과목들이 이러한 영역에 속한다. 예를 들어, 역사(history)(유럽 혹은 다른 국가의), 지리(geography), 종교학(religious studies), 고대 문명(ancient civilizations), 문학(literature), 미술과 미술사(fine art and history of art), 음악사 및 감상(music history and appreciation), 법률(law), 고고학(archeology), 건축 및 철학(architecture

---

34 정보통신기술(Information and Communications Teachnology/ICT)

and philosophy)등의 과목들을 제공하는 대신, 이에 해당되는 내용들이 인문학 또는 문화학의 전반적인 주제 아래로 엮일 수 있다. 또 다른 예는 사회학(social studies)이다. 예를 들어, 심리학(psychology), 사회학(sociology), 통계학(statistical science), 경제학(economics), 경영학(business studies), 정치학(political science)을 제공하는 대신, 이 과목들의 내용은 사회학 또는 사회과학의 연구 또는 경로에 속할 수 있다. 세 번째 예시는 자연 과학(natural science)으로, 물리학(physics), 화학(chemistry), 생물학(biology), 생화학(biochemistry), 생명공학(biotechnology), 기술(technology), 지구과학(earth science), 천문학(astronomy) 그리고 의학(medicine)을 포함한다. 이것이 효과적으로

<표 2.1> 선택사항이 없는 교육과정

S1-S3 & S4-S5 (중등교육 첫 5년 동안의 기간)
과정1(핵심): 의사소통 - L1언어 및 문학
과정2(핵심): 제1현대 외국어 - L2언어 및 문학
과정3(핵심): 제2현대언어 - L3언어 및 문학
과정4(핵심): 인문학
과정5(핵심): 수행 및 표현 연구
과정6(핵심): 과학
과정7(핵심): 사회학
과정8(핵심):수학
S6-S7 (중등교육 마지막 2년)
과정1(핵심): 의사소통-L1언어 및 문학; 통합주제; 읽기, 쓰기, 말하기 및 듣기, 다중양식, 언어와 의사소통에 대한 지식, ICT, 그리고 언어 및 의사소통 성향
과정2(핵심): 제1현대외국어 - L2언어 및 문학; ONL아일랜더, 핀란드어, 몰타어, 스웨덴어 포함; 통합된 주제; L2읽기, L2쓰기, L2말하기 및 듣기, L2언어와 의사소통에 대한 지식, L2 언어 및 의사소통 성향
과정3(핵심): 인문학; 통합주제:(이것은 교과가 아니라 인문학 영역의 학습을 구성하는 교과들의 요소이다), 역사, 지리, 종교학과 윤리, 고대 문명, 미술과 미술사, 음악사와 감상, 법학, 고고학, 건축학, 그리고 철학
과정4(핵심): 수행 및 표현 연구; 연결된 테마: 음악, 연극, 무용, 미술과 디자인, 그리고 체육교육
과정5(핵심): 과학; 통합 주제:(이것은 교과가 아니라 과학분야의 학습을 구성하는 교과들의 요소들이다), 물리, 화학, 생물학, 생화학, 생명공학, 기술, 컴퓨터 과학포함, 지구과학, 천문학, 의학
과정6(핵심): 사회학 연구; 통합주제(이것은 교과가 아니라 사회 연구분야의 학습을 구성하는 교과들의 요소들이다), 심리학, 사회학, 통계학, 경제학, 경영학, 그리고 정치과학

과정7(핵심): 수학; 통합주제: 양과 대수식의 관계, 비율과 비례추론, 연결특정과 소수점, 공간 및 기하학적 추론, 데이터에 대한 추론, 불확실성에 대한 추론, 변수간의 함수관계

과정8(핵심): 제2 현대 외국어 - L2언어 및 문학; ONL아일랜드어, 핀란드어, 몰타어, 스웨덴어 포함; 통합 주제: L2읽기, L2쓰기, L2말하기 및 듣기, L2언어 및 의사소통, 그리고 L2언어 및 의사소통 성향

의미하는 것은 교육과정 내 과목 간 경계가 모호해졌고, 이에 따라 교육과정 설계에 있어 보다 연결된 접근법이 채택되고 있다는 것이다. 위의 세 가지 예시에서, 학생들은 과목의 영역을 선택하는 것이 아닌, 그것 모두를 공부할 것이다. 하지만 해당 교육과정 교육에 더 많은 시간이 할당되지 않는 한, 이는 각각의 과목 영역들에 골고루 주어진 시간의 양(이 시간이 시수의 수로 표현이 되든 학습 시간 분으로 표현이 되든지 여부)을 빼앗게 된다. 그것은 학생에 의한 학습 전문화를 지연시키고, 고등교육의 진입점에 이 결정을 효과적으로 위치시킨다. 이러한 제안은 각 주제 영역에 대한 내용(주제 분야 내의 지식 구성, 기술 및 성향으로 정의됨)을 제한한다.

하지만, 교육과정 내에서 교과를 선택하고, 배열되고 학습되는 방법의 형태가 필연적으로 각 교과 영역의 약화를 초래한다고 생각해선 안된다.

두 번째 대안은 6개의 교육과정 경로를 유지하는 것이다. 하지만, 사회학, 인문, 과학을 일반적인 학습 영역으로 제공하고, 각 경로를 네 개, 다섯 개, 혹은 여섯 개의 과목으로 세분화 하는 것이다. 그런 다음 각 학생은 각각의 경로에서 하나씩의 옵션을 선택한다. 이 교육과정은 경로내에 선택이 있는 형태이다. (표2.2참조). 따라서, 사회학 경로에서, 학생들은 심리학, 사회학, 통계학, 경제학, 경영학, 정치학 중에서 선택을 하게 되는데, 각각의 과목들은 그 정체성을 유지한다.

<표2.2.> 교육과정내의 선택권

S1-S3 & S4-S5(중등교육의 첫 5년 동안의 기간)
과정1 의사소통 - L1언어 및 문학
과정2 제1현대 외국어 - L2 언어 및 문학
과정3 제2현대 외국어 - L3 언어 및 문학

과정4 인문학	
과정5 수행 및 표현 연구	
과정6 과학	
과정7 사회학	
과정8 수학	
S6-S7(중등교육의 마지막 2년)	
과정1 (선택1): 모국어 L1 - 언어, 문학 그리고 ICT중에서 선택	
과정2 (선택2): 제1현대 외국어 - L2언어 및 문학 - 모든 다른 유럽 언어사이에서 선택	
과정3 (선택3): 인문학 - 역사, 지리, 종교학과 윤리, 고대 문명사, 미술과 미술사, 음악사 및 감상, 법학, 고고학, 건축학, 그리고 철학중에서 선택	
과정4 (선택4): 수행과 표현 연구 - 음악, 연극, 무용, 미술과 디자인, 그리고 체육교육중에서 선택	
과정5 (선택5): 과학 - 물리학, 화학, 생물학, 생화학, 생명공학, 기술, 컴퓨터 과학, 지구 과학, 천문학, 의학 사이에서 선택	
과정6 (선택6): 사회학 연구 - 심리학, 사회학, 통계학, 경제학, 경영학, 그리고 정치학 사이에서 선택	
과정7 (선택7): 수학 - 초급수학과 고급 수학 사이에서 선택	
과정8 (선택8): 제2현대 외국어 - 모든 다른 유럽 언어들 사이에서 선택	

　　각 과목의 수업시간이 너무 적거나 또는 충분한 수업이 할당되고 있지 않다고 생각되는 경우, 모든 과목을 충분히 수강할 수 있도록 수업일수를 늘리거나 다른 과정의 수업을 포기하여 한 경로의 수업시간을 늘릴 수 있다.

　　이 시스템에는 여러 가지 장점들이 있다. 8가지 역량은 자신들의 의무대로, 진정으로 교육과정을 지도하는 이해의 틀의 역할을 수행할 수 있다. 학생들은 각 경로에서 한 과목 혹은 심지어 두 과목까지 공부했기 때문에, 대학에서 어떤 과목을 공부해야 할 지에 대해 더 나은 선택을 할 수 있게 될 것이다. 학생 개개인의 교육과정은 굉장히 폭넓으면서도 그 영역에 있어서 포괄적일 수 있을 것이다. 충돌하는 옵션의 문제(즉, 학생이 생물학과 ICT를 공부하고 싶어하지만 생물학과 역사를 결정해야할 때, 생물학, ICT, 지리 사이에서 선택을 해야 하는 문제)와 양립할 수 없는 과목들(즉, 생물학, 화학, ICT, 물리학 및 지리 중 두 가지 옵션 선택)사이의 선택과 관련한 문제들은 발생하지 않을 것이다. 이 시스템의 주된 단점은(교육과정에 주어진 시간이 증가하지 않는 한) 전체 학습 경로의 적용 범위(즉, 지식 구성,

기술 및 성향에 대한 노출)가 제한된다는 것이다. 또한, 이 대안과 첫 번째 대안에는 교육과정의 급격한 변화가 포함될 수 있으며, 이에 수반되는 추가 비용과 잠재적 위험이 따를 수 있다.

세 번째 대안은 현재 배열에서와 같이 핵심과목과 선택과목(다른 유형 및 핵심과목과 다른 관계를 갖는 경우)을 혼합하는 것이다(표 2.3 & 2.4 참조). 1990년 4월 2차 연구 조직은 광범위한 개혁을 목표로 했다. S1-S3에 대한 추가 개혁이 2014년 9월에 시행되었으며, 이는 2차 연구의 재조직화를 위한 현 제안의 일부로 처음 도입되었다. 중등학교의 세 개 주기의 교육과정들은 서로 다른 비율의 핵심(필수)과목, 선택 과목 및 보완 과목으로 구성되어 있다. 핵심 과목의 경우, 실행 불가능한 크기의 그룹은 여러 다양한 수준의 학생들로 그룹화하고('수직그룹', vertical grouping)여러 언어에 걸쳐 그룹화하여('수평그룹', horizontal grouping)관리하고, 이것이 불가능한 경우 수업 시간을 감소시켰다. 그룹은 S1에서 S5까지의 경우 7명 미만, S6과 S7의 경우 5명 미만일 경우엔 실행 불가능한 것으로 간주된다. 선택 과정은 충분한 수의 학생들이 선택한 경우에만 어느 언어이든지 주어진 언어로 운영되며; 선택 과정의 경우, 해당 과정에서 제공되는 경우에 한 해 학생들은 종종 매개언어(vehicular language)로 해당과목을 수강할 수 있는 선택권이 주어진다.

현재, 학생들의 학년이 중등학교 수준으로 올라갈수록 많은 과정들이 교육언어로서 학생들에게 지배적이지 않은 언어('non-dominant' language, 즉, L1이 아닌 언어)를 사용하고 있다. 특히, 중등학교에서의 첫 번째 주기(cycle)가 끝나고 두 번째 주기로 들어갈 때, L2를 교수언어로 사용하는 과목의 수가 눈에 띄게 증가하며, 두 번째 주기에서는 선택 사항들도 추가되어 학생들이 자신들의 L2 또는 다른 매개 언어를 통해 수업을 듣게 될 가능성(특히 더 작은 언어영역에서)도 증가한다.

<표 2.3.> S1-S5까지의 현재 교과배치 방식

S1-S3 (중등교육의 첫 3년 동안의 기간)
교과1 L1 (1학년 및 2학년, 5학기; 3학년, 4학기)
교과2 L2 (1학년, 5학기; 2학년 및 3학년, 4학기)
교과3 L3 (1학년, 5학기; 2학년 및 3학년, 4학기)
교과4 인문과학 (1,2,3학년, 4학기)
교과5 체육 (1,2,3학년, 4학기)
교과6 수학 (1,2,4학년, 4학기)
교과7 종교/윤리 (1,2,3학년, 2학기)
교과8 통합과학 (1,2,3학년, 4학기)
교과9 미술 (1,2,3학년, 2학기)
교과10 음악 (1,2,3학년, 2학기)
교과11 ICT (1학년 및 2학년, 1학기; 3학년, 2학기 - 선택사항)
교과12 라틴어 (2학년 및 3학년 - 선택사항)
S4-S5 (중등교육의 다음 2년)
교과1 L1 (4,5학년, 4학기)
교과2 L2 (4,5학년, 3학기)
교과3 L3 (4,5학년, 3학기)
교과4 역사 (4,5학년, 2학기)
교과5 체육 (4,5학년, 2학기)
교과6 수학 (4,5학년, 4학기 혹은 6학기)
교과7 종교/윤리 (4,5학년, 1학기)
교과8 지리 (4,5학년, 2학기)
교과9 물리 (4,5학년, 2학기)
교과10 생물학 (4,5,학년, 2학기)
교과11 화학 (4,5,학년, 2학기)
교과12 미술 (4,5학년, 2학기 - 선택사항)
교과13 음악 (4,5,학년, 2학기 - 선택사항)
교과14 ICT (4,5,학년, 2학기 - 선택사항)
교과15 라틴어 (4,5,학년, 2학기 - 선택사항)
교과16 그리스어/고대그리스어 (4,5학년, 4학기/2학기 - 선택사항)
교과17 L4 (4,5학년, 4학기 - 선택사항)
교과18 경제학 (4,5학년, 4학기 - 선택사항)

<표 2.4> S6-S7현재 과목배치 (중등교육 마지막 두 해 동안)

핵심과목		선택과목		추가과목
1열	2열*	3열	4열**	5열***
L1 (4학기)	생물학 (2학기)	라틴어 (4학기)	고급 L1 (3학기)	실험-물리 (2학기)
L2 (3획기)	역사 (2학기)	그리스어 (4학기)	고급 L2 (3학기)	실험-화학 (2학기)
수학 (3/5학기)	지리 (2학기)	철학 (4학기)	고급 수학 (3학기)	실험-생물학(2학기)
종교/윤리 (1학기)	철학 (2학기)	L3 (4학기)		컴퓨터 (2학기)
체육 (2학기)		L4 (4학기)		초급경제학 (2학기)
		역사 (4학기)		사회학 (2학점)
		지리 (4학기)		미술 (2학점)
		경제학 (4학기)		음악 (2학점)
		물리 (4학기)		스포츠 (2학점)
		화학 (4학기)		
		생물학 (4학기)		
		미술 (4학기)		
		음악 (4학기)		

*2열의 과목들은 3열의 과목들을 선택하지 않을 경우 필수로 수강해야 하는 과목들이다.
물리학, 화학 혹은 생물학이 3열에서 선택되지 않을 경우 2열에서 생물학의 수강은 필수이다.

**4열의 고급 수학은 1열에서 수학 5학기를 수강한 경우에만 해당된다.

***3열에서 미술, 음악 그리고 경제학을 수강했다면 해당되지 않는다.

진행(progression)이란 학생들의 언어석 발달을 따르는 것을 의미하므로, 이에 따라 S3 학생들의 경우 L2로 학문적 과목들을 배울 수 있는 기술(skills)을 갖추고 있는 것으로 여겨진다.

현재 구조상, 학생들은 중등 수준에서 L2 혹은 그 외 언어로 얼마나 많은 교육을 받을지에 대해 어느 정도 개인적인 선택권을 가지고 있다. 하지만, 대부분의 경우 학생들이 행사할 수 있는 통제는 지정된 교수 언어에 따른 선택 과목들로 제한하는 것이다. 이러한 상황은 다국어를 사용하는 학생들은 선호할 수 있으나, 학습의 어려움이나 시스템으로의 늦은 진입으로 인해 언어적인 학습능력이 충분하지 않은 학생들에게는 어려움을 야기할 수 있다. 또한, 이는 국가 간, 그리고 교육 시스템 간의 목표 인구의 유동성을 고려할 때 매우 일반적으로 일어난다. 학생들이 속하는 언어영역의 규모 혹은 실행가능성에 따라 체험의 폭도 넓어지는데, 작은 언어 영역에 속하는 학생들은 할 수 없이 매개 언어(vehacular language)로 진행되는 과목들을 더 많이 수강해야 하는 경우가 많다.

상위 중등과정 주기(upper secondary cycle, S6-S7)의 재편을 위해 2012년 2월 (참조. 2012년 이사회)에 작성된 제안서는 가장 큰 영향력을 가지고 있으며, 그만큼 심한 분열을 초래하기도 했다. 이 제안서는 또한 개편과정 진행자들(working group)과 학부모들 및 기타 이해당사자들에 의해 가장 철저하게 분석되었다. S6-S7의 현재 구조는 다음 노선들을 따라서 구성된다(표 2.4. 참조). 핵심과목은 반드시 제시되어야 한다. 관심 있는 영역이나 학교에 학생들의 숫자가 충분 할 경우, 선택 과목과 보충 과목들을 제공할 수 있다(이 단계에서 한 과정을 개설하기 위해 필요한 최소 학생 수는 5명이다). 일부 과목은 기본 과정(2시수, 수학의 경우 3시수)과 심화과정(4시수, 수학의 경우 5시수) 모두에서 제공된다. 이 과목들은 수학, 생물학, 역사, 지리, 그리고 철학을 포함한다. 물리학과 화학은 4시수 블록으로만 제공된다(2시수 선택으로는 제공되지 않음). 역사, 지리, 철학을 기본 수준(basic level) 혹은 상급 수준(superior level)에서 선택하는 것은 필수적이다. 적어도 하나의 과학 과목, 즉, 생물학, 물리학 또는 화학,을 선택하는 것도 필수적이다. 가능한 선택들은 바칼로레아의 필기 및 구술시험 규칙에 의해 제한된다.

이러한 복잡한 배열을 거치는 어떤 과정이든지 S6과 S7 이전에 전문화의 필요가 불가피하다는 것을 의미한다.

학생들은 이질적인 선택들을 직면하게 되고, 학교 규모에 따라서는 특정 과목을 선택하는 학생들의 수, 이러한 과목을 선택하는 L1학생들의 유형 및 이러한 부분들을 수용하기 위한 학교 내 그룹의 형성 가능성에 따라 학생들의 첫 번째 선택이 받아들여지지 않고, 그로 인해 자신들이 선택하지 않은 과목들에 만족해야 하는 경우도 있다.

이러한 배열로 인해 학생들의 교육과정 배치에 관련하여 ▪ 조기 전문화, 관련성이 없는 과목들 사이의 선택, ▪학생이 인문학, 자연과학 혹은 사회과학 등을 전공하기를 원하는 경우 실망할 가능성이 높은 과목들 중에서의 선택, ▪시스템 내의혹은 학교 내 자원 배열 문제로 인해(즉, 수업 규모, 학생들의 L1 분포도, 수직적그룹 구성 가능성 등) 학생의 첫 번째 선택이 거부될 수 있으며, 이는 결과적으로동기 부여나 학업 수행의 질 하락을 초래할 수 있음, ▪또한 일부 교과 영역을 2시수(restricted curriculum, 제한된 교육과정), 4시수(extended curriculum, 확장된 교육과정), 혹은 4시수 이상(supplimentary curriculum, 보충교육과정)으로 지정함으로 다양한 수준의 학습과 다양한 유형의 학생들이 형성되는 것과 같은문제점들이 잔존한다. 이는 교과기반 교육과정(subject-based curriculum)을 통한 진행과정을 복잡하게 만들거나 왜곡할 수 있다.

전통적으로 S6과 S7수준의 과정들은 핵심과 선택 모듈로 제공되어 왔다. 여기에는 여러 가지 이유가 있다. 엄중하게 분류된 용어들(예를 들어, 교과 영역 간 명백한 경계가 있는 경우)로 구상된 광범위하고 종합적인 교육과정을 제공하기 위해만들 수 있는 유일한 방법은 일부 과목들을 묶어 군집(cluster)을 형성하고, 해당군집 내에서 선택권을 제공하는 것이다. 이는 군집들과 핵심교과영역이 신중하게설계되지 않는 한, 교육과정의 포괄적인 범위를 제공하지 못하고, 해당 교육과정의 일부 핵심요소들을 소홀히 할 수 있다는 단점이 있다. 예를 들어, 핵심과목(필수 교과와 선택 교과들의 군집들을 포함 할 수 있는)이 대단히 중요한 근거를 갖고있는 것으로 이해되지 않는 한, 해당 교육과정은 완전히 포괄적이지 않을 수 있다. 이것은 일부 학생들, 특히 일찍 특화된 학생들은 더 좁은 교육과정으로 교육을 받게 될 것임을 의미한다.

교사들, 학부모들, 그리고 학생들은 일정 기간 동안 현재의 교육과정 방식들에익숙해져왔고, 변화라는 것은 항상 불안함을 수반하기 때문에, 전통적인 교육과정방식에서 새로운 것으로 옮겨가는 과정에는 항상 문제가 있다.

또한 교육과정 편성을 변경하는 것이 유럽 바칼로레아의 신뢰성을 떨어 뜨리고,

이에 따라 학생들의 고등교육으로의 접근 능력을 위태롭게 할 수 있다는 문제도 있다. 선택을 어느정도 허용하는 시스템에서 선택이 거의 없는 시스템으로 교육과정 편성을 변경하는 것의 또 다른 함축적 의미는, 이러한 감소된 전문화(reduced specialisation)가 학생들이 자신을 위해 스스로 선택하는 능력을 제한하고, 특별한 관심을 가지고 있는 교육과정 영역이나 교과를 공부하는 능력을 제한한다는 것이다. 이것은 학생들의 동기부여에 부정적인 영향을 미칠 수 있다.

교육개혁

교육과정은 본질적으로 계획된 학습 프로그램이며, 이를 이해하기 위해서는 학습 이론 역시 개발해야 한다. 하나의 개념으로서, 학습은 근본적으로 지식과 연관되어 있으며, 따라서 우리가 학습과 학습의 실천에 대해 생각하고 있다면, 우리는 무엇이 학습되어야 하고 어떻게 학습이 되는지 참고할 기준이 필요한데, 일반적으로 우리가 목표로 하는 것이 바로 특정 형태의 지식이다. 철학자들은 보통 지식을, '그것을 아는 것(knowing-that)'과 '방법을 아는 것(knowing-how)'의 두 가지 주요 범주로 나눈다. 학자들은 또한 '지식을 통해 아는 것(knowing-by-acquaintance)'이라는 세 번째 범주를 추가하기도 하는데, 범주의 분류가 논쟁의 중심은 아니다). 이것이 시사하는 바는 이러한 형태의 지식은 근본적으로 다르다는 것이며, 다시 말하자면, 그들 사이에는 넘을 수 없는 굳건한 경계가 있다는 것이다. 로버트 브랜덤(Robert Brandom, 2000)의 공식을 사용하여, 우리는 철학자들의 이러한 분류 결과는 오해의 소지가 있으며, 이것이 만들어낸 강력한 단절로 인한 일부 문제점들을 해결할 수 있다고 제안하고자 한다. 이것은 우리의 학습과 지식 개발 이론과 그에 따른 교육과정 이론에도 영향을 미친다. 또한 사회에서 이러한 다른 형태의 지식은 다른 지위를 부여받거나 혹은 다른 중요도에 대한 지지를 받고 있다. 따라서, 예를 들어, 직업지식(vocational knowledge – 대체로

과정에 관련된 것으로 생각되어지는)은 학문지식(academic knowledge – 대체로 명제에 관한 것으로 폭넓게 이해되는)에 비해 덜 중요하게 생각되는 것과 같이, 이러한 중요성에 대한 비문(ascriptions)은 각각의 지식 본연의 상태에 있지 않고 이러한 형태의 지식이 특정 사회에서 인정되는 방식에 있다.

지식(knowledge)은 따라서, ①인지적(cognitive, 명제와 관련하여), ②기술기반(skill-based, 과정과 관련하여), 그리고 ③기질적(dispositional, 체화와 관련하여)의 세 가지 유형의 학습에 기초한다. 비록 지시 대상이 내부적으로 연관되어 있는 것으로 이해되거나 더 구체적으로는 이미 확립된 개념들 네트워크의 일부로 해석될 수도 있지만, 인지(cognition)는 자신 밖의 어떤 것을 가리키는(물론 무언가를 꼭 반영하거나 동형화할 필요는 없지만) 이러한 상징적 자원들(단어, 숫자, 그림 등)의 교묘한 조작으로 구성된다(참조. Brandom, 2000). 기술기반 지식(skill-based knowledge)은 과정적인 것으로 명제적이지 않기 때문에 인지와는 다르다. 기질적 지식(dispositional knowledge)은 비교적 안정된 심신의 습관, 상황에 대한 민감성, 그리고 참여 영역을 가리킨다. 어떤 것을 어떻게 하는지에 대한 지식(혹은 지식 형성의 과정), 어떤 것에 대한 지식(Brandom의 용어로는 '개념 내에서 혹은 개념 네트워크를 향한 관계에 대한 주장을 판단하는 것'), 그리고 체화된 형태의 지식(한 행동에 동화되어 해당 행동과 관련된 공간들에서 수행할 수 있는)은 중요하다. 하지만, 이들은 모두 본질적으로 지식을 만드는 활동들(knowledge-making activities)이며, 더 나아가 우리가 보게 될 것 처럼 일반적으로 학습의 행위로 표현될 수 있다.

지식은 교육현장에서 변환되기에, ▪학습 대상의 모의실험, ▪대상의 표현적 모드, ▪증폭의 유형과 정도, ▪교육적 관계, 진행 혹은 다른 학습 대상과의 관계(교육과정 통합)의 통제, ▪교육 텍스트의 유형, ▪학습과정에서 다른 사람들과의 관계, ▪시간의 구성(일시적인 관계), 그리고 ▪피드백 매커니즘의 유형은 이 교육적 변환의 기본 구성요소들이라는 특성(qualities)을 제안할 수 있다. 이것은 학습 과정에서 학습 대상이 ▪ 시뮬레이션(simulation), ▪ 표현(representation), ▪ 증폭(amplification), ▪ 제어(control), ▪ 통합(integration), ▪ 텍스트 형태 (textual form), ▪ 다른 사람들과의 관계(relations with other people), ▪ 시간(time) 그리고 ▪ 피드백(feedback) 등의 결과로서 새로운 형태를 취하게 된다는 것을 의미한다. 예를 들어, 번스타인[35](Bernstein 2002)의 사회언어학 코드 이론(sociolinguistic code theory)이나 마톤(Maton 2014)의 지식과 지식인 연구(knowledge and knowers thesis)등이 제시하는 일부 이론적 틀과는 대조적으로, 이는 교육학적 배치(pedagogic arrangements)와 사회적 배치(social arrangements) 사이의 관계들을 의미하고, 그리고 이러한 교육학적 배치들과 정체성 형성의 개념(notions of identity-formation), 그리고 사회적 자리매김 (social positioning) 등의 교육적 지식의 순전한 복잡성은 임시적으로 쓰여질 수밖에 없다는 것을 의미한다.

따라서, 이론적인, 그리고 맥락적인 고려는 교수와 학습의 요소들이 어떻게 실현되는지에 영향을 끼친다. 이것을 인정하는 것으로 ▪ 학습평가, ▪ 관찰, ▪ 코칭, ▪ 목표 명확화, ▪ 멘토링, ▪ 동료학습, ▪ 시뮬레이션, ▪ 설명, ▪ 개념형성, ▪ 성찰, ▪ 메타인지학습, ▪ 문제 해결, 그리고 ▪ 실습과 같은 많은 학습 모델들을 구분 할 수 있게 된다. 그리고 이 각각의 것들은 특정한 학습 이론에 의해 뒷받침된다. 이는 사용되는 어떤 유형의 학습 모델이든지간에 우리가 세상을 어떻게 알 수 있고 그것이 무엇인지에 대한 특정한 견해와 관련하여 구성된다는 것을 의미한다. 이러한 모델세트 혹은 학습세트(특정 종류의 피드백 매커니즘을 포함)는 학습 과정상의 다양한 요소들에 서로 다른 강조점을 부여한다.

---

35   번스타인의 어법(code)의 개념은 어떤 언어적 메시지를 선택하고 조직하는 것과 상관하여 다양한 사회적 맥락이나 환경들을 관련짓고 해석하는 방식을 지칭함. 이와 관련하여 번스타인은 언어를 정교한 어법(elaborated code)과 제한적 어법(restricted code)으로 구분하며 나아가 사회계급과 이러한 어법의 사용간의 관계를 제시한다. (출처: 교육학용어사전. 서울대학교 교육연구소,p.290)

이러한 모델들 사이에서 선택하는 것은 학습 대상의 성격과 구성에 달려있으며, 다시 말해, 성격은 필연적으로 구성에 의존한다. 또한 그것은 만들어진 학습 이론의 선택에 달려있다. 이러한 학습 모델들은 학습 과정에서 수행해야 할 중요한 역할이 있으며(무엇이든지 하나가 선택되면), 번스타인(Bernstein 2000)의 교육학적 장치(pedagogic device)의 요소를 구성한다. 3장에서 우리는 유럽 학교 시스템의 문화 간 역량(intercultural competence)의 발달과 언어 학습의 조직을 검토한다.

3
나란히 교육받기
: EU 학교에서 언어의 역할[36]

언어 학습과 문화 간 의사소통은 EU 학교들의 기원과 정신의 핵심이다. EU 학교들은 학교 네트워크가 계속해서 성장하고 있다는 점에서 성공적인 사례이다. 졸업생들은 자신들의 L1에 능숙할 뿐만 아니라 L2 혹은 L3를 통해 역사와 같은 내용교과들을 성공적으로 학습하기 위해 L2에서도 충분한 정도의 유창함을 보였다. 모든 EU 학교의 학생들은 L3를 공부한다. 학생들은 다양한 국적의 선생님들은 물론 다양한 국적의 학생들과 함께 일하고 배운다. L1을 포함하여 적어도 세 개의 언어를 가르치는 것, 수강 인원이 충당되는 한 L1 언어 영역을 설립할 권리, L2를 통한 일부 교과 학습 요건, 그리고 다양한 국적으로 혼합된 학생들의 구성과 같은 오랜 기간에 걸친 구조적인 배치는 모두 졸업생들이 함께 일하고 다언어 구사자가 되는 데 도움을 주었다. 이러한 성공을 인정하면서도, 이 장에서는 무엇보다도 언어 학습 강화와 문화 간 역량의 개발을 위한 EU 학교의 현재 학습 조직에 보다 명확성과 실제성을 가져오는 방법을 모색하고자 한다.

교육개혁의 주요 동인으로, 학습 기준 혹은 대상들로 표현되는 이해 가능한 자세한 설명들을 포함하는 것이 앞서 논의한 교육과정의 핵심 분석 틀(key lens)이 될 것이다.

---

36   © 저자(들) 2018
산드라 리튼 그레이 외., 유럽학교의 교육과정 개혁, http://doi.org/10.1007/978-3-319-71464-6_3

언어정책

언어 정책 요소는(예를 들어, 사명 선언, EU 학교의 일반 규칙, EU 학교의 교육 지원 제공 및 절차 문서, EU 학교 시스템 개혁, '제2차 주기 구조연구(Organisation of Studies in the Secondary Cycle)' 연구팀의 제안서, 비원어민[37] 강사 및 교육 지원 인력 채용 절차의 일환으로서 언어 역량 수준의 관리, EU 학교 시스템에서 경제학 수업을 위해 사용되는 언어의 종류, 그리고 언어 및 내용 과목의 강의 요목 등) 많은 EU 학교들의 정책규정서에서 찾아 볼 수 있다. 정책은 또한 기존 정책의 해석을 통해 현장에서(in situ, 원저자 강조) 개발되고 있다(예를 들어, 브뤼셀의 EU 학교에서 에스토니아 언어 영역을 개설할 것인지, 그렇다면 브뤼셀의 어느 EU 학교에서 해당 언어 영역을 개설할 것인지에 대한 논의). 정책은 ▪ 수강하고자 하는 학생 수가 충분한 경우 L1으로 학습을 지원하는 언어 영역들, ▪ SWALS에 대한 특별규정, ▪ 학생들의 L2(그리고 어쩌면 L3까지)를 통한 일부 내용 과목들의 의무 제공, 그리고 ▪ L2, L3, L4, 및 L5를 통한 언어 강좌들 등의 일련의 매커니즘 또는 구조적인 배치를 통해 구현되고 실현된다.

언어 학습과 문화 간 의사소통이 EU 학교 정신의 핵심이라는 사실에도 불구하고, EU 학교의 내부 및 외부 이해당사자들이 EU 학교의 다언어교육의 본질을 이해하고, 언어 학습 목적의 개요를 마련하기 위해, 혹은 언어 정책이 어떻게 교수 및 학습 현장으로 해석되어 적용되는지를 이해하기 위해 참고할 만한 것은 없다. 교육과정을 포함한 기존 정책은 EU 학교의 교수 및 학습의 실천이 L1, L2, L3를 사용한 학습을 통해 어떻게 높은 수준의 언어 학습 혹은 내용을 촉진할 수 있을지에 관한 지침을 거의 제공하지 않는다.

일반적으로 이중 언어 교육(bilingual education)은 개인이 이중 언어 구사자가

---

37 원어민(native speaker)과 비원어민(non-native speaker)에 대한 논의, nativeness nativespeakerism 누가 원어민을 결정하고 판단하는가? 그 기준이 무엇인가?

되어가고 지속적으로 이중 언어를 구사하는 것을 지원한다. 수학 혹은 역사처럼 각기 다른 내용 교과를 가르치기 위해 몇 년 동안 적어도 두 개의 언어가 사용된다. 이와 더불어, 언어 자체는 언어 수업들을 통해 가르쳐진다. 만약 학생들이 졸업후에도 계속해서 제2 외국어와 제1 외국어 능력을 안정적으로 발전시키고자 한다면, 두 언어는 학교 생활의 마지막 몇 해에 걸쳐 교육 매개로 사용될 것이다.

이중언어(bilingual) 교육은 학생들의 연령대와 성적에 적합한 수준의

- L1의 읽기, 쓰기, 말하기 및 듣기 역량
- L2의 읽기, 쓰기, 말하기 및 듣기의 고급 기능 숙련도
- 주로 L2로 가르치는 수학과 과학 과목은 물론, L1으로 가르치는 과목들의 모든 학교 내용 교과들에서의 학업 성취
- L1 그룹과 다양한 L2 그룹들의 문화에 대한 이해 수준 및 공감도
- 문화 간 의사사소통에 대한 역량 및 관심(Mehisto, 2012)

의 개발을 지원하는 것을 목표로 한다.

이중언어 교육프로그램은 학생들이 추가 언어를 학습하는 것을 지원할 수 있지만, 학생들이 3개 이상의 언어들을 통해 내용 교과들을 배울 기회가 주어지지 않는다면, 3개 국어(trilingual) 혹은 다국어(multilingual) 교육 프로그램으로 지칭되지는 않을 것이다. 따라서, EU 학교들은 무엇보다도 졸업생들의 다언어 숙련도를 높이고자 하는 이중언어 교육 시스템으로 간주될 수 있다. 일반적으로, 언어들은 상호의존적인 것으로 여겨진다. 학생들의 L1기술과 지식은 L2와 L3로 전달되고, 반대로 L2와 L3의 기술과 지식은 L1으로 전달된다. 한 학생의 L1숙련도가 높을수록 메타 언어 인식도 높아지고, L1 언어의 학습 습관과 기술이 좋아질수록, 이

러한 숙련도, 메타 언어 인식, 그리고 언어 학습 습관 및 기술은 L2와 L3의 학습과 더불어 L2와 L3을 통한 학습을 지원할 가능성이 높다(참조. Cummins, 1997, 2013). 게다가, '인지와 언어는 서로를 창조한다'(Ellis and Robinson, 2008). 이것이 의미아는 것은 심층적인 질서 사고와 의미 형성 또한 '고급 문해 능력[38] 기술 향상'에 의존한다는 것이다(Cammarata 외., 2016). 이런 이유로, 이중언어 교육은 L1과 L2 모두에서 높은 수준의 문해 능력 개발에 초점을 맞출 것으로 기대된다. 높은 수준의 성공적인 이중 문해 능력(bi-literacy skill)발달을 위해, 성공적인 이중 언어 교육프로그램은 학생들에게 L1과 L2를 가르치는 교사들 사이의 협력을 촉진한다(Genesee and Hamayan, 2016).

EU 학교의 언어 정책을 아우르는 가장 중요한 문서의 문제점은 시스템 차원과 교실 차원 모두에 있다. 이것은 이중언어 및 다문화교육이 명확하게 명시된 목표를 가지고 체계적으로 실행되고 있지 못함을 시사한다. 성공적인 이중언어 교육 시스템의 핵심 특성은 모든 수업에서 내용과 언어 학습 모두에 잘 정의된 목적, 목표, 기준 및 계획들이 잘 적용되어 있는 것이다. 클라우드 외(Cloud et al., 2000:10)는 이 모든 것들은 '(a)이해되어야 하고, (b)수용되어야 하며, (c)프로그램의 모든 교육적인 부분 및 지원 인력들에 의해 일관성있게 시행되어야 한다'고 주장한다. 이는 비전 선언문(vision statement), 계획 및 정책에 걸쳐 높은 수준의 일관성을 갖추는 것이 필수적이며, 특히 교육 개혁 노력 중에는 더욱 그러하다는 풀란(Fullan, 2001)의 이전에 논의된 견해와 일치한다. 게다가, 언어 정책 문서의 부재는 모든 교육자들(어떤 언어를 가르치든지)에게 이중 언어 교육 환경에서 일하는 것의 특수성을 이해하는 것을 돕기 위한 합심된 노력이 없었음을 시사한다. 이러한 특수성에 대해 학교 교직원들이 일반적으로 보유하고 있는 지식은 성공적인 이중 언어 교육 시스템의 특징으로 간주된다(Fortune and Tedick, 2014). 교

---

38 advanced literacy skills 고급 문해 능력(높은 수준의 읽고 쓰는 능력)

사들은 이중 언어 교육환경에서 교육학이 어떻게 변화하는지 이해할 필요가 있다. 예를 들어, 모든 교사들이 내용 학습과 언어 학습 모두를 지원할 것으로 기대되지만, 일부 대륙의 내용 교과 교사들은 내용과 언어 모두를 가르치는 이중적인 역할을 맡는것에 어려움을(Gajo 2007; Genesee, 2008) 느끼는 반면, 언어 교사들은 내용기반 접근법을 사용하는 것에 어려움을 느낀다(Martel, 2016). 다시 말해, 교육학적 원칙은 자명(self-evident)한 것이 아니고, 특히 중등학교 교사들은 먼저 상당한 훈련과 지원을 받지 않고서는 이중 언어 교육에서 최고의 실천을 해낼 준비가 되어 있지 않는 경향이 있다. 이와 더불어, EU 학교들의 모든 공식 EU 언어들에 부여된 이론적인 존중의 평등함은 실제로 완전히 달성되지 못하고 있다. 영어, 프랑스어, 독일어와 같은 세 개의 공식 언어들은 다른 언어들보다 더 높은 지위를 누리고 있다. 모든 부모들이 자신들의 L1을 활용한 자녀 교육의 가치를 완전히 인정하는 것은 아니다. 앞서 제시된 우려 사항 중 일부를 해결하는데 도움이 되도록, 우리가 제시하고자 하는 언어 정책은 ▪ 소개 또는 서문, ▪ 목표들, ▪ EU 학교 가치와 기타 정책들과의 연관성, ▪ 언어 학습의 역할 설명 (L1, L2, L3, L4, 그리고 L5를 포함), ▪ L1과 L2를 통해 가르치는 수업의 교실 안팎에서의 언어 사용, ▪ 혼합 언어 그룹(mixed language groups)의 교실 안팎에서의 언어 사용, ▪ 교육학적 핵심 원칙, ▪ 문화간 핵심 역량, ▪ 경영 시사점, ▪ 학생 지원 서비스, ▪ 직원 지원 서비스, ▪ 직원 전문성 개발, ▪ 학생 평가, ▪ 언어 문제에 대한 인식 제고를 위한 방안, ▪ 정책을 검토하는 방법 및 시기에 대한 설명, ▪ 주요 용어집(예를 들어, 이중언어주의(bilingualism), 삼중언어주의(trilingualism), 다언어주의(multilingualism), 다수 언어주의(plurilingualism), 다언어 교육(multilingual education), 다문화 교육(multicultural education), 문화 간 역량(intercultural competence))의 모든 혹은 일부 요소들을 포함해야 한다는 것을 제시하고자 한다.

좀 더 구체적으로, 교육적 원칙과 관련하여 정책은 모든 교사들이 적용할 것으로 기대되는 핵심 실천 내용의 세부 사항을 제공할 것이다. 이는 모든 교실에서 분명하고 명확한, 그리고 가시적인 의도된 내용과 언어 학습 목표들/결과들을 동시에 보여줌으로써 모든 수업에서 내용과 언어 교육 통합을 위한 요건들을 포함할 것이며, 이러한 목표들을 성취하는 과정에서 이루어진 정기적인 분석이 포함될 수 있다. 이 분석은 내용과 언어를 학습하고, 학생들이 관련된 학습 기술들을 개발할 수 있도록 지원하는 도구로서 평가를 사용하는 것을 포함한다. 학생들이 내용 및 언어 학습과 관련하여 평가를 읽고 이해 할 수 있도록 돕는 궁극적인 목적은 두 영역 모두에서 학생들을 참여적이고 자율적인 학습자로 발달시키는 것이다. 학생들의 풍부한 발화와 쓰기 를 장려하는 교사와 학생에 의한 학습 환경의 공동 구축은 추가 언어학습을 통해 가중되는 학생들의 스트레스와 인지 부하 관리를 위한 지원을 필요로 한다. 따라서, 이중 언어 교육에서는 일반적인 관행일 것이다. 내용 학습과 언어 학습, 그리고 비판적 사고 사이에 동시에 생겨나는 비계(scaffolding)는 이것을 습득하기 위한 수단들 중 하나이다. 마지막으로, 내용 및 언어 학습 경로의 다양한 단계에 있는 학생들을 위해 강화를 포함한 차별화를 사용하는 것은 특히 다양하고 다소 일시적인 학생 집단을 보유하고 있는 EU 학교에서 중요한 정책 요소가 될 것이다. 언어 실천 관리와 관련하여, 우리의 제안은, 제안된 언어 정책이 ①학교장, 교사들, 그리고 학생들과 관련된 내용 학습과 이중 언어 주의, 삼중 언어 주의 혹은 다중 언어 주의에 관련된 기대치, ②모든 학교 언어의 지위를 적극적으로 구축하기 위한 약속, ③모든 교사들은 내용교사이면서 동시에 언어 교사라는 기대와 관리 관행(예를 들어, 전문성 개발, 성과 검토, 검사)이 이러한 교사들의 이중 역할 수행을 지원한다는 기대, ④필요에 따라 개별 학습 경로를 개발하기 위해 각 학생들의 언어 요구가 평가될 것의 보장, ⑤학습을 위한 평가가 L1을 사용하여 가르치는 것을 포함한 모든 수업의 내용과 언어 학습을 지원하기 위해 사용될 것이라는 지침 원칙을 분명히 나타낼 수 있다는 것이다.

마지막으로, 정책의 이 부분은 언어 및 내용 교사들의 협력을 장려하고 교사들이 여러 언어 영역에 걸쳐 서로 협력하는 데에 사용될 기제를 설명할 수 있다. 이러한 정책이 어떻게 개발되고 승인되는가는 또한 정책이 잘 이해되고, 받아들여지고, 이행될 것인가의 여부가 핵심이 될 것이다. 1장의 논의에 이어, 만약 이러한 변화가 기대하는 영향을 미치려면, 이 정책은 외부 언어 교육 전문가들의 자문을 받아 이해관계자들을 포함한 과정을 통해 개발되어야 할 필요가 있다. 이 정책은 주요 이해관계자들이 이를 이해하고 지지할 수 있도록 광범위하게 논의되고 소통되어야 할 필요가 있다. 이 정책은 기획 회의에서 논의되고, 이행 경과가 체계적으로 평가되고 보고된다는 의미로 업무 문화의 일부가 되어야 할 필요도 있다. 정책과 관련된 단기적 혹은 장기적인 성과가 확인되고 축하될 필요도 있을 것이다. 마지막으로, 시간이 지남에 따라 정책이 목적에 부합하고 이해관계자들이 정책의 구현에 전념할 수 있도록 정책은 개정되어야 하고 질적으로 향상되어야 한다.

문화간 역량 (Intercultural Competence)

진 모넷(Jean Monnet)의 1953년 미래 목표에 따르면, '통합되고 번영하는 유럽'이 되도록 하기 위해서, '유치원, 초등학교 및 중등학교 학생들을 위한 다언어, 다문화교육'을 제공하는 것은 EU 학교들의 사명이다. 모넷의 미래 목표는 유럽인들이 통일되고 번창하는 유럽의 건설을 위해 다양한 언어들과 문화들을 넘나들며 함께 일하는 데에 높은 기대를 내포하고 있으나, 다언어(multilingual, 원저자 강조)와 다문화(multilingual, 원저자 강조)라는 용어는 EU 학교에 의해 정의가 되지 않았다. 이러한 용어와 다른 관련 용어들의 정의는 한 언어에서의 숙련도를 발달시키는 것은 문화 간 역량의 발달과 불가분의 관계로 엮여 있다는 것을 드러낸다.

유럽 공동체 위원회[39](유럽위원회, 2007:6)은 다언어주의를 '사회들, 기관들, 그

39　The Commission of European Communities 유럽 공동체 위원회

룹들, 그리고 개인들이 일상생활에서 둘 이상의 언어를 정기적으로 사용할 수 있는 능력'으로 정의한다. 유럽위원회(2005:3)는 또한 다언어주의를 '한 지리적 공간에 공존하는 여러 다른 언어 공동체'로 지칭한다. 따라서, 유럽위원회(EC)의 경우 다언어주의는 한 영역의 둘 이싱의 언어가 공존하고 정기적으로 상호 협력하는 것에 초점을 맞춘다. 언어는 문제되지 않는 대신, 개인, 집단, 제도 및 사회 수준에서 사람들이 공존할 때 긍정적이거나 혹은 최소한 중립적인 힘으로 나타난다. 이러한 광범위한 정의는 사회 조직에 대한 설명으로서의 다언어주의(Multilingualism)와 하나 이상의 언어와 문화에서 개별적 언어 및 문화적 역량으로서의 다중언어주의(plurailingualism)를 구별한 유럽위원회의 정의를 따라 다언어주의와 다중언어주의의 개념을 모두 아우른다. 유럽이사회는 다중언어주의(plurailingualism)를 다음과 같은 능력으로 정의한다:

(다중언어주의는) 의사소통 목적을 위해 언어를 사용하는 능력이며, 사회적 주체로 간주되는 한 사람이 여러 언어들에 대해 다양한 정도의 숙련도를 가지고 있고, 여러 문화들에 대한 경험도 가지고 문화간 활동에 참여하는 능력이다. 이 능력은 한 화자가 사용할 수 있는 언어의 영역(repertoire)으로 구체화된다(유럽이사회 2007a:17).

이 정의는 다언어 사회 질서를 연결하는 각각의 다중언어구사자들의 능력과 책임을 강조한다. 다중언어구사자 개인은 언어적인 용어로만 정의되는 것이 아니라, 문화간 의사소통과 풍부함에 의해 증명되는 언어적, 그리고 문화적인 역량을 갖추었기에, 언어와 문화적 차이점 모두를 넘나들 수 있는 것으로 간주된다. 다중언어 공존은 다른 문화간의 상호교류 혹은 '문화간 행동'(Intercultural action)의 과정을 포함한다(유럽이사회 2007a:17).

언어학습자는 다중언어구사자가 되고 상호 문화간(interculturality)의 질을 향상시킨다. 각 언어에 대한 언어적, 문화적 역량은 다른 언어 지식에 의해 수정되고 문화간 인식, 기술, 그리고 노하우에 기여한다. 그들은 개인이 풍부하고 보다 다층적이고 심도깊은 성격을 개발하고, 더 많은 언어 학습 능력을 향상시키며, 새로운 문화경험에 대한 개방성을 증진할 수 있도록 한다(유럽이사회 2007b:43).

이 정의는 다른 언어들을 통한 의사소통의 필수 요소인 사회적, 그리고 문화간 역량을 포함한다. 유럽위원회의 다언어주의(multilingualism) 정의 역시 동일한 역량을 포함한 것으로 가정할 수 있다. 언어와 문화간 기술은 유럽 프로젝트의 중심이다. 유럽 연합은 자국민들을 위해 '국민 모두의 모국어 더하기 두 개의 다른 언어'라는 목표를 세웠다(유럽위원회, 2003:7). 게다가, 유럽위원회(2017)는 최근 'EU는 경제와 성장에 관한 것만이 아니라 세계화된 세상에서 문화적 통합과 공동의 가치에 관한 것'을 강조하는 새로운 담화를 발전시켜야 할 필요가 있다는 것을 거듭 강조했다. 이는 유럽 중심의 문화간 역량(euro-centric intercultural competence)에서 다언어 및 다문화 역량에 대한 보다 글로벌한 관점으로 변화하는 가능성을 시사한다. 이는 세계화 시대에, 하나 이상의 문화에 대한 깊이 있는 지식이 젊은이들의 인지 발달에 있어서 필수적인 부분으로 여겨진다고 주장하는 Eccles와 Gootman(2002)의 연구 결과와 일치한다.

EU 학교들이 다언어주의 혹은 문화와 같은 핵심 용어를 정의하지 않았다는 사실이나, 문화간 역량을 구성하는 것이 무엇인지 이끌어내지 않았다는 사실이 학교들에 대한 지지를 단념하는 것처럼 보이지는 않는다. 학부모들은 'EU 학교의 다언어 교육이 가져온 다문화 및 유럽 시민 정신'을 EU 학교의 가장 높이 평가받는 특징 중 하나로 꼽고 있다(Leaton Gray et al., 2015: 10). EU 학교 네트워크의 학교 수는 계속해서 증가하고 있다. 일반적으로 다언어 교육은 '문화간 교육'의 매개이며, '깊은 지식을 습득하는 것과 모국어 이외의 언어를 능동적으로 구사하는 것이 정신을 확장하고 문화간 역량을 향상시키는 효과가 있다'(Aaemmann-Ghionda, 2012:126)고 가정된다. 이러한 가정은 문화간 역량이 다언어 교육의 자연스러운 결과로 수반되는 부작용일 수도 있다는 것을 암시한다. EU 학교 교육과정 문서들의 횡단 검토를 통해 문화와 문화간 역량이 어떤 주어진 과목의 교육과정이나 학교 전체 정책 문서에도 상세하게 정의되지 않았음을 확인했다(Leaton Gray et al. 2015). 하지만, 역사와 지리가 중등학교 3학년때부터 학생들과는 다른 국적의 교사들에 의해 학생들이 선택한 L2로 가르쳐진다는 사실은 학생들이 적어도 다른 관점으로 문제를 바라보는 능력(문화간 역량)을 넓힐 기회를 만들어낸다.

여전히, 무엇이 문화간 역량을 구성하는지, 그리고 만약 문화간 역량을 구성하는 요소가 있다면, 그것을 어떻게 명쾌히 가르쳐야 하는지에 대한 결정은 교사 개개인들에게 맡겨지는 것으로 드러났다.

우리는 문화(원저자 강조)와 같은 용어를 주요하게 정의하거나, 최소한 문화(원저자 강조)라는 용어에 관련된 몇 가지의 정의들에 대한 탐구를 포함함으로서, EU 학교는 학생과 교사들이 해당 용어에 대해 풍부한 지식을 발전시키고 이를 통해 문화간 역량에 대한 보다 실질적인 이해를 개발하는데에 기여할 수 있게 될 것이라고 제안한다. 유네스코(2001)는 문화 다양성에 대한 세계 선언(Universial Declaration on Cultural Diversity)에서 문화를 다음과 같이 정의하고 있다:

문화는 사회 또는 사회 집단의 독특한 정신적, 물질적, 지적, 그리고 정서적 특징들의 집합체이며, 예술과 문학, 생활 방식, 함께 사는 방식, 가치 체계, 전통 및 신념 등을 아우른다(UNESCO 2001)

위의 정의는 다른 잘 알려진 정의들에 대한 검토와 함께 문화의 요소들을 탐구하는데 기준점이 될 수 있다. 예를 들어, 학생들이 개념으로서 문화를 접하고 그들의 문화적 지식을 심화시키는 것을 돕기 위해, 모든 교과 교육과정들은 ▪ 버려진 관행, ▪건축, ▪예술(전통 및 실용), ▪태도, ▪신념, ▪우주의 개념들, ▪요리, ▪관습, ▪교육, ▪이민, ▪환경보호, ▪사건, ▪경험, ▪유명인사, ▪영화, ▪우정, ▪게임, ▪위계, ▪역사, ▪유머, ▪이민, ▪비공식적 통치 방식, ▪모욕, ▪지식, ▪입법, ▪문학, ▪물질적 사물/인공물, ▪미디어, ▪음악, ▪시간의 개념, ▪개인적 공간, ▪정치, ▪공손함, ▪소유물, ▪관행, ▪편견, ▪속담, ▪공공기관, ▪질서, ▪종교, ▪의식, ▪자연의 역할, ▪개인의 역할, ▪연속극, ▪사회 보장, ▪사회 계층, ▪공간 관계, ▪스포츠, ▪고정관념, ▪금기, ▪경향, ▪가치, ▪피드백을 주고 받는 방법, 그리고 ▪일 등 종종 상호 관련되는 일부 범주들을 조금 더 축소하거나 혹은 확장하여 가져올 수 있다. 이것은 특히 언어 교육과정의 경우이겠지만, 그 경우로만 국한되지는 않을 것이다. 문화가 위의 요소들 그 자체에 존재하는 것이 아니라 개인과 집단이 이러한 구조를 해석하고, 사용하고 인식하는 방법에 있다는 것은 주목할 만하다(Banks and McGee, 1989). 우리는 위의 많은 것들은 복잡한 구조이며, 지식 함양(knowledge-building)과 관점 취합(perspective-taking)이 과정의 핵심 부분이기에, 신중하게 접근해야 한다고 경고한다.

개인적 가치에 대한 논의가 핵심 논의에 도움이 될 수 있다. 게다가, 어떤 문화구조도 모든 공동체 구성원들에 의해 수용되는 획일적인 상징이 될 수 있지 않으며, 문화는 역동적이고, 그렇기 때문에 지속적으로 변화하고 (희망하건데) 진보하는 것이라는 사실로 종종 회귀하는 것이 도움이 될 것이다.

더욱 중요한 것은, 우리는 만약 어떤 교육시스템이 다문화 교육을 제공하는 사명을 세웠고, 학생들이 문화간 역량을 발달시킬 수 있도록 돕기를 희망한다면, 이것이 단순히 다문화교육 제공을 통해 이루어질 수 있을 것이라는 가정을 넘어서야 한다고 주장한다. "언어 유창성은 필요하지만 그 자체로는 문화간 역량을 나타내기에 불충분하다" (Deardorff, 2014:1). 문화간 핵심 역량들과 관련 학습 의도들에 대한 정의도 필요하다. 이는 교사들에게 과정 개발을 위한 초점을 (focus)을 제공할 수 있다. 교사들은 또한 학생들이 관련 목표를 달성하는데 있어 진척도를 설정하고 측정하는 것을 도와줌으로써 문화간의 역량을 되돌아보고 발전시키는 것을 도울 수 있을 것이다. 또한, 문화간 역량과 관련되어 공표된 교육과정들의 목적은 부모와 다른 이해관계자들에게 교육의도를 전달하는데 도움이 될 수 있으며, 과정 평가 및 개선을 위한 기준점을 제공할 수 있다.

이러한 과정의 주요 과제는 이러한 역량들이 종종 즉시 뚜렷하게 나타나지 않는 경우가 많다는 것이다(Meyer 2014). 이런 이유로, 문화간 역량 개발에 수반되는 복잡성을 강조하고, 보다 체계적인 접근이 필요하다는 것을 강조하기 위해 우리는 일부 문화간 역량들을 아래에 분명히 제시하고자 한다. 문화간 역량들의 핵심은 관점 취합에 관련된 것이다. 넓게 말하자면, 그것은 "일정 수준 혹은 다른 형태로, 세상과 다른 정서적, 인지적, 행동적 성향을 나타내는 사람들 사이의 상호작용의 적절하고 효과적인 관리" 로 구성된다(Spitzberg and Changnon, 2009:9). 문화간 역량이 보다 분명히 실제적인 요소로 분해 될 때, 대개 ①지식, ②기술, ③태도, 그리고 ④가치의 세 가지 혹은 네 가지 상호 관련된 범주로 구분된다. 가치는 때때로 지식과 태도의 범주에 포함된다.

지식 영역에서, 칸델리어 외(Candelier et al., 2012)는 하나의 문화를 다른 문화로 부터 구별해 내는 것은 어렵고, 문화는 항상 복잡하고 그 자체가 (다소)다르고 모순되는 하위 문화로 이루어져 있다는 것을 학생들이 알 필요가 있다고 제안한다.

이것은 한 사람이 다중(multiple), 복수(plural), 또는 복합(composite) 정체성을 가질 수 있다는 생각으로 이어진다. 다시 말하자면, 모든 사람들은 적어도 하나의 문화 공동체의 일부를 형성하고, 많은 사람들은 하나 이상의 문화 공동체의 일부를 형성한다. 이것은 특히 EU 학교들의 현장 맥락에 적절해 보인다. 실무적인 수준에서 학생들은 그들 자신들의 상황과 문화적 환경의 특징들에 대한 지식이 필요하다. 그들은 또한 특정한 사회적, 지역적, 그리고 세대 집단에 특화된 사회적 관행과 관련된 규범들을 포함하여 다른 문화에서 유래된 일부 사회적 관행과 관습들을 알 필요가 있다. 문화적 관행들은 세대, 지역, 및 사회적 그룹, 그룹 내에 걸쳐 다양하다. 학생들은 또한 문화와 정체성이 어떻게 의사소통을 통한 상호작용에 영향을 끼치는지 알 필요가 있다. 마지막으로, 오해의 원인들을 반드시 공통적으로 찾아내고 규명해야 한다는 것을 아는 것처럼 문화간 갈등을 해결하기 위해 활용할 수 있는 전략들을 알아야 한다. 게다가, 구디쿤스트(Gudykunst, 1993)는 학생들이 각기 다른 해석들을 서로 비교해보고 따져볼 수 있기 위해서는 대안적 해석들에 대한 지식을 갖출 필요성이 있다고 제안한다. 학생들은 '교차 억압'(intersecting opperessions)을 포함한 '억압'(opperessions)에 대한 지식도 요구된다(예를 들어, 계급, 성별, 인종, 종교)(Spitzberg and Changnon, 2009:11).

태도 영역의 문화간 역량은 ▪ 다름을 학습의 기회로 보는 것, ▪ '아웃사이더'로 인식되는 것에 대한 대비가 되는 것, ▪ 이해할 수 없고 다르게 보이는 것에 대해 개방적인 것(그리고 자신 스스로의 저항을 다스리는 것), ▪ 판단, 습득한 편견 혹은 편견을 보류할 의지를 갖는 것, ▪ 모든 언어들을 동등한 존엄성을 가진 것으로 간주하는 것, ▪ 다중언어와 다중문화의 경향을 갖는 것, ▪ 문화로부터 입은 수혜를 문화적 융성에 기여하는 것으로 보는 것, ▪ 개인의 정체성에 대한 위협을 경험할 준비가 되어 있는 것, ▪ 미디어, 상식, 그리고 한 개인이 상호작용하는 이들로부터 듣는 자신의 지역 사회 및 다른 지역 사회들에 관한 정보와 의견들로부터 비판적인 거리를 가정할 수 있는 능력, ▪ '정보화된' 지식 혹은 표현을 기꺼이 구축하려는 의지를 갖는 것, ▪ 다중언어와 다중문화 상호작용에서 평등 관계를 수립하려는 의지, 그리고 ▪ 언어적 혹은 문화적으로 친숙하지 않은 것에 공감하고 개방적인 자세를 취하는 것을 포함한다(Candelier et al., 2021).

기술영역은 ▪ 문화적 특수성들, 출처들, 그리고 소속들을 인식하고 식별하는 능력, ▪ 다른 문화의 관점에서 세상을 보고 해석하고 의사소통의 다양한 측면들에 대한 문화적 기원을 분석하는 것, ▪ 특정 행동들의 문화적 기원을 분석하는 것과 문화적 차이로 인한 오해들을 분석하는 것, ▪ 모호함을 용인하고 이를 긍정적인 경험으로 바라보는 것, ▪ 다양한 문화적 맥락에서 공손함을 적절히 사용하는 것, ▪ 자민족중심주의(ethnocentrism)를 식별, 분석 및 축소하고, ▪ 스스로의 비언어적 의사소통 방식들을 다른이들의 방식과 비교하고 자신 스스로의 편견을 탐구하는 것, ▪ 문화적 편견을 인식하고 명명하는 것, ▪ 문화적 다양성에 대해 잘 정리되고 구조화 된 논지를 구축하는 것, 그리고 ▪ 갈등 해결 능력을 보유하는 능력을 포함한다(ibid). 게다가, 스핏츠버그와 창논(Spitzberg and Changnon, 2009)은 문화간 역량은 문화간 성과를 평가하는 기술 뿐만 아니라 차별적 행위를 식별하고 맞서는 기술을 필요로 한다고 주장한다.

가치영역에서, 문화간 역량은 ▪ 인간의 존엄성과 인권, ▪ 문화적 다양성, ▪ 민주주의, ▪ 정의, ▪ 공정성, ▪ 평등 그리고 법치를 가치롭게 여기는 것을 포함한다(유럽위원회 2016). 디어도프(Deardorff, 2013)는 여기에 더해 세계적인 문화간 역량은 ▪ 적응, ▪ 문화적 겸손, ▪ 경청, ▪ 관계 형성, ▪ 존중, ▪ 다양한 관점으로 보기, 그리고 ▪ 자아 인식 등이 추가되어야 할 것을 제안한다. 이러한 역량들을 적용함에 따르는 어려움을 강조하면서, 스핏츠버그와 창논(Spitzberg and Changnon, 2009:35)은 다양한 문화적 상황들에 적응하는 방법을 찾는 것이 "개인 정체성의 과도한 타협"을 초래해서는 안된다는 점을 지적한다. 사람들은 종종 가치관과 태도 영역에서 자신의 행동에 대한 에너지를 끌어내기 때문에, 기제들의 활용과 기술의 적용을 통한 지식의 구현을 부채질하는 것이 바로 이러한 영역이다(Mehisto, 2015).

문화간 역량들에 대한 이러한 세부 사항들을 제시하는 것은, EU 학교 시스템이 발달시키고자하는 문화 간 역량들을 명시함으로써 이익을 얻을 수 있다는 주장에 힘을 실어주기 위한 노력이다. 우리는 교육과정 문서가 문화 간 역량 구성을 참고하지 않고 단순히 의도한 학습 성과들을 바탕으로 도출해 낼 경우, 해당 교육과정이 담고 있는 문화간 역량의 구성이 너무 복잡하기에 EU 학교 전반적으로 잘 이해되지 않을 것이라고 제안한다. 또한, 이러한 역량들을 한 문서에 설명하거나 역량 중 일부를 교육과정들에 통합하지 않고는 이러한 역량 발달 리더십을 어떻게 가정할 수 있을지 이해하기 어렵다. 목표가 불분명하면 사람들이 목표에 도달하도록 지원하는 것 역시 어렵다.

여러 언어교육과정

매우 짧은 L2 프랑스어 및 영어 교수요목[40]들을 제외하고 영어, 프랑스어, 독일어를 L2로 가르치는 EU 학교들의 중등 수준의 언어 교수 요목들은 내용보다는 언어 학습에 중점을 둔 것으로 보인다(Leaton Graey et al., 2015). 이것은 효과적인 언어 교육에 대한 현재의 전문적 담론을 반박한다. 마르텔(Martel, 2016:107)은 언어 수업이 주로 문법구조의 학습에 초점을 맞춘 "복잡한 생각이 필요없는 과목(a thinking-light subject)"이 되서는 안 되며, 언어 교사들은 "생각을 자극하는(thought-provoking)" 내용들과 과제들을 선택해야 한다고 주장한다. 언어수업에서 내용과 과제들이 "학습자의 전반적인 언어 가용 범주를 증가시키기 위한 핑계일 뿐만 아니고", "학생들의 이해를 심화시키기 위해 특별히 고안된 목표 과제의 완성 및 새로운 지식의 습득"이며, 비판적으로 생각하는 능력과 "비언어적 내용"의 학습에 초점을 맞출 때, 학생들은 물론 심지어 교사들도 얻을 것이 더 많다(Cammarata, 2016:124).

새로운 의미 있는 내용을 통합한 언어 수업은 표준 언어 수업에서 보다 더 넓은 범위의 주제와 맥락에 학생들을 노출시킨다. 내용 기반 언어 교육은 더 많은 기능, 장르, 및 언어와 어휘의 레지스터[41](용어, 구문 및 다른 공식의 순서, 연어, 접

---

40   syllabus (syllabuses / syllabi) 교수요목
41   register 레지스터. 언어학 용어로서 다른 상황들 속에서 화자가 다른 언어를 사용하는 방

속사, 구어 동사 포함)를 사용한다. 더 나아가, 이는 학생들이 더 깊고 넓은 범위의 언어 산출물(language output)을 낼 수 있는 능력을 갖추는데 도움이 될 것이다 (Cummings and Lyster, 2016). 중요한 것은 학생들이 L2와 L3를 내용 학습의 매개로 사용해야 하는 EU 학교의 맥락에서, 내용이 풍부한 언어 수업들은 학생들이 여러 내용 교과들에서 필요로 하는 일반 학술 언어에 노출되고 이를 사용하는 연습을 제공할 수 있을 것이다. 하지만, EU 학교의 중등 수준의 영어, 프랑스어, 그리고 독일어 L2 언어 교수 요목들을 검토한 결과, 이러한 언어 수업이 학생들이 L2를 통해 학습할 것으로 예상되는 내용 교과들을 대비하는데 더 많은 도움이 될 수 있다는 것이 드러났다(Leaton Gray et al., 2015). 좀 더 구체적으로, 그들은 분석, 분류, 비교, 대조, 원인과 결과, 평가, 가설세우기, 공동 탐구, 정당화, 설득, 의견에서 사실을 분리해내기, 문제 해결, 통합과 검증 등 많은 내용 교과들에서 공통적인 핵심 학문 기능의 사용을 요구하는 활동들을 더 포함할 수 있다.

표준어 교육과 반대로 내용 기반 언어 교육의 또 다른 이점은 교육과정의 내용들이 점점 더 의미있어지고, 이것이 "언어 학습에 대한 진정하고 즉각적인 필요성"을 창출하여, 결과적으로 학생들을 언어학습에 참여시키고 동기를 부여한다는 것이다(Lightbown and Spada, 2013:193). 내용이 의미있을수록 학생들은 관련 언어를 더 잘 떠올릴 수 있다. 기억력의 증가는 학생들의 해당 언어 사용에 대한 자신감을 높일 수 있다. 부가적으로, 언어 사용과 학습에 관련된 불안감은 감소된다. 교사들의 보고에 따르면, 언어 수업에서 내용 기반 교육의 추가적인 이점은 스스로의 업무에 더 많은 동기를 부여하는 것이라고 보고한다(Davison and Williams, 2001). 중요한 것은 언어 수업이 의미 있는 내용을 통합하고 학생들이 그 내용에 대해 비판적으로 생각하도록 장려하는데 초점을 맞출 때, 학생들은 내용과 언어 모두에 대해 더 효과적인 비판적 사고자가 된다는 것이다. 이는 언어 교

식을 의미한다. 예를 들어, 친구와의 대화 상황과 공식적인 회의 자리에서 단어 선정, 목소리 톤의 설정, 몸짓언어(Body language) 등을 다르게 사용하는 식의 형태적 다양성을 의미한다.

사가 언어가 학습되는 것에만 초점을 맞추고 언어 전달의 내용에 대한 분석을 피하는 것을 방지하는 상황을 의미한다(Cammarate et al., 2016).

EU 학교의 중등 수준 학생들은 지리, 역사, 그리고 경제학 수업의 내용을 살펴보고, 비판적으로 생각하고 학습하기 위해 자신들의 L2(일부 경우엔 L3)를 즉각적으로 사용해야 할 필요가 있다. 이러한 현실은 L2와 L3 언어교사들에게 언어 학습에 대한 추가적인 책임을 부여한다. 그리고 언어 교육과정과 교육이 이러한 현실에 적응하기를 기대하는 것은 마땅하다. 이는 L2와 L3를 통해 학생들의 학습 내용에 의해 부분적으로 결정되는 언어 요소들을 순서에 따라 가르칠 수 있도록 하기 위하여 L2 및 L3 언어 교육과정들을 조정하는 것을 의미하기도 한다. 또한, L1언어교사들은 학생들이 일반적인 언어 능력과 높은 수준의 문해력[42]을 개발하는데 도움이 되는 역할을 할 것으로 기대된다. 게다가, 내용 기반 언어 학습이 더 큰 언어 학습으로 연결된다는 의견은 일반적으로 일치되기 때문에, 언어 수업이 학생들에게 새로운 언어와 더불어 새롭고 의미있는 내용으로 학생들을 참여시키기를 기대하는 것도 마땅하다(Brinton et al., 2011; Tedick and Wesely, 2015). 의미 있는 내용을 언어 수업으로 통합하는데는 몇 가지 방법이 있다. 우리가 문화 간 역량에 대해 이전 섹션에서 논의했듯이, 특히 EU 학교 담론속 문화의 중심성과 문화간 역량을 고려할 때, 더 실질적인 문화 내용과 문화간 역량 개발을 언어 교육과정들로 통합하는 것이 논리적일 것이다.

이는 핀란드 문화를 비교적 상세하게 풀려고 노력해 온 핀란드 L4 교수요목과 같은 교육과정에서도 마찬가지일 것이다. 또한 언어 교육과정은 내용 교과들에서 배우는 내용과 호환될 수 있는 주제들과 자료들을 사용할 수 있다. 이러한 내용이 호환 가능한 자료들은 학생들이 내용교과에서 의도된 내용 학습 결과를 성취하는데 필수적인 것이 아니라 이를 성취하는데 요구되는 언어구사력을 발달시키는데

---

42   읽고 쓰는 능력

도움이 될 것이다. 언어 교사들은 이러한 내용이 호환 가능한 주제들과 자료들을 사용하고 가르치는 것을 편안하게 느낄 필요가 있다. 이것들은 일반적으로 내용 교사들과 언어 교사들의 협력을 통해 언어 수업에 통합된다. 또 다른 옵션은 학생들이 L1과 L2 모두를 사용하여 한 주제를 연구하고 L2로 보고하는 연구기반학습 (enquiry-based learning)을 장려하는 것이다. 연구 학습(enquiry learning)은 필요한 언어를 찾고 사용하는 일부 책임을 학생들에게 부여하고, 동료학생들과 교사들은 이에 대한 올바른 수정 의견(feedback)을 제시하도록 요청된다.

레이건(Reagan, 2016)은 언어 교사들이 언어 수업에서 불평등과 부당함을 줄이는데 초점을 맞춘 교육학인 비판적 교육학(critical pedeogies)을 사용해야 한다고 제안한다. 그는 교사들이 학생들과 함께 "자신들 스스로의 교실, 학교, 가족, 그리고 공동체에서의 지식, 정의, 공정함에 대한 근본적인 질문"을 탐구할 것을 제안한다. 레이건(Reagan, 2016:174, Wink, 2000에서 재인용)은 학생들이 세상을 개선하기 위해서 "자신들의 위치와 그 안에서의 책임에 대해 이해"하도록 함으로써, 학생들이 교실 벽 너머에 도달하는 내용과 언어에 대한 비판적인 사고에 충실히 참여하게 한다고 주장한다. 그는 비판적인 교육학을 내용과 언어 학습을 "계산 (counts)"으로 만드는 한 방법으로서, 이를 통해 기억할 수 있도록 하는 것이라고 본다.

위에 제시된 변화들이 EU 학교의 언어 교육과정에 통합되려면 일관성을 갖추기 위한 중요한 연습이 이루어져야 할 것이다. 교육과정 문서는 이해관계자 포용적 과정으로 수정되어야 할 필요가 있다. L2 및 L3 언어 교육과정의 개발은 어느 정도까지는 학생들이 L2/L3를 통해 공부하는 과목의 교육과정들과 일치될 필요가 있다. 이중 언어 교육환경에서 학습을 지원하는 교육 관행들에 대한 논의가 필요하다.

예를 들어, 학생들이 수업에서 주어진 매개 언어를 유창하게 구사하지 않는 상황에서, 기본스(Gibbons, 2009)는 지적인 품질을 위한 교육과정을 설계할 때, 상당히 어려우면서도(high-challenge) 많은 도움을 줄 수 있는 (high-support)학습 환경을 구축하는, 지속적인 이중 초점을 유지할 필요가 있다고 주장한다. 또한, 평가 절차는 교육과정 목표들의 달성 지원을 확실히 하기 위해 조정될 필요가 있다. 마지막으로, 언어 교실에서 내용 기반 접근으로 전환하는 것은 현장을 크게 변화시킬 수 있기 때문에, 이러한 변화에 대해선 학생들, 학부모들, 언어 교사들, 내용 교사들 혹은 학교 관리자들에게 설명할 필요가 있다. 주요 이해관계자들은 언어 수업이 이제는 언어 학습 뿐만 아니라 내용 학습과 비판적 사고를 지원하고, 학생들은 언어수업에서 언어, 내용, 그리고 사고의 정밀도라는 삼중 초점을 유지해야 한다는 사실에 주목할 필요가 있다. 이것은 학생들로 부터의 추가적인 노력을 요구하며 학생들 스스로에 의한 효과적인 학습 전략의 사용을 필요로 한다. 교사들에게는 전문적인 발전이 요구될 것으로 예상된다. 마지막으로, 이 제안은 내용 교과 교사들과의 협력을 요구하며, 내용 교과 수업에 있어서 '언어에 민감한' 접근방식을 필요로 한다(Wolff, 2011).

여러 내용 교과 교육과정

EU 학교에서 L2를 통해 일부 과목을 가르치는 최우선의 목적은 학생들이 L2에 좀 더 능숙해지도록 하는데 있다. 다시 말하자면, 학생들에게 내용을 가르치는 것과 더불어 L2를 통해 가르치는 과목들이 언어 교과 학습을 위한 수단(vehicle)으로 사용되고 있다는 것이다. 하지만, 일반적으로 오래 지속된 EU 학교들의 교과 교수요목들은 명시적인 언어목표가 포함되어 있지 않다. 이는 지리 교수요목(4시수 과목 6학년, 7학년)과 ICTC 교수요목(S1-S3 ICT)같은 새로운 교수요목들에서도 마찬가지이다. 이것은 내용교과에서 언어학습이 대체적으로 부수적인 것처럼 느껴진다. 학습되어야 할 언어는 교육과정 문서에 거의 드러나지 않으며, 교육과정에서 드러날 때는 어휘 수준 정도일 뿐이다(예를 들어, 새로운 지리 교과요목).

교과 핵심 용어들은 학생들이 반드시 배워야 하는 지리학의 학문적 언어 측면에서 빙산의 일각으로만 여겨질 수 있다.

L1을 통해 가르쳐야 할 내용 교과들의 교수요목들 또한 잘 정의된 언어 목표가 부족하다.

언어는 학습에 결정적인 역할을 한다. "언어, 의사소통 그리고 인지[...]는 상호 불가분의 관계에 있다. 인지와 언어는 서로를 창조한다"(Ellis and Robinson, 2008:3). 비고츠키의 관점에서, 언어는 단순한 의사소통의 도구가 아니라, "사회적으로 공유된 인지"(Kasper, 2008:59)를 통해 지식을 창조하고, 사고를 연마하는 도구(Vygotsky, 1978)이다. 그러므로, 사고는 단순한 진공상태에서 일어나는 것이 아니라 다른 사람들로부터의 입력과 다른 사람들과의 상호작용을 필요로 한다. 언어가 "의사소통을 위한 매개이자 사고를 위한 도구"라는 이중 기능을 가정하는 경우, L1과 L2에서의 상호작용 모두를 학습을 위한 도구로서, 그리고 그 자체 역량으로서 보는 것도 가능하다(Kasper and Rose, 2002:33). 부르디외와 파송(Boudieu and Passeron, 1994:8)이 "누구의 모국어도 아니다"라고 이야기한 학문적 언어에 통달하기 위해선 L1을 통해 배우는 학생들에 대한 지원이 필요하다. 학문적 언어는 새로운 지식과 기술의 전달, 그리고 추상적인 아이디어들을 토론하고 개념적 이해를 구축하는데 필요한 언어를 포함한다(Chamot and O'Malley, 1996). 학문적 언어는 훨씬 더 복잡하고 그 말뭉치(corpus[43])는 사회 언어의 10배 이상이다(Hu and Nation, 2000). 게다가, 학문적 언어를 통한 지시는 학생들의 성취를 뒷받침하기에, 이 언어를 명시적으로 가르치는 것은 특별히 중요하다(Murphy, 2016). 이중 언어 교육에서, 누군가는 제한된 L2 언어능력을 가진 학생들이 학문적 언어를 배우고, 이를 통해 복잡한 내용 개념들에 대해 생각해보고 분석하는 것을 돕는 특별한 어려움을 직면한다.

---

43 Corpus: 말뭉치. 언어 연구를 위해 컴퓨터가 텍스트를 가공, 처리, 분석할 수 있는 형태로 모아 놓은 언어 자료. 출처: 한국민족문화대백과.

내용 교과를 가르칠 때 언어에 민감한 접근 방식을 취하는 것은 이중 언어 교육의 특징으로 여겨진다. 이중언어 교육에 종사하거나 아직 수업 지도 언어에 능숙하지 않은 학생들을 가르치는 많은 연구자들과 실무자들은 내용과 언어에 대해 동시적이고 통합적인 교육을 필요로 한다. (Echevarria et al., 2008; Gibbons, 2009; Natioanl Academies of Sciences, Engineering and Medicine, 2017). 모든 내용 교과 교사들이 언어교육에 대한 책임을 맡는다는 원칙은 내용 및 언어 통합 학습(CLIL[44])운동의 핵심에 있고, 이는 다양한 유형의 부가적 이중 언어 교육을 설명하는데 자주 사용된다.(cf. Genesee and Hamayan, 2016).

또한 파커(Parker, 1985)에 따르면, 주로 국가 또는 지역 언어를 통해 가르치는 시스템에서, 1966년 교육과정 운동들 전반에 걸친 언어들은 본질적으로 가르치는데 있어서 언어에 민감한 접근법을 사용한다고 주장한다. 영향력 있는 보고서인 삶을 위한 언어 (A Language for Life, 원저자 강조)에서는, 언어가 학습을 중재하는데 중심적인 역할을 하고, 따라서 모든 교과 교사들은 동시에 언어교사라고 주장한다(Bullock, 1975). 이 보고서의 일차적인 결론은 중등학교들이 교육과정의 전반에 걸쳐 언어학습을 육성해야 한다는 것이다. 이러한 원칙들은 해당 분야의 전문가들, 여러 국가의 교육과정들 및 유럽위원회와 같은 초국가적 기구에 의해 높이 평가되고 있다(Vollmer, 2006).

언어에 민감한 접근 방식을 취하지 않을 경우, 그 결과는 매우 의미심장할 수 있다. 학생들이 수업 지도에 사용되는 언어에 완전히 능숙하지 않고, 교육자들이 학술 언어의 학습을 지원하지 않으며, 구술 및 필기로 제시된 언어 안내가 내용 학습에 통합되지 않는다면, 학생들의 내용 학습과 학업 성취도에 전반적인 타격이 있을 것이라는 것을 나타내는 증거들이 상당히 많다(National Academies of Sciences, Engineering and Medicine, 2017). 또한 존스톤(Johnstone, 2002)

---

44 Content and Language Integrated Learning(CLIL): 내용 및 언어 통합학습

은 이중언어 교육을 받는 학생들의 L2 언어 발달이 특정한 성별(gender), 구문론적(syntax), 그리고 통사론적 오류들(morphological errors)이 화석화[45]되는 정체기에 도달하는 경향이 있으며, 이에 따라 학생들의 언어 사용이 맥락에 적절하지 않을 수 있다는 것을 지적한다(예를 들어, 공식적인 맥락에서 비공식적인 레지스터를 사용하는 상황과 같은). 이 수준의 언어는 학생들이 비교적 쉽게 의사소통을 할 수 있는 수준이지만, 그들의 언어사용은 여전히 원어민들의 언어 사용과는 거리가 있다[46]. 이러한 경우, 학생들과 교사들은 언어 학습보다는 내용 학습에 더 동기 부여가 되는 것으로 드러난다. 리스터(Lyster, 2007:42-43)는 "개별적인 문법 수업들을 통해 배운 언어의 특징들은 [...] 문법 시험을 보는 동안에는 기억될 수 있다" 하지만 내용 수업중에 해당 언어의 특징들이 상기될 가능성은 낮다고 지적한다. 오류의 화석화를 방지하기 위해, 리스터(Lyster, 2007)는 내용 기반(content-based) 및 형태 중심(form-based)교육의 균형을 맞추고, 이를 교육과정 전반에 걸쳐 수행함으로써, 내용과 언어에 대한 이중 초점을 유지할 것을 제안한다.

EU 학교 학생들이 캐나다 이중 언어 교육 학생들보다 더 우수한 결과를 달성할 수 있었다는 증거가 있으며, 이는 더 짧은 기간 내에 달성되기도 한다(Genesee and Baetens Beardsmore, 2013). 하우젠(Housen, 2002 a,b)은 세 개의 다른 국가의 EU 학교 학생들의 L2 성과를 연구했다.

그는 L2 학습에 대한 학교 외부 지원이 거의 없음에도 불구하고, 학생들은 "L2에서 문법적으로 정확하고 어휘적으로도 정밀한 담화"(Housen, 2002a:213)을 만들어냈다고 보고했다. 하우젠은 이런 수준들은 중등학교교육이 끝날 때에만 달성

---

45 fossilisation: 화석화. 오류나 잘못된 개념 등이 굳어져 버린 상태. 언어학 분야에서는 언어 학습자가 잘못된 문법이나 발음 등의 습관이 굳어져서 교정이 어려워지는 상황을 의미하며, 모어에서도 발생하나 주로 외국어 학습상황에서 잘 나타난다.
46 원어민의 언어가 기준이라는 건 언어-국가중심주의의 또 다른 형태일 수 있으며, 이는 원어민과 비원어민 자격 관련 논쟁과도 일맥상통한다.

되었다는 것을 강조했다.

우리가 이미 제안한 바와 같이, 내용 교과 수업에 있어서 언어에 민감한 접근법 사용에 대한 구체적인 표현은, 최소한 교육과정 문서의 언어 목표들을 통해서라도 문서에 반영될 것이다. 언어 목표들이 없으면, 교사들이 학생들의 학습 계획을 세우기가 어렵다. 명확히 의도된 언어 목표들은 수업 설계를 위한 초점을 제공할 뿐만 아니라, 과정 개발과 학습 자원의 선택, 적응 및 창출을 가능하게 한다.

게다가, 명확하고 간결한 언어 목표들은 학습자들에게 과정을 통해 무엇을 성취할 수 있는지에 대한 기대치를 설명한다. 언어 학습에 대한 기대치가 명확하지 않으면, 학생이 자신 스스로의 언어 학습 경로를 확인하고, 진행 상황을 평가하며, 향후 언어 학습을 계획하기가 어렵다. 목표들은 학습자 동기를 부여하고 유지하는 데 필수적인 것으로 간주된다(Gardner, 1985; MacIntyre, 2002). 그들은 학습자들의 자율성을 지원할 잠재력을 가지고 있다. 레겐하우젠(Legenhausen, 2009)은 자율성을 육성하는 교실에서는 학생들이 계획에 참여한다고 강조한다. 그들은 자신들이 책임질 학습 과정과 관련된 결정 사항들을 협상한다. 그들은 필요한 연구를 수행하면서 계획된 일을 한다. 마지막으로, 그들은 학습의 과정과 진도를 평가한다. 언어 목표들은 학생들과 교사들에게 있어서 사려 깊고 명시적인 방식으로 언어 학습 과정을 관리하는 핵심적인 기제이다.

내용 목표들은 모두 언어를 포함하고 있지만, 이러한 목표들에서 강조되는 것은 주로 내용 학습이다. 언어 목표들은 주로 다음에 제시되는 언어의 네 가지 측면 중 하나 혹은 그 이상에 초점을 맞춘다(Mehisto and Ting, 2017).

언어 인식 이 목표는 학문적 언어 대(원저자 강조) 사회적 언어의 사용과 문법적 관습에 초점을 맞춘다. 학생들은 다음을 할 수 있다.;

•전문용어 및 기타 과학 어휘를 일관되고 정확하게 사용할 수 있으며, 이를 쓰여진

글 전반에 걸쳐 유지한다.

- 실험의 목적, 가설, 변수 및 상수, 장비, 방법, 결과 및 결론 등의 제목으로 서면 보고서를 구성할 수 있다.
- 등급 언어 뭉치(class language bank)에서 발견된 특정 단위에 대한 어법과 문구를 정확하게 사용한다.
- 감정적 언어의 사용을 인식하고 방어한다.
- 주관언어(language of subjectivity) 를 식별한다.

의사소통 역량 이러한 목표들은 학생들이 단답형을 사용하는지 혹은(원저자 강조) 잘 발달된 추론 방식을 사용하고 있는지 여부와 사용된 언어의 풍부함 혹은 부족함과 같은 의사소통의 본질에 초점을 맞추고 있다. 학생들은 다음을 할 수 있다.

- 두 가지 요점 설명을 통해 자신의 의견을 뒷받침 할 수 있다.
- L2를 이용한 그룹 활동 및 교실 토론에 적극적으로 참여한다.
- 발표 시 자신의 보이스(voice - 음량, 억양, 발음, 어조)를 잘 관리한다.
- 다양한 언어를 사용하여 정교하고 명확한 설명을 한다.
- 다양한 업무 수행을 위해 상세하고 쉽게 따를 수 있는 지침을 작성한다. (예를 들어, 실험, 탐구체계)

언어학습기술 이러한 목표들은 학생들이 스스로의 언어 학습을 더 책임있게 수행할 수 있도록 하는 메타인지 및 메타언어 인식을 개발하는 데 초점을 맞추고 있다. 학생들은 다음을 할 수 있다.

- 다른 목적을 위해 글을 읽는다(예를 들어, 일관된 생각의 흐름, 문법, 철자 파악)
- 작문 활동 시 L2 유의어(thesaurus)를 활용하여 언어 사용을 풍부하게 한다.

•주어진 자료의 추가 연구를 위한 출처가 적합한 지 판단하기 위해 길고 복잡한 텍스트를 스킴(skim[47])한다.

•추후 적절한 정보들을 신속하게 찾을 수 있도록 체계화된 방법으로 연구노트를 작성한다.

•(a) 텍스트의 연속적인 초안 버전들을 생성하고, (b) 다른 사람들의 반응에 기반하여 텍스트의 이해가능 여부를 실험하며, 그리고 (c) 자신의 글을 수정하고 개선하기 위해 배운 내용들을 활용한다.

문화간 의사소통   이러한 목표는 특별히 지식, 기술, 태도 및 가치 등에 초점을 맞추어 이전에 논의한 문화간 역량의 구성에 주목한다. 학생들은 다음과 같이 할 수 있다.

•공손한 표현공식을 적절히 사용한다.

•특정 문화(X)의 사람들에 대해 읽을 때, 친숙하지 않은 상황을 분석하면서 즉각적인 판단을 보류한다.

•그들 자신의 비언어적 의사소통 관행을 다른 문화권의 사람들의 의사소통 관행과 비교한다.

•심화된 순서의 관점취하기(deep order perspective-taking)를 보여준다 (Candelier et al., 2012; Deardorff, 2013 참조).

언어 수업에서 내용 기반 교육으로 전환하는 경우와 마찬가지로, 내용 교과들의 교육에 언어에 민감한 접근방식을 취하는 것은 현장의 큰 변화를 의미한다. 위에서 논의한 바와 같이, 내용 교과들의 언어에 민감한 교육으로의 전환은 교육과정

---

47   skim (필요한 부분을 찾거나 요점을 알기 위해) 빠르게 훑어보는 것. 단시간에 원하는 정보를 정확히 찾아내며 빠르게 읽는 기법을 의미함.

과 과정 개발, 교수 및 학습 현장, 교사 협력, 평가, 전문 개발 계획, 그리고 관리와 리더십 실습에 영향을 미칠 것이다.

교육언어

부가적인 이중/삼중/다중 언어 교육(bi-/tri-/multilingual education)을 육성할 방안을 찾는 이중/삼중/다중 언어 교육 환경에서, 각 언어가 일부 중요도가 높은 과목들을 가르치는데 사용되는 한, 주어진 과목을 가르치는데 사용되는 언어는 교수와 학습 현장의 질과 비교했을 때 부차적인 문제이다. 절대적인 확신을 가지고 L2혹은 L3로 가르쳐야 한다고 말할 수 있는 과목은 없다. L2또는 L3로 지도되는 모든 과목들은 그 자체만의 도전점들과 이점들을 가지고 있는 것으로 볼 수 있다. 일반적으로, 교육 언어의 결정적 요인은 교사의 가용성이다(Ruiz de Zarobe, 2015). 학생들의 관점에서 주어진 교육 언어의 선호에 대한 동기부여는 그들이 중등 과정 이후(post secondary school[48])의 공부를 어디에서, 그리고 어떤 언어로 하기를 원하는지에 따라 부여될 수 있다.

가능한 한 많은 학생들이 L1으로 교육을 받고, 모든 학생들이 일부 교과들을 L2로 교육을 받으며, 모든 학생들이 L3를 공부하고, 언어 영역이 없는 학생들의 경우 적어도 L1 언어 수업은 확실히 받을 수 있도록 하는 핵심 원칙들은 EU 학교들에서 잘 실천되어왔다.

이러한 구조적 준비는 교육시스템과 이해관계자들의 모국어, 다언어주의, 그리고 다문화주의의 가치에 대한 존중의 표현이다. 언어 영역의 수를 줄이기 위해 SWALS의 평균보다 높은 학업 성취도를 강조하는 식의 주장은 EU 학교들의 핵심 가치의 본질을 찌를 것이다.

하지만, SWALS의 평균적으로 높은 수준의 성취도에도 불구하고, 두 가지의 주

---

48 post secondary school: 고교졸업 후 진학하는 교육기관(대학 등)

요한 관심 분야가 있는데, ①첫째, 이 학생들이 L3, L4를 통해 교과들을 공부해야 할 때 직면하게 되는 추가적인 어려움들, 그리고 ②둘째, 이 학생들이 고등교육기관에서 L1으로 학업을 수행할 준비가 얼마나 잘 되었는지에 대해 고민해보아야 한다는 것이다. SWALS는 혼합 언어 그룹들(예를 들어, 예체능, ICT, 음악과 체육교육)에 속할 수 있다. 이러한 상황에서 교육학에 대한 결정과 어떤 언어 혹은 교육 언어들이 교수, 학습 그리고 평가에 사용될지를 결정하는 것은 굉장히 중요하다. S1에 있는 EU 학교 학생들은 이제 막 L3를 배우기 시작한 시점임에도 불구하고 L3를 수업언어로 사용하는 ICT와 같은 교과를 배우게 될 가능성도 있다. 이것은 혼합 언어 그룹들에서 언어 지식으로 인한 학생들의 요구가 얼마나 다양한지, L2와 L3를 통해 학습중인 학생들을 위해 어떻게 비계가 설정되고 개인별로 차별화되는지에 관련한 질문들을 던진다. 우리는 EU 학교들이 영어, 프랑스어 또는 독일어가 이러한 교과들을 가르치는 매개체로 규정되는 것 외에 EU 학교들에 다른 어떤 방식들을 제공하고 있는지 알지 못한다. 또한, 우리는 혼합 언어 그룹을 가르치는 EU 학교 교사들이 어떻게 훈련받는지, 차별화와 '다언어 교육'과 관련하여 해당 교사들에게 어떤 기대를 걸고 있는지 알지 못한다. 마지막으로, SWALS가 중등교육 이후의 교육을 받기 위해 자신들의 본국으로 돌아가기를 희망한다면, EU 학교에서 받은 L1언어 수업만으로 이 학생들이 L1언어를 통해 학업을 지속할 수 있을 만큼의 충분한 숙련도를 개발 할 수 있을지는 논쟁의 여지가 있다.

SWALS가 L3또는 L4를 통해 교과들을 공부할 때, 그들의 언어 요구들을 해결하는 데 도움이 되는 몇 가지 방법들 중 하나는 동일한 과목에 언어변환(translanguaging[49])을 사용하는 것이다. (Williams, 1996).

---

49 Translanguaging: 언어변환. 개인마다 다른 삶의 역사, 특성, 그리고 언어적 배경을 가진 사람들의 의사소통상황에서 한 언어를 다른 언어로 번역하여 의미를 교환하는 것을 의미한다. 번역을 통해 사람들은 명백한 차이를 초월할 수 있게 되고, 따라서 이는 변형적이며 창조적일 수 있는 잠재력을 가지고 있으며, 사람들이 각기 다른 종류의 자원을 가지고 있더라도 정해진 한계로 그들의 영역을 제한한다기 보다는 자신들이 가진 자원으로 어떤 다른 자원을 가진 사람과도 의

언어변환(Translanguaging)은 한 언어의 한 주제에 대한 말하기, 듣기, 읽기, 그리고 쓰기를 포함하는 것으로, 그 후 그 주제에 대해 다른 언어로 말하거나 쓰는 것을 지칭한다. 언어변환에서, '두 언어들은 모두 학습을 조직하고 중재하기 위해 통합되고 일관성 있는 방식으로 사용된다' (Baker, 2011). 언어변환의 중점은 누언어를 통한 의미 형성과 내용 교과 주제의 깊은 이해를 얻는데 있다. 이것은 다른 언어를 통해 가르치는 수업에서 L1의 남용을 피하며, 장기적으로 볼 때, 추가적인 언어 학습을 약화시킬 수도 있다. 또한, 언어변환은 대다수의 교과들을 L2로 공부하는 학생들을 L1 학술 언어에 노출시키는 전략으로 사용될 수도 있다. 실제적 수준에서, 언어변환은 학생들에게 ▪ 자신들의 L1으로 보고서의 개요를 작성하고, 자신들의 L2로 교사들에게 피드백을 받고, 그 후 L2로 보고서를 작성하는 것, ▪ 자신들의 연구를 수행할 때 L1와 L2 자료들을 사용해야 하는 조사를 수행하는 것, ▪ 그리고 하나의 역사적 사건에 대한 세 개의 텍스트를 2개(혹은 가능하다면 3개)의 다른 언어들로 분석하고(예를 들어, 세 명의 이해관계자 관점으로), 이러한 분석을 균형 잡힌 개요 제공을 추구하는 매우 존경받는 외신 보도의 내용과 비교하는 것 등의 활동을 포함한다. 언어변환의 인기가 높아지는 것은 이중 언어 교육에서 두 개의 언어를 분리하는 것이 중요하다는 기존의 시각에서 변화가 일어남을 의미한다(Heugh, 2016). L2로 가르치는 교사들은 L2만을 이용해서 가르칠 것으로 기대되었다. 하지만 실제로는 교사들이 가능한 한 많은 L2를 사용하고 가능한 한 적은 L1을 사용하는 식으로 더 유연하게 해왔을 수 있다(Little and Boynton, 2004). 현재, 더 이상 교사들의 L2를 통한 가르침이 학생들의 L1을 절대, 혹은 거의 사용하지 말아야 한다고 제안되지 않는다. 언어는 상호의존적이고 (Cumminns, 2000), 비공식적인 상황에서 말할 때는 언어들이 섞이는 것이 정상적이지만, 학술적인 글쓰기를 할 때에는 언어를 필수적으로 분리할 수 있어야 한

사소통을 할 수 있게 한다. 참조: Blackedge, A. & Creese, A.(2017) Translanguaging and the body, International Journal of Multilingualism, 14(3), 250-268.

다는 인식이 증가하고 있다(Heugh, 2016). 비록 이 문제에 대해 더 많은 연구가 필요하지만, 언어변환의 현재 초기 특징들은 ▪ 주제에 대한 더 깊은 개념적인 이해로 이어질 수 있고, ▪ 학생들이 기억 속에서 학습을 더 잘 부호화(encode) 하는데 도움이 되며, ▪ 기억 속에서 학습 내용을 더 쉽게 찾아 올 수 있도록 한다는 것들이다.(Baker, 2011). 비슷하게, 제네시와 하마얀(Genesee and Hamayan, 2016:109)은 "언어 간 연결들은 의미를 형성하고, 한 언어에서의, 그리고 한 언어에 대한 학습은 다른 언어에서의, 그 다른 언어에 대한 학습을 지원하며,

두 언어들을 수업의 필수적인 부분으로 만드는 것은 두 언어 모두의 가치와 높은 지위를 반영한다. 그리고 하나 이상의 언어로 개념들을 논의하는 것은 추후 지식이 뇌 속에서 더 잘 부호화되는 것을 돕는다"고 제안했다.

EU 학교들의 언어 교육 및 언어들을 통한 교육의 성공에도 불구하고, 그들의 전체적인 언어 정책의 부재, 내용 교육 과정에서의 언어 목표들, 문화간 역량들의 와해와 더불어 겉보기에는 가벼운 내용의 언어 교육 과정들 모두는, EU 학교들이 언어와 문화간 학습을 촉진하기 위해 정책 규정들과 강력한 교육학적 원칙들을 따르고 있다는 것을 암시한다. 또한 기존 EU 학교들의 핵심 문서들에는 다언어주의를 육성하는 이중 언어 학교에서 총괄평가(summative assessment)와 형성평가(formative assessment)가 단일 언어 교육 환경의 평가와 비교했을 때 어떻게 다르거나 고유한지에 대한 논의나 실질적인 지침이 거의 포함되어있지 않다. 이는 '2차 주기 연구조직/Organisation of studies in the secondarty Cycle' 회의록, 'Organisation of studies in the secondary' 연구팀 제안서, 연구 수행 기간 동안 우리의 대면 회의에서 교육 방법론 또는 다른 교육학적 측면들에 대해 단지 잠깐 언급된 내용들에 의해 보강되었다. 또한 EU 학교들이 특별히 낙제율과 중퇴율에 관련하여 학생들에 대한 강한 우려를 보이고 있으나, 중퇴율과 관련하여 교육의 질에 대한 논의가 거의 이루어지지 않고 있다는 사실은 중퇴율에 대한 책임을 은밀하게 교직이 아닌 현재의 교육기관들과 학생들에게 전가하는 것처럼 보인다.

현재 교육의 질과 학생들의 학습의 질에 대한 합의가 필요하며, 특별히 정책과 의제들을 충족시키는 것과 관련한 더 많은 관심이 필요하다. 이것은 무엇보다도 EU 학교들이 이중 언어 교육의 특수성을 이해하고 고려하는 최초의 그리고 영향력 있는 학습 주도 기관(learning-powered institution)이라는 것을 보장하는 데 도움이 될 수 있다. 다음 장에서, 우리는 EU 학교들 내의 교육 관행들과 관련하여 사회적 선택, 분류 및 분리의 문제들을 살펴본다.

4
통합되고 번영하는 유럽
:EU 학교의 사회학[50]

   지난 60년 동안 유럽 사회는 극적인 변화를 보여왔다. EU 학교 시스템은 '사회적 그리고 문화적 실험실'로 묘사되어 왔음에도 불구하고, 그 기간 동안 상대적으로 거의 변하지 않았다. 그러나 우리가 보는것은 EU의 확장과 새로운 사회적 필요로 인해 점점 더 압박을 받고 있는 사회적, 문화적 동화(assimilation)의 점진적인 과정이다. 본 장에서는 그러한 긴장의 결과로 발생하는 주요 주제들을 분석하기 위해 기존의 문헌들과 새로운 경험적인 자료들을 활용한다. 사회적 선택(social selection), 분류(sorting) 및 분리(segregation) 문제들은 EU 학교들 내부의 교육 관행 뿐만 아니라 EU 학교들의 지역, 국가, 그리고 국제 이웃들과의 관계까지 관련하여 고려된다. EU 학교 시민권의 복잡한 형태는 정의되고 분석되며, 이에 따라 이들 간 상호 관계가 그려진다. 이러한 방식으로 우리는 미래를 위해 적응할 필요가 있을 것들과 더불어 EU 학교들의 지속적인 특성들을 정의하기 위한 독창적인 이해의 틀(framework)을 제시한다. 이것은 또한 EU 학교 시스템의 일부가 아닌 국제학교들의 발전과도 중대한 관련이 있다.

EU 학교의 이념적 뿌리

---

50   © 저자(들) 2018
산드라 리튼 그레이 외., 유럽학교의 교육과정 개혁, http://doi.org/10.1007/978-3-319-71464-6_4

이 책의 앞부분에서 이미 의논한 바와 같이, EU 학교들은 처음에 굉장히 차별화된 특성들을 가진 정부간 교육 시스템(inter-governmental education system)으로 설계되었다(Savvides, 2006 a, b, c; Carlos, 2012). EU 학교들은 유럽 프로젝트의 중요한 부분이 되도록 설계되었으며, 이와 같이 EU 학교들은 '통합되고 번영하는 유럽'이라는 이념에 확고한 기반을 두고 있었다(Hayden and Thompson, 1997). 하지만 이러한 방식으로 전달되는 교육은 설립자들에 의해 꽤나 의도적으로 문화 통합이 진행되는 것으로 보여졌기 때문에, 논의되어야 할 추가적인 의제가 있었다(Theiler, 1999). 이러한 방식으로, EU 학교 계획은 상호 협력에 기반을 둔 혁신적인 국제 모델을 개발할 수 있을 것으로 생각되었다. 칼로스(Carlos, 2012:488)는 이를 "가장 초기의 그리고 가장 단순한 형태의 유럽에 대한 상상"이라고 묘사했다.

EU 학교 시스템은 세 가지 중심축이 되는 아이디어에 기초한다(Shore and Baratieri, 2005):

1. 교육은 유럽 회원국들의 공식 언어들로 이루어져야 한다.
2. 교수요목들과 시간표들은 다양한 유럽 회원 국가들의 일정들과 일치되어야 하며, 학생들이 본국으로 돌아가거나 EU학교로 복귀하거나 할 때 교육상 불이익없이 유연한 입학과 전학 학점 이관을 허용해야 한다. 여기에는 국가 예비대학 입학 자격의 대안인 유럽 바칼로레아의 준비가 포함된다.
3. 문화 교류를 증진한다.

이러한 형태의 유럽 통합을 위한 기제들은 복합적인 이점과 국가적 입지에 대한 설명과 더불어 국경을 초월하기 위한 시도로서의 역사와 지리학 교육과정의 구성에도 포함이 되었다. 예를 들어, 미국 독자층을 위한 초기 EC 뉴스레터는 어떻게 EU 학교들이 도로, 철도, 주요 농업 및 산업 지역을 포함한 유럽의 전문 지도를 공급받았는지, 어떻게 이를 국가적인 맥락보다는 유럽적인 맥락으로 변환했는지를 기술한다(European Community, 1964). 배치된 또 다른 교육과정 도구는 다른 언어의 원어민들 접근에 대한 특권으로, 이는 다중 언어 교육의 기회를 향상하는 것으로 이어졌다.

두 도구 모두 어느 특정 국가에서 우세한 기존의 시스템에 기반을 둔 것이 아니라, 다양한 방향성과 다양한 문화적 버전의 교육학 개혁에 기여했다(Rydenvald, 2015). 이러한 사회적, 문화적, 언어적 요소들의 결합은 또한 우리가 '유럽의 미니 시민'이라고 묘사할 수 있는 것을 창조해 내는 추가적인 이점과 함께 높은 학문적 수준에 기여했고, 이를 통해 유럽 연합의 이상을 증진시켰다. 실제로 일부는 EU 학교들을 교육학적 작은 유럽(mini-Europe)으로 묘사해왔다(Haas, 2004). 이 제도는 항상 시민들의 필요와 욕구에 대한 응답으로 무기한 확장하려는 의도를 가지고 있었다. 초기에는 미래에 다른 EU 학교들이 회원국에 있을 수 있다는 인식이 있었다(Jonckers, 2000). 2004년까지 총 12개의 학교가 설립되었으나, 두 가지 주요 요인으로 인해 시스템이 위기에 처한 것으로 보고되었다. 첫 번째 요인은 동유럽으로의 유럽 진출 이후의 인구과밀이었다. 두 번째 요인은 에스토니아인(Estonian), 라트비아인(Latvians), 리투아니아인(Lithuanians), 체코인(Czechs), 슬로바키아인(Slovaks)들의 출현이었는데, 이들은 영어 혹은 프랑스어를 '더 유용한' 그리고 주요한 언어들로 여겼기 때문에, 다른 여러 언어들 중에서도, 자녀들이 자신들의 모국어가 아닌 영어나 프랑스어로 교육받기를 원했다. 이는 EU 학교 교사들에게 추가적인 부담을 안겨주었는데, 그들이 L1수업에서 비원어민을 가르치는 것과 같이, 이 제도의 최초 설립자들도 전혀 예상하지 못했던 새로운 교육학적 역할들을 수행하도록 요구되었기 때문이다(Kinstler, 2015).

전달의 실제적인 측면의 명백한 어려움들에도 불구하고, 그리고 비록 그들이 유럽위원회와 전문적인 연관성을 가지고 있지 않더라도, 학부모들 사이에서는 EU 학교 모델에 대한 아주 많은 요구가 있어왔다. 이 학부모 그룹은 자신들의 자녀를 대신하여 학교에 지원할 자격이 주어졌지만, 대다수의 기존 EU 학교들에서 보편적으로 인구과밀 문제의 압박이 존재해 온 것을 고려할 때 대부분의 EU 학교에서 입학할 자리를 찾는 것은 굉장히 어려울 것이다. 이러한 수요와 공급 문제에 대한 한 가지 해결책은 인가된 학교(범주2 학교들은 브뤼셀로부터 자금을 지원받으며, 범주3 학교들과는 다르게 위원회 직원들의 자녀에게 우선 순위를 지정함)를 설립하거나, 또는 유럽위원회 산하 여러 조직들과는 동일한 법적, 행정적, 재정적 방식의 대상 및 정부간 교육시스템의 일부가 아니지만 그럼에도 불구하고 동일한 교육학적 기준을 충족하는 범주3 학교들을 설립하는 것이다(Board of Governors, 2013).

이 2009년 확장은 브뤼셀과 심지어는 유럽집행위원회(EC)를 넘어 학부모들과 학생들 사이에서 EU 학교 모델에 대한 욕구가 증가하고 있음을 나타낸다.

마스트리히트(Maastrucht[51])의 영향

2004년 유럽의 확장과 더불어 EU 학교의 교육학적 모델의 또 다른 전환점은 유럽공동체(European Community)가 유럽연합(European Union)이 된 1992년의 마스트리히트 조약이었다. 이 조약은 외교 정책, 군사, 형사재판, 그리고 사법 등의 문제 영역들에 있어서 회원국들 사이의 명백하고 긴밀한 관여를 이끌어내기 위해 설계되었다. 마스트리히트 조약 제 127조는 교육에 대한 입장을 다음과 같이 밝히고 있다:

지역사회들은 교육 내용과 교육체계의 조직, 그리고 그들의 문화적 및 언어적 다양성에 대한 회원국들의 책임을 충분히 존중하면서 회원국간의 협력을 장려하고, 필요할 경우, 그들의 활동을 지원하고 보완함으로써 양질의 교육발전에 기여해야

---

51 Maastrucht: 마스트리히트. 네델란드 동남부, Mass강에 면한 도시

한다.

일부 회원국들은 1957년 유럽공동체의 초창기부터 시작되었으며 상호 평화와 협력에 관련된 다른 맥락을 의미했던 용어인 '유럽 국민들 간의 더욱 긴밀한 연합'에 대한 의구심들이 있었다. 이는 EU 선거에서의 낮은 투표율과 결합되어, EU의 잠재적 합법성의 결여로 이어졌다(Savvides, po. cit. 2006a, b, c). 또한 유럽인들의 충성심 혹은 정체성의 결여 또한 감지되었다 (Garcia and Allace, 1993 cited in Savvides, ibid). 결과적으로, 이는 특히 프랑스와 네덜란드에서 제안된 유럽 연합 헌법에 대한 선거 의지의 결여와도 연관이 있었다. 이로 인해 문화 통합 프로젝트는 불안정해지기 시작한 것으로 보여지며, 본 장의 후반부에서 논의되는 것처럼, 해당 시기의 무언가가 EU 학교에도 영향을 끼칠것으로 보인다.

이러한 맥락에서, '1993 이후 교육, 훈련 및 청소년을 위한 총독부 XXII' (the post-1993 Directorate General XXII for Education, Training and Youth)가 설립되었다. 소크라테스 프로그램(Socrates programme[52])의 후원 아래, 이사회는 다음과 같은 프로그램에 집중해왔다.

1. 에라스무스[53](ERASMUS/European Community Action Scheme for the

---

52 Socrates programme. 소크라테스 프로그램. 유럽위원회의 교육 계획이었으며 31개국이 참여했다. 최초의 소크라테스 프로그램은 1994년부터 1999년 12월 31일까지 진행되었으며, 2000년 1월 24일 소크라테스 2세 프로그램으로 대체되었다. 이는 2007-2013년에는 평생학습 프로그램(Lifelong Learning Programme)으로 대체되었다. 당시 유럽 연합(EU) 25개국과 더불어 루마니아, 불가리아, 아이슬란드, 리히텐슈타인, 노르웨이, 터키가 이 프로그램에 참여했다.
53 European Community Action Scheme for the Mobility of University Students(ERASMUS): 에라스무스. 참조: Lanzendorf, U. & Teichler, U.(2002). ERASMUS under the Umbrella of SOCRATES: An Evaluation Study. In: Teichler, U.(Ed.). ERASMUS in the SOCRATES Programme: Findings of an Evaluation Study. Bonn: Lemmens. (pp. 13-28).

Mobility of University Students, 대학생들의 이동성을 위한 유럽 공동체 행동 계획, 원래 1987년에 설립됨)

2. 링구아(LINGUA/언어 교육 및 학습 프로그램, 원래 1989년 설립됨)

3. 고메니우스(COMENIUS/학교 파트너십을 장려하고자 하는 초등 및 중등 교육 개발 프로그램, 1994년 설립됨)

4. 그룬트빅(GRUNDTVIG/성인교육 및 평생학습 개발 프로그램, 2007년 설립됨)

  이러한 프로그램들의 핵심에는 분명 교육이 있지만, 본질적으로 EU 회원국들 또는 그들 사이의 접촉에 관한 것이지 교육과정에 유럽 내용을 구별하여 직접 끼워 넣는 것이 아니다. 이는 보완성의 원칙(principle of subsidiarity)과 더불어, 개별 국가들이 그들의 교육 시스템 방향과 통제 권한을 유지하기 원한다는 것이 민족국가 문제로 보여지는 것 때문에 회피되어 왔다. 이는 1973년 Janne 보고서에서 "유럽의 교육적 차원에 대한 되돌릴 수 없는 인식과 유럽 공동체 차원의 교육 정책을 향한 되돌릴 수 없는 초기의 움직임"(Janne, 1973:10)에 대한 명백한 확인과, 2007년 리스본 조약에서 유럽 전역에 걸쳐서 더 높은 수준의 교육의 조화로움을 달성하려는 시도(예를 들면, 자격 요건에 관련한)에도 불구하고 발생한다. 이러한 종류의 공유된 유럽 교육과정과 평가과정의 부재는 회원국들이 유럽전역의 교육 통합에 대한 생각을 완전히 받아들이게 하는 도구로서 기능하지 못했다는 것을 의미한다. 이 둘 모두 다른 국가들간의 미래 협력 발전 측면에서 명백한 긴장 영역을 드러내는 동시에, 인지된 국가 독립의 상실에 대해 저항하는 유럽 전역의 교육적 시대정신[54] (zeitgeist, 원저자 강조)을 반영한다.

  또 다른 긴장 영역은 공식적 EU 언어들과 비공식적 EU 언어들의 관계로 상징된다.

---

54 zeitgeist. 시대정신. (= spirit of the time)

유럽공동체 내에서, 그리고 이후 유럽 연합내에서, 몰타어(Maltese), 아일랜드어(Irish), 바스크어(Basque)[55], 카탈루냐어(Catalan)[56], 웨일스어(Welsh)[57] 같은 언어들은 덜 중요한 것으로 여겨지는 동안(심지어 웨일스어, 바스크어, 그리고 카탈루냐어는 이들 중 두 개의 언어가 한 개 이상의 국가에서 널리 사용되고 있다는 사실에도 불구하고 오늘날까지도, EU의 공식적인 언어로 전혀 등장하지 않는다), '매개' 언어인 영어, 프랑스어, 그리고 독일어가 특권적 지위를 부여받는 것으로 핵심 회원국가들의 문화적 헤게모니가 여실히 드러난다(Shore and Baratieri, 2005). 매개 언어의 개념이 왜 합법성의 본질적인 문제와 연결되는지 이해하기 위해, 우리는 Bulwer(1995)에서 논의된 바와 같이 민속(folk) 대 엘리트(elite)의 이중 언어 주의 개념을 고려해 볼 필요가 있다. 민속 이중 언어들(예를 들어, 위에 언급한 몰타어, 아일랜드어, 바스크어, 카탈루냐어, 웨일스어)은 능동적인 선택으로 보이기보다는, 한 아이가 성장해 온 가정 내의 상황으로 보여진다. 이러한 방식으로 해당 언어들은 소수화되고 주변화된다(Nic Craith, 2006). 반면에, 엘리트 이중 언어 주의는 잠재적으로 더 진보적이고 현대성과 결부된 것으로 보여진다(ibid.). 그것은 더 국제적인 사고방식을 가지고 있고, 보통 향후 전문적인 맥락에서 사용될 잠재성을 가진 사회적, 그리고 경제적으로 유용한 언어를 공부하기로 한 의식적인 결정 결과로 생겨났다. 이러한 내용들은 동유럽 부모들이 자신들의 자녀의 모국어가 실제로는 에스토니아어, 체코어 또는 슬로바키아어임에도 불구하고 영어, 프랑스어, 독일어로 제공되는 L1에 접근할 수 있어야 한다고 주장하는 이유들

---

55   Basque: 스페인 바스크 지방의 언어
56   Catalan: 스페인 까딸루냐 지역의 언어
57   Welsh: 영국 웨일스 지방의 언어. 영국은 잉글랜드, 스코틀랜드, 웨일스, 북아일랜드 4개 나라가 손을 잡은 연합국으로 공식명칭은 United Kingdom of Great Britain and Northern Ireland이다. 잉글랜드에서 웨일스 지방의 경계 지역의 표지판과 도로에는 영어와 웨일스어가 함께 병기되어 있다. 잉글랜드에서 웨일스 방향으로 진입때는 영어-웨일스어 순서, 웨일스에 진입하면 웨일스어-영어 순서. 반대의 경우에는 웨일스어-영어순서였다가 잉글랜드에 진입하면서 영어-웨일스어로 순서가 바뀐다.

이다. 한편, 몰타어, 아일랜드어, 바스크어, 카탈루냐어, 웨일스 어(또는 심지어 에스토니아어, 체코어 혹은 슬로바키아어)는 여전히 암묵적으로 '민속(folk)' 언어로 취급되고 있으며(심지어 회원국들 사이에서 국가적으로 공식 언어로 인정받았음에도 불구하고), 영어, 프랑스어, 독일어와 같은 수준으로 제공되지 않는다. 이 결정을 뒷받침하는 타당한 실용적이고 재정적인 이유들이 있겠지만, 그 결과는 다른 지역들에 있는 수백만명의 언어학적으로 다양한 유럽 시민들의 보편적인 우려로부터 동떨어진 두 갈래(two-tier)의 구조를 가져온다. 심지어 유럽 연합자체에서도, 세 개의 '매개(vehicular)' 언어들 중, 아마도 가장 점유도가 높은 것은 외교역사적 기반으로 인한 영어와 프랑스어이고, 또한 영어의 경우에는 21세기 기술, 과학, 그리고 컴퓨팅 용어들이 다른 언어들과 비교했을 때 영어로 현저히 많이 존재하기 때문일 것이다(ibid.).

3장에서 우리는 언어 교육의 기술적인 측면과 EU 학교들에 대해 심도있게 논의했지만, 이에 대해서도 어느 정도 되짚어 볼 필요가 있다.

다른 언어들을 배우는 원칙이 EU 학교들의 교육학적 구조와 철학에 확실하게 내재되어 있지만, 학생들이 수업 시간에 반 삼투압 방식(a semi-osmotic way[58])으로 언어를 공부하는 현재의 접근방식에 대한 과학적 증거는 거의 없다(Gray, 2003; Leaton Gray et al., 2015). 이는 대다수의 가르침이 충분히 명쾌하지 않기 때문이다. 결과적으로 다른 언어들을 학습하는데 요구되는 기준들이 불분명하다. 많은 교과들을 필기 뿐만 아니라 구두로 평가하는 현재의 관행은, 최종 시험이 내용 지식을 평가하는 것인지 아니면 시험 언어를 평가하는 것인지 불분명함을 의미하기 때문에, 자격요건을 둘러싼 명료성의 부족의 한 원인이 된다. 실제로, 이러한 우려는 유럽 바칼로레아 최종 졸업장(European Baccalaureate final diploma)의 개혁으로 이어졌다. 맥락을 벗어난 언어의 진보 과정을 추적하고 평

---

58 osmotic: (접촉을 통해) 서서히 터득함 (영향을 받음)

가하는 이러한 어려움들에도 불구하고, EU 학교에서 언어학습에 있어서 '동료대화(peer talk)'의 영향은 엄청나다(Baetens Beardsmore and Kohls, 1988). EU 학교 내에서 많은 언어들의 자연스러운 유입과 유출의 또 다른 이점은, 구조가 다른 문화들과 언어화자들에 대한 수평적인 관용을 중심으로 배치되기에, 그들이 다른이들에게 영향을 끼치는 방식뿐만 아니라 자신 스스로의 문화와 언어에 대해 비판적으로 사색해 볼 수 있는 능력을 촉진함으로서 보다 건강한 시민의식을 촉진하는 것이다(Starkey, op. cit). 이는 칭찬할 만함에도 불구하고, 현재 시스템에서 언어들은 여전히 어느정도 당연한 것으로 여겨지고 있고, 한 가지 비판은 언어 교육이 더 깊은 통합이라는 측면에서 충분히 멀리 나아가지 못했다는 점일 수 있다. 이는 다시 한 번 마스트리히트의 결과에서 제일 먼저 보이는 정통성의 문제로 이어지며(Theiler, 1999), 이러한 학교교육에서 유럽 관점에선 때로는 교육과정의 일관성이 결여됨과 함께 상대적으로 모호할 수 있음을 우리에게 상기시킨다(ibid.). 테일러(Theiler)는 이러한 문제들에 기인하여 EU의 소멸이 더 커질 것을 예측했는데, 유럽이 현재 겪는 어려움들을 예상한 것은 그 혼자만이 아니었다. 사비데스(Savvides)의 연구에서 자신이 얼마나 선견지명이 있는지 몰랐을 한 교사 인터뷰 대상자의 중요한 인용문에는 분명한 증거들이 있다.

나는 내가 진짜 유럽인이라고 느껴지지는 않아요. 왜냐하면 그게 의미하는게 뭔지 모르겠거든요... 지금까지 나한테 있어서 유럽 연합은 사람들에게 연결된 그런건 아니었어요. 그건 금융세계이고, 정치 세계이고... 경제 세계이지 사람들의 세계는 아니었습니다(Savvides, 2006c:125).

여기에서 우리는 정체성 관련 문제가 제기되는 것을 볼 수 있다. 시스템 내의 사람들은 어떤 식으로든 유럽 통합에 관여한다는 의식을 가지고 있지만, 그들이 반드시 '유럽인'이 된다는 것이 의미하는 바를 느낄 필요는 없다. 개인적인 영역과

정치적인 영역이 분리된 것처럼 보인다.

사회 선정, 구분, 그리고 분리

새로운 패턴의 시스템 관리방식은 유럽 연합내에서의 외교 및 행정적 복잡성을 초래했고, 이는 EU 학교내에도 반영되었다. 여러 힘의 근간이 있으며, 이들은 수직적, 그리고 수평적으로 서로 다른 네트워크 내부에서, 그리고 다양한 네트워크들과의 전 영역에 걸쳐 복잡한 상호작용에 관여한다. Ansell(2000)은 이를 '네트워크 정치(networked-polity)'라는 용어로 표현하는데, 안셀의 경우 이 경우처럼 제도적인 수준이 아닌 지역적 수준을 의미하는 것으로 사용했다. 따라서 우리는, 예를 들어, ▪학생들, ▪부모들, ▪학부모 협회, ▪교사들, ▪이사들, ▪공동 교육위원회, ▪이사회, ▪유럽학교들의 사무총장실, ▪공동 조사단, ▪작업당사자들, 그리고 ▪유럽위원회 등 여러 이해관계자들이 참여하는 복잡한 행위자 집단(Carlos, op.cit 에 묘사된 바와 같이)을 볼 수 있다. 이 구조내에서, 특정 시기에 시행되고 있는 다양한 작업 당사자들의 노력에 의해서 그룹 내부 및 그룹 간의 지속적인 협상이 이루어지고 있으며, 이는 카를로스(Carlos, ibid.)에 의해 상당히 심도 있게 설명되었다. 그녀는 한 이사회에서 다른 이사회로 넘어가는 정책 제안을 포함하는, 다양한 단계들에서 형성된 새로운 형태의 의미에 의해 뒷받침되는 순환 모델을 설명한다. 이 협상과 재협상은 규칙적이고 일상적인 그룹화 및 권력 기반과 규칙에 의한 재그룹화로 인해, 그 경계가 다소 모호해진다. 어느정도 그러한 관행은 놀랍지 않으며, 어느 정도 그러한 관행은 놀랍지 않으며, 단순히 일상적인 상호 작용에 로비 및 협상이 내재된 정책 결정의 형태에 내재된 일상적인 권력 투쟁을 나타낸다. 그러나, 이 모델의 특별한 복잡성과 계층적인 구조는 특히 금융 문제의 상황에서, 학부모들이 의결권으로부터 배제되는 결과를 초래할 수 있으며, 이는 이해관계자의 분리를 나타낸다. 이 장의 다음 부분에서는 특히 학생들에게 미치는 영향에 대한 다른 형태의 사회 선정, 구분, 그리고 분리에 대해 다룬다.

선정

EU 학교 시스템은 중등학교의 영어시스템과 유사하지만, 제한적인 교과선정과 전체를 아우르는 광범위한 교육과정 등 프랑스 및 독일 시스템들의 일부 측면들을 통합한다. EU 학교 시스템의 또 다른 특징은 유급(retention, 원저자 강조)으로, 학생이 소속 학년 집단의 일반적인 기준에 부합하지 않을 경우, 1년 동안 동일한 학년을 유지하는 것이다. 교육적으로 접근하자면, 이러한 유형의 개입은 효과적이지 않고 심지어 문제로 보여질 수도 있다(참조. Hattie, 2008; Martinez et al., 2015). EU 학교의 경우, 시스템에 적응하지 못하는 일부 학생들의 경우 여러해 동안 유급을 당했고, 문제가 해결되지 않으면 결국에는 EU 학교 시스템을 떠나도록 장려되었다.

학생들에 관한 한, 유급은 단순히 잘못된 시간에 잘 맞지 않는 EU 학교나 언어 영역에 있었던 결과일 수 있으며, 학생의 선천적인 능력과 거의 관련이 없을 수 있다. 이것은 학교 및 국가별로 상당한 차이가 있는 유급률에서 분명히 드러난다. 예를 들어, 우리가 2010년부터 2012년까지(저자들이 무료로 이용할 수 있는 최신 문헌 범주임)의 초등부문(P1-P6)의 유급자료를 살펴보았을 때, 일반적인 교육 현장으로 간주되지 않는 지역인 영국의 컬햄(Culham)에서는 0.1%에서 1.2%로 드러났고, 가장 높은 수치는 룩셈부르크1 학교에서 3.1%에서 3.9%로 가장 높게 드러났으며, Mol에서는 2.5%에서 5.3%로 드러났는데, 예시들은 유급이 교사들의 우선하는 기대와 더 밀접하게 일치될 수 있는 곳들이다. 해당 기간동안 EU 학교 전체의 P1-P6 부문의 평균 비율은 2.2%에서 2.7%였다. 비율이 워낙 차이가 많이 나는 만큼, 사회학자의 눈에는, 학생들의 부적합성에서 기인하기에는 어려워 보이고, 지역적 문화 관행과 기대에 의한 결과일 가능성이 더 높아보인다.

유급 관행은 부정적인 결과를 초래할 수도 있다. 사회학적으로 말하자면, 유급으로 인해 나이가 어린 학생들과의 그룹화는 유급된 학생이 해당 현장에서 잘 들어맞지 않는, 잠재적인 이질감(anomie, 소외, 원저자 강조)을 가져올 수 있다. 이러한 방식으로, EU 학교들이 중등 고학년 과정에서 학생들을 '집단 내(in-group)'(학업을 잘 해낼 수 있는)와 '집단 밖(out-group)'(학업을 잘 수행하지 못하는)으로 분류하는 것은 학생들이 학업적인 이유로 떠나는(예를 들어, 일 때문에 가족이 이사를 하는 경우 등과는 반대되는) 의도되지 않은 결과를 초래하는 명백한 사회적 선택의 증거에 해당된다.

이것은 설립자들이 구상했던 포괄적이고 종합적인 교육 모델과는 매우 다르다. 상위 중등 교육과정에 대한 2014-2015 연구에서, 우리는 S4-S5수준(14-15세)에서 수학 및 과학 교육과정을 통해 배우게 되는 갑작스러운 개념적 변화에서 살아남은 몇몇의 학생들과 이야기를 나누었는데, 이러한 갑작스러운 개념 변화는 EU 학교 내에서 알려진 현상이라고 한다. 퇴학생(leavers)들에 대한 그들의 견해는 '열심히 공부하지 않은 학생들', 그리고 '우리는 지금 그 학생들과 어떤 관련도 없다, 우리는 연락하지 않는다'였는데, 이는 떠난 학생이 학업적 성취를 달성하지 못했기 때문임을(혹은 심지어 기준에 전혀 부합하지 않았기 때문에), 그 학생이 떠난 후 나타내는 사회적 배척(Social ostracism)임을 나타낸다.

이러한 사회적 선택은 또한 외부인들이 인식하는 EU 학교 시스템의 기준에 영향을 끼쳐왔다. 이는 교육적 성취도 측면에서, 중등 상위 수준 학교들의 성공은, 무언가 도전적이고, 심지어 학문적으로 가혹한 특정 제도에서 살아남은 특정 유형 학생들의 성공에 의해 평가되고 있으며, 이 유형의 학생들은 사실상 15세 정도의 학생들이 선발된다. 2014-2015년 동안 EU 학교 조사관들과 논의한 결과, 우리는 이것이 속도가 느린 학생들, 특별한 교육 요구를 가진 학생들, 그리고 상대적으로 약한 L2(제2 언어)와 L3(제3 언어)기술을 가지고 EU 학교 시스템에서 늦게 시작하는 학생들에게 문제를 일으킬 수 있다는 것을 발견했다. 또 다른 범주의 학생들은, 직업 성향(vocationally inclinded)이 강한 학생들로, 직업 성향을 고려한 공급이 사실상 거의 없기 때문에 어려움을 겪을 수 있다. 그들에게 이 시스템은 매우 어려운 것일 수 있다. 우리가 여기서 볼 수 있는 것은 일종의 사회적 선택이라기 보다는 일종의 의도하지 않은 분리인데, 이는 유럽의 학교 시스템과 위원회 자체 내에서 확립된 가정들이 얼마나 친숙하고, 그 가정들이 기존의 사회 집단들과 얼마나 가깝게 어울리는지와 관련이 있다. 쇼어와 바라티에리(Shore and Baratieri)는 이 그룹을 다음과 같이 묘사했다:

중등 학교를 떠나면서 특정한 직종으로 취업하는 것에 대한 걱정을 할 필요가 없는 사회계층으로서, 그리고 아마도, 유럽 최고 엘리트 계층에 높은 소속감을 갖고 자유로운 이동성을 가진 그룹으로 자신들의 지위를 확인시켜줄 것이다(Shore and Baratieri, 2005:36).

부모의 취업 이외의 이유들로 아이가 학교를 떠나는 사회적 거리는, 우리가 다른 곳들의 분리된 학교 교육 시스템들에서 볼 수
있는 , 높은 계급 사회에 속하는 (혹은 지금 같은 경우 엘리트 이중 언어 계급) 학생들은 더 이점이 많은 교육을 받을 수 있는(참조. Jenkins et al., 2006; Ball, 2006)식의 계급 기반 문제들의 한 징후일 수 있다. 그러므로 이제 우리는 사회적 분리로 주제를 전환한다.

분리

 EU 학교들은 분명히 정의된 사회적 그룹, EU 학교의 상황에서는 특정 유형의 고용인들에게 시설을 제공하기에, 종종 '회사학교(company school)'에 더 가깝다고 묘사된다. 이는 다음과 같이 입학 규정이 매우 엄격하기 때문이다(그림 4.1.).

•범주 I : 유럽학교에 입학해야 하는 학생들. 이 학생들은 학비가 면제된다.

•범주 II : 개별적인 합의 혹은 결정을 통해 적용되는 학생들로, 각 학생은 특히 학비와 관련한 특정 권리 및 의무를 포함한다.

•범주 III : 범주 I 및 II에 속하지 않는 학생. 이 학생들은 여기에 나열된 우선 순위에 따라 자리가 허락되는 한 EU 학교에 입학할 수 있다. 이 학생들의 경우 이사회가 정한 일반 학비를 납부해야 한다.

─ 범주 I

지역사회 기관 및 아래[1]에 열거된 조직들에 최소 1년 이상 직접 고용 및 지속 고용된 직원 자녀들

1. 지역 기관들의 회원들

2. 유럽위원회의 공무원 규정[*]의 적용을 받는 공무원들

3. 기타 유럽 공동체[*] 산하의 고용 조건에 포함되는 직원

4. 지역사회 기관들과 직접 효력 있는 고용 계약을 체결하여 민법의 지배를 받는 사람

5. 지역사회 기관에 파견된 국가 전문가들

6. 유럽투자은행[59](E.I.B)의 직원들

7. 지역사회 기관들의 활동을 통해 설립된 지역사회 조직의 직원 및 이사회가 인정한 다른 조직들의 직원

8. JET[60]프로젝트로 쿨햄에 파견된 영국원자력공사[61](UKAEA)직원

9. 유럽투자기금 사무국 직원

10. 유럽 공동체 회원국의 상설 대표부에 소속된 국가 공무원 (현지에서 모집된

---

59 European Investment Bank(E.I.B): 유럽투자은행
60 Joint European Torus(JET): EC 9개국의 공동 개발에 의한 Tokamak형 융합 실험장치
61 United Kingdom Atomic Energy Authority(UKAEA): 영국원자력공사

직원 제외)

11. EU 학교 및 이사회 대표 사무소의 교수진과 행정 및 보조 직원

12. 뮌헨에 있는 유럽특허청[62](EPO)의 근무규정의 적용을 받는 직원

1-11항에 언급된 아동들의 뮌헨 학교로의 입학과 12항에 언급된 아동들의 다른 학교들로의 입학에 대한 특별조건은 이사회에 의해 결정된다.

── **범주 II**

개별 합의 또는 결정으로 보장되는 학생들로서, 해당 학생들을 위한 특정 권리와 의무를 포함한다.

── **범주 III**

다음 각 호의 학생들이 열거된 순서는 입학 목적의 우선순위이다.

(a) 외교 대표, 북대서양조약기구[63](NATO)대표 및 회원국 영사관에 파견된 국가 공무원의 자녀 (현지에서 모집된 직원 제외)

(b) 본국으로 귀국하는 외교관 자녀 중, 본국에 EU 학교가 소재하고 있지만 국가 교육제도의 특수성으로 인해 시행중인 국가교육제도에만 통합될 수 있는 경우

(c) 유럽공동체의 비회원국들의 국가 공무원 자녀(현지에서 모집한 직원 제외)

(d) 브뤼셀 또는 룩셈부르크로 배치되고, 로메협정[64](Lomé Convention)에 서

62　European Patent Office(EPO): 유럽특허청
63　North Atlantic Treaty Organisation(NATO): 북대서양조약기구
64　로메협정(Lomé Convention) 1975년 Togo의 수도 로메에서 체결된 EEC(European Economic Community)와 ACP(African, Caribbean, and Pacific)제국간의 경제발전원조협정. EEC의 ACP산품에 대한 우대조치가 골자. ACP는 아프리카, 캐리비안, 태평양 지역의 개발도상국 46개 나라가 유럽공동체와 북아메리카의 여러나라와 무역할 때 서로 협력하기 위해 만든 조직

명한 비회원국에 속하는 외교적 지위를 가진 직원의 자녀

(e) 그 밖에 해외에, 모든 학교들에 배치된 공무원

(f) 기타: 모국어나 이전 교육의 언어가 국가 교육시스템의 수업 언어가 아닌 학생들에게 우선권이 주어질 것이다.

─ 범주III 학생의 입학 규정 유의점

a) 규정에서 허용하는 범주 III의 입학에 대한 결정은 EU 학교 총칙 제8조의 규정에 따라 총장에게 주어진다.

이러한 학생들을 입학시킬 때, 총장은 학급이 나뉘는 과정 없이 1년 동안 적정수의 학생들이 범주 I 과 범주 II 로 들어올 수 있도록 각 학급에 충분한 자리가 확보되도록 보장해야 한다.

b) 학년초에 이미 24명이 있는 학급에는 범주 III학생을 입학시킬 수 없다.

c) "브뤼셀의 EU 학교 등록 정책"(Policy on Enrolment in the Eurioean Schools in Brussels)과 "뮌헨의 EU 학교 입학기준"(Admission Criteria of the European School, Munich)을 참조할 것

유럽 의회 의원 자녀 지원 입학

─ 1. 공인된 의회 보좌관 자녀들의 입학

이사회는 공인된 의회 보좌관의 자녀들이 EU 학교로의 접근의 목적으로 범주 I 에 입학한다는 것을 확인했다.

─ 2. 유럽 의회 의원의 지역 보좌관 자녀들의 입학

(출처: 21세기 정치학 대사전)

이사회는 유럽 의회 의원들의 지역 보좌관 자녀들을 EU 학교에 입학하기 위한 목적으로 범주 III에 분류하기로 결정했다.

(출처:2017년 EU 학교 사무총장 사무실[65])
https://www.eursc.eu/en/European-Schools/enrolments/admission

그들을 '국제학교'가 아닌 '회사학교'로 묘사해야 한다는 주장은 어느 정도 근거가 있다. 많은 다양한 국적의 학생들이 다니고 있음에도 불구하고, 입학 전형을 살펴보면 일반 국제학교의 전형처럼 포괄적이면서 복잡하지 않은 모델이 아닌, EU 학교만의 독특한 모델을 사용한다. 그 모델과 교육과정은 그 성격과 위치상 많은 비유럽인들을 배제하는데, 그들은 유럽 회원국이나 위원회 자체 내에서 많은 외교 또는 공무원 직책을 맡을 자격이 없기 때문이다. 결과적으로, 교육과정 그 자체는 예를 들자면 '유럽 시간'의 통합을 통해, 글로벌 시각을 넘어 유럽인의 시각에 명확한 특권을 부여한다. 이것은 진정한 글로벌 감각에서 국제적인 관점의 희생으로 온다. 스타키(Starky, 2012)가 '유럽 중심적 문화적 우월성'의 한 형태로 묘사한 것을 홍보하게 되는 잠재적 위험성을 안고 있다.

분리와 관련된 또 다른 문제는 EU 학교들은 원칙적으로 지역 교육관계자들에 포함되어 있지 않고, 일반적으로 다른 지역학교들과 많은 시설 및 자원을 공유하지 않기 때문에, 아주 가까운 지역의 지역공동체들과 거의 관련이 없다는 것이다.

이런 방식으로, EU 학교의 다소 고립적인 성격은 학생들이 서로의 곁에서 나란히 설지는 모르겠으나 지리적으로 인접한 국가들과 사회적으로는 인접하지 않기 때문에, 어떤 면에서는 그들의 이른 바 사회자유민주주의라는 철학이 거짓임을 보여준다. 끝으로 EU 학교들과 외교 혹은 취업적인 연계가 없는 가정들이 해당되는 범주인 범주III 학생들의 입학 규정을 살펴보면, 교육 단계에 따라 교육비가 연간 3500 유로에서 6800유로 범위에서 결정된다. 국가 평균임금 정도이거나 이하

---

65   Office of the Secretary General of the European Schools: EU 학교 사무총장 사무실

의 많은 지역가정들의 경우, 특히나 학령기 자녀가 둘 이상인 경우에는 이러한 학비는 엄두도 못낼 정도로 비싼 것일 것이다. 결과적으로 EU 학교의 학생들은 현지 지역의 다른 학생들은 물론, 수업료를 낼 여유가 없거나 유럽의 외교적으로, 과학적으로, 혹은 정치적으로 '가족'이 아닌 학생들과는 별개로 교육을 받고 있다. 그들의 시스템은 여러 단계로 분리되어 있으며, 시스템이 엘리트 주의를 조장하고 이를 통한 명백한 책임감의 결여로 인해 비난이 제기되어 왔다(Oostlander, 1993).

고용 조건에 관련한 다양한 형태의 국가법이 유럽법과 정면으로 충돌할 수 있다는 사실과 관련하여, 일부 EU 학교들의 교사들은 다른 종류의 시스템의 분리에 직면한다. 보완성(subsidiarity)의 원칙은 유럽 연합이 28개 회원국 전체에 걸쳐 교육이나 교사고용정책을 결정할 수 있는 강한 힘을 가지고 있지 않다는 것을 의미한다. 대신 그것은 협상에 의존하고, 이는 때때로 문제가 되기도 한다. 예를 들어, 영국 교육 시스템에서 EU 학교 시스템으로 파견되는 교사들에 대한 표준 9년 계약에 관련하여, 영국 국가 고용법과 유럽 고용법 사이의 충돌이 있었다. 이러한 기간제 계약의 목적은 교사들이 본국의 국가 시스템의 발전과 계속 잇닿아 있도록 하려는 것이다. 이는 교사들이 무기 계약으로 근무할 수도 있는 국제학교와는 전혀 다른 유형의 취업이다. 또한 유럽의 많은 국가의 교사들이 국가에 의해 직접 고용되고 특정한 지역이나 학교에 배정되는데, EU 학교의 파견이 종료되면 해당 교사들은 본국으로 돌아가서 비교적 쉽게 재배치될 수 있다는 것을 의미한다. 영국에서는 국가가 아닌 개별 학교에 의해 고용이 되는데, 그것은 EU 학교에서의 9년 동안의 파견근무가 종료되면 그 교사는 실직처리가 되고 그 동안 축적되었던 고용권이 상실된다는 것을 의미한다.

비교해서 말하자면, 정부가 교사의 지속적인 고용을 보장하는(심지어 보증하고 있는) 프랑스, 독일, 혹은 그리스 교사에 비해, 영국 교사는 불리한 위치에 있다(Schmalenbach, 2010). 그러므로, 영국의 지원을 받는 교사에게 시스템에 대한 그들의 경험은 결과적으로 그들이 복귀할 것으로 예상되는 국가 시스템과 완전히 다른 모델을 경험하게 되는 일종의 분리이다. 이는 9년 파견 모델과는 정반대의 것이며, EU 위원회(혹은 그 문제에 대해 영국이)가 유용한 해결책을 거의 제공할 수 없었던 문제이다.

분리의 또 다른 증상은 이전에 언급한 바와 같이 EU 학교들이 더 넓은 공동체로부터 단절된 것처럼 보일 수 있다는 것이다(Hayden and Thompson, 1997). 이것은 두 가지 수준에서 발생한다. 지리적으로 보면, 이미 알고 있는 것이 아니라면, 유럽의 한 학교 건물에 서 있지만, 어느 나라에 있는지 모르는 것도 가능할 것이다. 이는 EU 학교의 문화가 국가 문화들보다 더 우월하다는 유럽중심주의[66](Eurocentrism)을 나타낸다. 두 번째 단계는 이러한 내재적인 문화적 헤게모니[67]가 직접적인 유럽 노동자 공동체(Hayden and Thompson, 1997) 외부의 더 넓은 유럽 헤게모니를 우선시 한다는 것이다. 실질적으로, 비록 당신이 물리적으로 EU 학교의 옆집에 산다할지라도(그리고 심지어 세금으로 간접적으로 그러한 학교들을 지원하고 있어도), 당신이 속하는 범주의 지원자들 대상으로 입학 가능한 자리가 났다면(물론 이는 있음직하지 않지만), 당신은 앞에서 설명한 대로 학비를 지불하고 있는 당신을 발견할 수 있을 것이다. 이는 유럽 연합과 밀접하게 연관되어 있는 사람들에게 적용되지만, 또한 실제로 위원회에 의해 고용된 것이 아닌 지역 언론인, 로비스트, 그리고 하청업자들에게도 적용된다. 그들은 또한 브뤼셀 정치 기구의 핵심적인 부분이라고 주장될 수 있음에도 불구하고, EU 학교들에 대한

---

66   Eurocentrism: 유럽중심주의
67   Hegemony: 헤게모니. 사회 안에서 주요한 집단들의 적극적인 합의와 공의를 통해서 얻어진 지도력. 곧 도덕적이고 철학적인 지도력을 말한다. 헤게모니 개념은 도덕적, 철학적인 개념이며, 특히 하나의 세계관으로서의 실천의 철학-마르크스 주의-를 의미한다. 특히 실천의 철학은 사회이론과의 관련 속에서 정치적 실천의 문제를 포괄하고 있다. 즉 특정한 가치들이 지배력을 갖게 되는 과정을 사회이론의 틀 안에서 헤게모니적 지배력을 갖는 과정으로 파악한다. 출처: 교육학용어사전. 서울대학교 교육연구소

자신들의 접근성이 떨어진다는 것을 발견한다. 이런식으로, 분리는 선생님들과 학생들에게 그랬던 것처럼 다양한 형태를 취해왔다. 스타클 외(Stacul et al., 2006)의 주장처럼, EU 학교의 교육학 연구소는 국가 문화의 경계를 해체하고 동시에 계급의 경계를 강화하려는 배타적인 기관들을 낳는 결과를 초래했다. 이는 그들이 대중을 포함하도록 설계되지 않았기 때문이다.

분류

EU 학교들과, 학부모들, 그리고 학생들 사이에서 자주 언급되는 다양한 언어 구사에 초점을 맞춘 교육에 대한 열망은, 가족 집단들이 특정한 사회적 그룹에 대한 회원권을 찾는 일종의 사회적 분류라고 볼 수 있으며, 이 경우에서는 '엘리트 이중 언어 구사자'들의 카스트 계급으로 볼 수 있다. 이전 장에서 설명한 바와 같이, 이들은 추가적인 언어를 자신들의 사회적, 문화적, 그리고 지적 자본의 상승을 위해 어쩔 수 없이 배운 사람들로서, 자신들의 자국어에 더해, 혹은 이민의 결과로 제2언어를 배운 '민속 이중 언어자'들과는 반대의 사람들이다. 이러한 엘리트 이중 언어 주의에 대한 열망은 근래 EU 학교 교육 시스템에 많은 문제를 일으켰다. 예를 들어, 영국은 최근까지 영국이 자금을 지원하는 공립학교 교사들을 EU 학교들로 '초과 파견'(over-seconding)하고 있었다(Interparents 2013). 이는 국제적으로 ESOL[68](제2 혹은 다른 언어로서의 영어)의 중요성이 높아지면서, EU 학교들 내에서 L2(제 2언어)로 영어 선택이 우세해졌기 때문이다. 간혹 영어 모국어 사용자가 아닌 사람들도 영어 모국어 수업에 배정해 줄 것을 요청하기도 했다. 처음에 영국 정부는 그러한 정책운영을 뒷받침하는데 필요한 가장 많은 수의 원어민들을 관례적으로 공급했지만, 점점 더 많은 수의 영국 외(역자 강조) 학생들이 그러한 운영을 원하고, 실제로 EU 학교에 다니는 영국 학생들의 숫자는 줄어들면서, 영국 정

---

68   English as a Second or Other Language(ESOL): 제2 혹은 다른 언어로서의 영어.

부는 그들이 불균형적인 지원을 하고 있었으며, 교원 초과 파견은 이러한 불균형의 형태를 나타낸다고 주장한다(Bulwer, op. cit.; Interparents, op. cit.). 짐작건대 최근 영국 국민투표(UK referendum)와 브렉시트(Brexit) 투표는 영국 정부가 영어 제공을 아일랜드와 몰타 정부의 손에 맡겨두고 교원 제공을 완전히 철회함에 따라, L2(제2 언어)영어 공급을 점점 더 어렵게 할 것이다.

학생들도 또한 모국어를 기준으로 분류된다. 규모가 큰 EU 학교들 중 많은 학교들은 학교가 포함하고 있는 다양한 언어 영역들의 수 때문에 사실상 '학교 안의 학교'라고 종종 언급된다. 예를 들어, 2014-2015학년도 동안 우리가 브뤼셀 III학교를 방문했을 때, 우리는 체코어, 독일어, 그리스어, 영어, 스페인어, 프랑스어 그리고 네덜란드어의 총 7개의 언어 영역이 있다는 것을 발견했다. 하나의 언어 영역에서, 학생들은 해당 영역의 모국어로 수업을 받았다. 또한 언어 영역이 없는(SWALS로 알려진) 학생이 자신이 선택한 언어 영역에서 교육을 받는 것이 가능하다. 언어 영역의 존재는 EU 학교 내에서 또 다른 특이하고 다소 모순된 현상으로 이어지며, 중심 모델은 모국어 학생 그룹에 의해 강화되는 동시에 민족주의(nationalism[69])를 잠식한다.

---

69   nationalism: 민족주의. 자기 민족에 대해서 충절 혹은 애착을 두는 이데올로기 혹은 감정, 신념체계의 총화. 민족성이나 민족의 문화유산과 전통을 모든 가치체계에 있어서 우위에 두는 신념체계 일반을 뜻한다. 근대의 자본주의 사회에서 형성된 국민운동으로서의 민족주의는 개인주의, 무정부주의, 사해동포주의(cosmopolitanism)등에 반대되는 개념이기도 하다. 민주주의, 국제주의와 연결된 진보적인 민족주의와 전체주의, 배타주의, 쇼비니즘(chauvinism)의 특색을 지닌 민족주의도 있다. 후자의 경우는 대체로 국수주의의 성격을 갖고 있다. 18세기 후반과 19세기에 국민국가의 형성을 내세우면서 전개된 민족주의가 전자의 경우라면, 자국의 특권과 세력을 유지하고 확장하는 것을 중시하면서 공격적이고 침략적인 성격을 나타내었던 1차 대전 후의 독일, 일본, 이탈리아 등의 민족주의는 후자에 속한다. 특히 후자의 경우는 전쟁과 식민지배의 결과를 초래하게 됨으로 해서 국제적 갈등을 일으켰던 역사적 경험을 갖고 있다. 민족주의에 대한 강조는 자민족의 문화와 전통을 가치롭게 여기게 하였으며 민족교육을 중시하게 되었다. 특히 민족주의는 국민교육 제도의 발달에 큰 영향을 미쳤다. (출처: 교육학용어사전. 서울대학교 교육연구소,pp.272-273)

이러한 복잡하고 다중언어적인 맥락에서, 실용성은 이러한 교육 전달을 뒷받침하는데 기여한다. 수년 동안 다양한 언어들로 이루어진 교육 자료(teaching materials)를 제작하려는 시도가 있었다. 이들은 일반적으로 광범위하게 분포되었지만, 항상 적절히 평가되지는 않았다(Theiler, op. cit.). 결과적으로, 특별한 EU 학교 교재들은 교사들에게 언제나 적절하게 여겨지지 않았고(Savvides, 2006b), 교사들은 자신들의 교육 자료들을 개발했다. 이는 다른 국적을 가진 EU 학교의 교사들 간의 협업이 결핍되는 상황으로 이어졌고, 결국 일부 교사들에게는 직업 정체성의 형태가 다소 원자화되는 상황으로 이어졌다(Savvides, 2006b). 이와 유사하게, 학생 정체성 또한 다소 원자화될 수 있다. 때때로 다른 언어로 말하려고 하는 학생들에 대해 전폭적인 인정이 있는 것은 분명하지만, 이것이 자동적으로 높은 수준의 비원어민 역량이나 깊은 통합으로 이어지지는 않는다. 이는 EU 학교 내의 언어 지도 교육학이 항상 충분히 잘 구성되어 있는 것은 아니기 때문이다(Baetens Beardsmore and Kohls, 1988). 이는 일부 학생들의 추가 언어에 대한 언어 능력의 한계로 이어질 수 있는데, 이는 학생들이 해당 언어를 '그럭저럭'(get by) 말하기에는 충분하지만 훨씬 더 수준있게 해당 언어를 구사하기는 어려운 경우이다(Shore and Baratier, 2005).

또 다른 EU 학교의 독특한 문제는, 다양한 언어가 환영받지만 '미니 스쿨(mini schools)'(Bulwer, 1995)이라 불리우는 언어 영역들의 존재 때문에 통합 측면에서 학생들에게 사회 문화적 요구가 상대적으로 적게 요구된다는 것이다. 국제적인 화합을 촉진한다고 해서 기존의 구조를 전혀 가치 없는 것으로 치부하는 것은 매우 잘못된 일일 것이라는 의견도 있다. 바텐스 비어즈모어와 콜스(Batens Beardsmore and Kohls, op. cit.)는 학생들이 시스템에 충분한 시간동안 머문다면, 중등 교육이 끝날 때쯤, 우정은 초국가적으로 형성되고 인종차별은 드물게 발생한다는 것을 발견했다. 비슷하게, 사비데스(Savvides, 2006b, op. cit.)도, 비록 후속 연구를 통해 학교 여행에서 국적에 따른 그룹화 등과 같은 일부 원자화의 증거들(Savvides, 2008)이 드러났음을 보고하긴 했지만, 2006년 연구에서는 EU 학교가 하나의 큰 학교 안에서 운영되는 여러개의 학교처럼 보이지만, '유럽시간 (European Hours)' 조항이 통합에 도움된다는 것을 발견했다.

요약하자면, 따라서, 우리는 EU 학교 내에서 다양한 형태들의 사회적 분류가 일어나고 있으며, 동일한 제도를 가진 기관 아래에서 다양한 정체성들이 공존하고 있다는 것을 볼 수 있다.

아이들의 경험은 그들의 나이, 국적, 그리고 이전의 사회적 배경들에 따라 크게 다르다. 비슷하게 교사 정체성은 개별 교육자들의 전문적 실천을 규정하는 전통에 따라 매우 다를 수 있다. 이 분야의 학문적 연구 대다수는 한 교사나 학생이 EU 학교 시스템의 전통과 가치에 얼마나 잘 부합하고 그 안에서 크게 성장하는 일종의 '이상형'(ideal type - 전문 사회학적 용어로 표현하자면)의 개념에 얼마나 가까운지 EU 학교 시스템내에서 보낸 기간을 통해 나타난다고 한다. 그러나 EU 학교 구조 안에 내재된 국가적 그리고 문화적 다양성은 이상형을 정의하는 것을 다소 문제시하기보다는 보다 분명하게 만든다. 그렇긴 하지만, 다음 섹션에서 우리는 시민권이라는 렌즈를 통해 이를 문제시하는 노력을 시도한다.

시민권의 형태

'라이트쿨투르(Leitkultur)'(Pomerantsev, 2016)라고 묘사된 것의 상실, 즉 다른 말로, 문화 전달 대세 모델의 부재로 인해, EU 학교의 시민권은 소속 혹은 민족주의와 같은 단순한 지표에 의존할 수 없다. 예를 들어, 미국의 어린이들이 US 국기에 하는 방식과 같이, EU 학교 내에서 매일 EU 국기에 충성을 맹세한다면, 이는 부적절하다고 여겨질 수 있다. 비슷하게, 유럽의 국가제창은 날마다의 학교 교육 내용에 포함되어 있지 않은데, 제대로 연주하려면 예상컨데 완전한 오케스트라와 4부 합창단이 필요하기 때문일 것이다. 하나의 우세한 단일 문화는 없다. 우리가 응집력 있는 단일 문화대신 보는 것은 같은 사회적 그룹의 다양한 수준 내에서 드러나는 여러 형태의 사회적 파편화이다(Hass, op. cit.). 이는 우리가 이전에 논의한 바와 같이 다양한 EU 학교들의 영어 섹션들에 비영어원어민 학생들을 참여시키는 추세에서 보여졌듯이, 부분적으로는 학생들과 그들의 부모들간의 엘리트 이중 언어 주의 관행 때문이다. 여기에서 우리는 능동적인 선택으로서 언어학습은, 조심스럽게 제3 문화의 아이들(third culture kids, 원저자 강조)이라는 개념으로 이어진다는 것을 볼 수 있는데(Fail, 2007), 이들의 국제적인 정체성은 어린 시절 다른 나라에서 자란 결과이다.

이곳의 교육 시스템 내에서의 시민권과 사회 계층 간에는 추가적인 상호작용이 있다. 이는 개인이 학교에 더 지엽적인 집단적 측면과 함께 센터에 있는(이 경우 개인화된 시간표와 그것만의 특별한 교육 준비와 함께)비교적 특권 모델이다.

이것은 순전히 이와 같은 복잡성을 가지고 있고 어느 정도의 동등성과 효율성을 갖추지 못한, 시스템을 관리하기 위해 필요한 실용적인 준비의 결과이다. 그러나 이와 같은 비교적 개인주의적인 모델은 특권층만이 누릴 수 있는 어떤 그들만의 독점을 촉진하며, 그 부산물은 상위 중등 수준에서 특정 유형의 학생들을 걸러내는 경향을 통해 보았듯이, 엘리트의 발달일 것이다(Swan, 1996). 이러한 걸러내기 과정에는 그 만의 고유한 복잡성이 있다.

학생들이 18세가 되면 마주하게 되는, 광범위하게 설정된 EU 바칼로레아는 근본적으로 독일 아비투어(Abitur[70], 원저자 강조)시스템의 일부가 내재된 프랑스어

---

70   Abitur: 아비투어. 서독에서의 고등학교 졸업시험인 동시에 대학입학 자격시험을 말함. 대학입학 자격은 각 연방의 문교부가 고등학교(Gymnasium) 최고 학년생에게 과하는 아비투어의 합격에 의하여 부여된다. 시험은 필기와 구술로 나뉘어지며, 필기시험의 과목은 국어, 수학 및 기타 2과목이다. 기타 2과목은 김나지움의 코스에 따라서 다르며, 고전어 코스의 경우는 라틴어와 그리스어 또는 프랑스어이고 근대어 코스는 현대외국어 2과목, 이과 코스의 경우는 물리와 현대외국어 1과목이다. 구술시험은 필기시험의 4과목과 사회 및 교육행정 당국이 정하는 기타 과목으로 되어 있다. 아비투어에 합격한 자는 원칙적으로 자기가 지망하는 대학에 입학할 수 있다. (출처: 교육학용어사전. 서울대학교 교육연구소,p.446)

모델(Francophone model/그 이름은 여기에서 유래했다)을 중심으로 설계되었으며, 조기 전문화와 선택에 더 초점을 맞추고 있는 영국의 A레벨 시험과는 거리가 멀다. 이 시스템은 매우 학문적인 것으로, 비록 한 번의 시도는 있었던 것으로 보여지긴 하지만, 대개의 경우 직업적인 과정을 제공하지 않는다(Majoram and Williams, 1977). 현존하는 기술적, 직업적 조항은 매우 제한적이며 1969년에 명시되었다. 그것은 ▪(소분류 1) 기하학 소묘, 기술의 개념들, 수공예, ▪(소분류 2) 회계 및 상업적 연산, 타자, 속기 및 상업 서신, ▪(소분류 3) 육아, 가정 과학 및 미술을 포함한다. 이것들은 기간이 짧은 비학문 과정을 나타내며, 규정상 여전히 허용되지만, EU 학교에서는 더 이상 제공되지 않고, 직업 프로그램도 전혀 남아있지 않은 것으로 보인다. 이러한 엘리트 학문 모델에 맞지 않는 아이들은 고프만(Goffman, 1963)이 묘사한 실질적으로 주류에 의해 거부당하고 다른 곳에서 교육을 받기 위해 떠나는 '버려진 정체성'(spoiled identity)을 가진 것으로 여겨진다.

그러므로 우리는 EU 학교 시스템 내에서 시민권 문제가 굉장히 복잡하다고 생각하는데, 그것이 바로 이러한 학교들이 필요한 중요한 지표이다. 학생들은 사실상 일시적인 이주자 상태이며, 한 국가 차원에서는 제공하기 어려운 이동 시스템을 다양한 EU 국가들을 통해 제공받고 있다(Olsen, 2000). 따라서, EU 학교들에 대한 지속적인 필요성이 있을 것이라는 최초 설립자들의 생각은 정확했다. 하지만 학생들과 교사들의 정체성 형성은 근본적으로 유럽의 정체성이라기보다는 EU 학교들의 정체성에 더 가깝다.

설립자들의 선한 의도에도 불구하고, 교육과정이 다중 언어로 가르쳐지고 있다고 해서 유럽의 차원이 자연적으로, 자동적으로 발전했다고 가정을 하는 것은 잘못된 일일 것이다.

이는 관련된 여러 문제들을 불러일으킨다. 일부 교사들은 언어엔 집중되어 있지만, 교과 내용에 대해서는 안일해져 있다고 우려한다(예를 들어, 역사나 지리 교육과정에서). 그들은 또한 언어 영역들 간 여러 파벌들의 성장에 대한 우려와 함께 유럽 중심적 정체성이 진정으로 국제적인 정체성을 희생해서야만 가능한 것인지에 대해서도 우려를 표명했다(Savvides, 2006b,c). 사비데스(Savvides, 2008:8)가 주장하는 것처럼, 진정한 유럽 정체성을 발전시키는 것은 달성하기 어려운 것일 수도 있으며, 이는 1988년 교육부 장관 회의에서 유럽 정체성을 정의하려는 시도로 이어졌다. 푸레디(Furedi, 2012:9)가 설명하듯이, "그것은 사람들이 자신들 스스로에 대해 생각하게 하거나 유럽인으로서 인식하게 하는 것보다 유럽 연합을 만드는 것이 훨씬 더 쉽다는 것을 증명한다". 이러한 모호함은 전체 유럽 정체성의 개념이 명확성의 결여로 인해 대다수의 EU 학교들의 역사 속에서 고통을 받아왔다는 것을 의미한다. EU 학교들의 정체성의 뿌리는 유럽 정체성과는 다른 유형의 분류와 틀에 존재하고 있을 수도 있다는 것이다. 오슬러와 스타키(Osler and Starkey, 2005:23)는 "세계 시민권(cosmopolitan citizenship)"이라는 생각 대신, "그들이 어디에 있든지 같은 인간들과 연대하는 감정들을 기반으로" 해야 한다고 이야기하며, 그것이 바로 스스로의 권리를 가진 유럽인의 정체성 보다는, 우리가 EU 학교에서 볼 수 있는 것일지도 모른다. 이것은 국제적인 협력의 가능성을 가져오지만, 동시에 잠재적인 부담도 동반한다. 한 학생의 말을 빌리자면: "EU 학교는 여러 국적들을 통합하려고 했지만, 내가 갔던 모든 나라에서 통합되는 것을 막았다"(Pomerantsev, op. cit.). 이것이 EU 학교들만의 특별한 특징인지, 아니면 국제 학교들과 연관된 더 광범위한 문제인지는 좀 더 고민해 볼 필요가 있다.

이 장은 EU 학교들이 통합되고 번영하는 유럽을 반영했는지에 대한 질문으로 시작되었다. 분명한 것은 이 질문에 대한 어떠한 대답도 매우 복잡하다는 것이다. EU 학교 시스템의 이념은 독일, 프랑스, 이탈리아, 네덜란드, 벨기에, 그리고 룩셈부르크와 같이, 오늘날보다 훨씬 적은 수의 국가들이 참여하는 상당히 제한된 유럽 프로젝트에 그 기원을 두고 있다.

현재[71]의 28개 회원국으로의 확장은, 특히 1993년 마스트리히트 조약으로 거슬러 올라가 그 때 만들어진 주요 정책의 변화에 비추어 볼 때, 시간이 지남에 따라 학교 시스템이 더 복잡해지고 분열되는데 영향을 끼쳤다. 이것은 EU 학교 시스템이 각 EU 학교가 위치하고 있는 국가의 시스템으로부터는 별개로 남아있지만, 유럽이 현재 겪고 있는 정치적인 긴장이 EU 학교 시스템의 운영에 반영되기 시작했다는 것을 의미한다.

여기에는 여러 가지 측면이 있으며, 이에 대해 우리는 EU 학교 시스템이 여러 전선에서 대응하고 있는 것을 볼 수 있다. 그것이 일상적으로 채택하는 실용적이고 다중 언어적인 교육적 접근은 동유럽의 확장에 의해 도전받고 있는데, 많은 학생들이 영어 언어 수업 제공을 늘려줄 것을 요구하는 것은 물론 특정 수준까지의 추가적인 프랑스어 교육에 대한 요구가 증가되고 있기 때문이다. 이해관계자들과 비평가들의 점점 더 복잡해지는 관계망은, 특히 예를 들어 영국 출신의 파견 교사들과 관련하여, 운영의 기본과 자원 기반에 대한 재협상을 시도하고 있다. 입학 정책들은 비록 인가된 학교를 증가시킴으로써 개선되어 왔음에도 불구하고, 비난을 받아왔다. 이 모든 것은 시스템의 끊임없는 유동성을 나타낸다. 하지만, 이 안에서 우리는 새로운 형태의 시민권의 출현을 볼 수 있다. 이것들은 EU 학교 시스템 그 자체를 넘어선 좀 더 세계화되고 국제적인 통합 모델의 가능성을 나타낸다. 이러한 방식으로, EU 학교들은 잠재적으로 대개 영국이나 미국의 시스템에 기반한 표준 국제 학교 교육 모델에 대한 실행 가능한 대안과 단일 국가 교육 모델에 대한 과제를 잠재적으로 제공한다. 이는 1993년 이후 현실화된 세계 지식경제(a global knowledge economy)와 마스트리히트 조약에 기반하고 있다. 만약 EU 학교들이 순전히 언어, 그리고 시민권의 영역을 넘어선 적절한 수준의 사회적 포용 수준을 보장하고, 민족 국가를 넘어 현대 정치 생활의 유동적인 경계를 반영하

---

71   2016년 당시. 현재 영국은 유럽연합에서 탈퇴했다.

면서 미래에 적응할 수 있다면, 훨씬 더 통합된 형태의 유럽 교육이 존재할 가능성이 있다. 하지만, 이러한 형태의 학교 교육은 바로 그 영역 너머에 있는 사람들에게도 적절한 것으로 보여지는 방법을 찾아야 할 필요가 있기 때문에, 국가적, 그리고 사회적 경계 모두를 확신을 가지고 넘어설 수 있을 때에만 실현될 것이다. 다음 장에서는 EU 바칼로레아와 최종 평가의 개념을 살펴볼 것이다.

5
교육된, 그리고 준비된
: 평가체계 개혁[72]

EU 학교 시스템의 학생들은 시스템의 시작 이후 유럽 바칼로레아의 평가를 받았다. 바칼로레아(Baccalauréat)라는 용어는 전 세계의 다른 교육시스템에서 다양한 방식들로 사용된다. 캐나다와 벨기에에서는 프랑스어권 대학의 학사 학위를 나타내는 데 사용된다. 프랑스에서는 프랑스의 국립학교(lycée)졸업장을 의미하며, 이는 영국의 A레벨[73] 자격과 동등하다. 영어 바칼로레아(English Baccalaureate)는 잉글랜드, 웨일즈, 그리고 북아일랜드의 중등학교 학생들의 학업 성적을 평가하는 척도이다. 웨일즈에서는 대학 입학전 자격이기도 하다. 스페인에서는 중등 이후 교육의 특정한 형태를 가리킨다. 국제 바칼로레아(International Baccalaureate/IB) 디플로마는 16세부터 19세까지의 학생들을 위한 교육과정으로서, 4개의 국제 바칼로레아 프로그램 중 가장 오래되고 중요한 과정이다. 미국에서 바칼로레아는 교사 혹은 교사단체가 졸업반에게 보내는 고별졸업훈사이다.

이 중 가장 오래된 것은 프랑스 바칼로레아(French Baccalauréat)로, 고등학교 과정 마지막에 프랑스 학생들이 취득하게 되는 학문적 자격이다. 따라서 프랑스에서 이것은 특별히 18세의 학생들에게 의무교육기간의 종료를 알리며, 교육의 다음 단계로의 접근을 의미한다.

그것은 1808년 나폴레옹 1세(Napoleon I)에 의해 소개되었다. 국제 바칼로레아

72　© 저자(들) 2018
산드라 리톤 그레이 외., 유럽학교의 교육과정 개혁, http://doi.org/10.1007/978-3-319-71464-6_5
73　A-level: 고등학교와 대학 입학 사이의 1년의 기간. 우리나라 대학교 1학년과 같음.

(IB)와 같은 다른 형태들의 바칼로레아가 있지만, 바칼로레아 자체는 본래 프랑스에서 개발되었다. 가장 중요한 특징은 하나의 교과로 수여될 수 없다는 것이다.

프랑스에는 ①일반 바칼로레아(the Baccalauréat Général), ②전문 바칼로레아(the Baccalauréat Professionnel), 그리고 ③과학기술 바칼로레아(the Baccalauréat Technologies)의 세 가지 주요 유형의 바칼로레아가 있다. 일부 프랑스 대학에서는 학생이 제시할 수 있는 바칼로레아의 유형에 대한 제한이 있으며, 그 자체가 특정, 혹은 모든 프랑스 대학에 자동적으로 입학할 수 있는 권리를 수여하는 것은 아니다. 일반 바칼로레아 과정에 등록한 학생들은 국립고등학교(lycée) 2학년 때 세 개의 세부 과정 중 하나를 선택해야 한다. 각각의 세부 과정들은 다른 세부과정들 보다 하나의 전문성을 우선시하지만, 이것이 다른 세부 과정에 있는 교과들에 대한 공부를 완전히 포기한다는 것을 의미하지는 않는다. 각 세부 과정은 따라서 각 교과에 대해 다른 가중치(계수)를 부여한다.

과학 세부 과정(The Série Scientifique)은 의학, 공학, 자연과학 분야에서 일하기를 희망하는 학생들을 위해 특별히 고안되었다. 이 학생들은 수학, 물리와 화학, 컴퓨터 과학 혹은 지구 및 생명 과학에 특화되어야 한다. 경제 및 사회 세부 과정(The Série Économique et Sociale)은 사회과학, 경영학 및 사업 행정, 그리고 경제학 관련 직업을 갖고자 하는 학생들을 위해 고안되었다. 가장 가중치가 높은 과목들은 경제학과 사회과학이며 이들은 본 세부 과정에서만 제공된다. 문학 세부 과정(The Série littéraire)은 공공서비스에서 학생들이 경력을 쌓을 수 있도록 준비한다. 본 세부과정에서 가장 중요한 교과들은 철학, 현대 프랑스어와 문학, 그리고 다른 현대 외국어들이다.

만약 학생이 직업계 국립고등학교(vocational lycée)의 학생이라면, 그들은 전문과정수료증(Certificate d'Aptitude Professionelle/CAP)과 전문연구자격증(the Brevet d'Etudes Professionelles/BEP)둘 중 하나를 준비할 수 있다. 그들은 또한 직무 및 예술 자격증(Bravet des métiers/d'art/BTM or BMA)혹은 평점

보충(Mention Complementaire/MC)을 공부할 수 있다. 전문연구자격증(BEP)은 전문과정수료증(CAP)보다 좀 더 이론적인 것으로 간주되며, 일부의 학생들은 이들의 첫번째를 완료한 후 전문학사학위(Baccalauréat Professionnel)와 같은 직업 바칼로레아 과정으로 옮겨간다.

과학 기술 바칼로레아는 1968년 도입되었으며, 세 가지 세부 과정으로 구성되었다. 첫 번째 세부 과정은 엔지니어링, 물리학, 화학, 생물학, 의료과학 및 미세기술 과학이 포함된다. 두 번째 세부 과정은 사업 행정, 경영, 그리고 상업적 컴퓨터 기술 과학이 포함된다. 세 번째 세부 과정은 응용 예술, 컴퓨터 기술, 그리고 음악과 춤의 기술이 포함된다. 1992년 개혁에서는 이를 ▪ 산업 과학과 기술, ▪ 과학과 기술 연구 작업, ▪ 제3 과학 및 기술, ▪ 의료 사회 과학 및 응대(hospitality)등으로 확대하였다. 2011년 개혁의 결과로, 과학 기술 과정에는 현재 여덟 개의 세부 과정들이 존재한다.

대다수의 바칼로레아 시험은 매해 6월에 치러진다. 국립고등학교 학생들의 경우, 이는 마지막 해의 마지막 관문이다. 이러한 시험들의 대다수는 논술 형식이다. 학생들은 주제를 중심으로 다양한 주장들을 펼치고, 필기 시험을 완성하는데 상당한 시간이 부여된다(시험에 따라두 시간에서 다섯 시간까지). 수학과 과학 시험들은 짧은 논술과 더불어, 문제 풀이까지 포함한다. 외국어 시험을 치르는 학생들은 또한 주어진 글을 번역할 수 있어야 한다. 수학 및 생명과학에서는, 선다형 질문(questionnaire á choix)이 일반적으로 출제된다. 모든 바칼로레아 학생들은 개인주제 틀(the travaux personnels encadrés)이라는 짧은 연구프로젝트를 완료해야 한다. 이들은 모두 공식적인 시험들로, 통제된 시험 조건하에 시행된다. 평가자들의 공정한 평가를 더 확실히 하기 위해 시험을 익명으로 실시함으로, 성별, 종교, 국적 및 인종에 따른 편애로 인해 발생하는 채점 편향(marking bias)을 제거한다.

바칼로레아 아이디어의 기반이 되는 원칙들은 폭넓음, 포괄성, 문화적 성숙성,

교육과정 통합을 통해 교과 과목들 사이의 경계가 약화되는 것을 허용하고, 보다 원만하고 일반적인 교육을 통해 전문화에 대한 수요의 균형을 맞추는 것이다. 우리가 언급했듯이, 이는 단일 교과로는 제공될 수 없다. 따라서 모든 학생들은 물론 일부 교과들을 다른 교과들 보다 더 깊이 있게 공부하겠지만, 교육과정에 있는 모든 교과들을 공부해야 한다. 적어도 이론상으로는, 바칼로레아는 독특하게 차후의 삶과 행동들을 규정하는 틀로 작용할 수 있는 형태[74](gestalt/원래의 뜻으로 본 용어를 사용)를 제공할 수 있다. 학생들은 개별적이고 문화적으로 성숙 혹은 형성의 결과로 된사람[75]으로 성장한다.

EU 바칼로레아

EU 학교들 혹은 이사회에 의해 인가된 학교 학생들은 EU 바칼로레아 과정을 통해 시스템의 학교교육 종료 평가를 받기에, 이 용어를 사용한다는 것은 (EU 학교의 경우에는 S6과 S7의 2년 과정) 유럽 연합에서 통용되는 상이자, 시험이며, 교육프로그램을 의미하는 것으로, 학생들이 지난 2년 동안 배워온 교육과정의 지식, 기술, 그리고 성향적 요소들을 평가하기 위해 설계되었다. 우리가 2장과 3장에서 본 바와 같이, 유럽 바칼로레아 과정은 광범위한 다언어 교과기반 교육과정으로서, 학생들은 통합된 언어, 인문 그리고 과학적 교과들을 의무적으로 들어야 하며, 많은 경우 이러한 교과들은 두 개 이상의 언어로 가르쳐진다.

---

74   Gestalt: 형태. 보통 형태로 번역되고 있으나 원자론(atomism)에 반대하는 전체론 (holism)의 입장에서의 조직된 전체라는 뜻이다. 이러한 전체는 부분들의 단순한 산술적 총합이 아니라 그 이상의 것이며 부분들은 이 전체의 관계 속에서만 의미를 갖게 된다. Gestalt theory(형태심리학). 의식의 내용을 원자적인 요소들로 분석하여 그것들이 연합되는 법칙을 밝히려고 했던 분트 학파의 연합주의(associationism)에 반대하여, 의식의 활동성과 지각의 전체성을 강조한 심리학파. 19세기 말엽 오스트리아와 남부 독일에서 비롯되었다. (출처: 교육학용어사전. 서울대학교 교육연구소,p.801)
75   된사람(성숙한 사람), 난사람(잘난사람)

핵심 교육과정은 다음과 같이 ①최소 두 개의 언어교과(주요 언어와 다른 언어), ②수학, 3시수/주 혹은 5 시수/주, ③과학교과 하나 혹은 생물학 2시수/주 혹은 다른 4시수 구성의 과학교과 혹은 생물학, 화학 혹은 물리학, ④주요 언어가 아닌 다른 언어 혹은 프랑스어, 영어, 독일어 중에서 하나로 가르치는 역사와 지리, 2시수/주 혹은 4시수/주, ⑤철학, 2시수/주 혹은 4시수/주, ⑥체육교육, 그리고 ⑦윤리와 종교로 구성된다. 이러한 핵심 교과에 더하여, 학생들은 다양한 선택지에서 선택을 해야 하며, 이는 최소 주당 31시간 혹은 35시간의 수업을 수강하는 상당한 양에 이른다.

응시자들은 세 번의 구술시험(L1, L2 혹은 역사, 지리 혹은 경제학처럼 L2로 가르치는 교과들)을 치르게 된다. 따라서, 응시자들은 최소한 두 개의 언어로 필기 및 구술 능력을 입증할 것이 요구된다. 그들은 또한 언어1 혹은 고급 언어1, 언어2 혹은 고급 언어2, 수학(5시수) 혹은 수학(3시수), 선택 I (4시수) 그리고 선택 II (4시수)의 다섯 번의 필기시험을 치르게 된다. 유럽 바칼로레아를 수여를 위해 100점 만점 중 평균 예비점수(C), 100점 만점 중 평균 필기시험 점수(W), 그리고 100점 만점 중 평균 구술시험점수(O)의 세 가지 요인들을 고려한다.

각 부분에 배점되는 최종시험 총점 비율은 평균예비점수C 50%, 평균필기시험점수W 35%, 그리고 평균구술시험점수O 15%로 다양한 영역에 걸쳐 할당된다. 최종결과는 0.50C+0.35W+0.15O이다.

예비점수는 교실점수(A점수)와 시험점수(B점수)로 구성된다. 교실점수는 예비점수(C점수) 계산을 위한 것으로, 50점 만점에 20점을 부여한다. 교실점수(A점수)는 종교/윤리를 제외하고 7학년(S7)에서 수강한 각 교과들에 부여된다. 시험점수(B점수)는 50점 만점 중 30점을 차지하며, 예비점수(C점수)를 계산하기 위한 목적이다. 종교/윤리를 제외하고, 시험 결과에 따라 교실점수(A점수)는 모든 교과들에 부여된다. 필수교과들(체육 교육과 종교/윤리를 제외하고), 선택교과 및 상급교과들은 필기 및 구술시험의 대상이 될 수 있다.

각 시험은 S7과정 교과들과 일치하도록 전체 교수요목을 아우르지만, 이전 학년에서 습득한 역량들(지식, 기술, 및 성향), 특히 S6도, 평가하도록 설계되었다. 필기시험과 구술시험 모두에 부여되는 점수는 이중 조정의 대상이며 응시자의 교사들과 외부 심사자들 모두에 의해 평가되고 이중 조정의 대상이 된다. 최종 점수는 심사자 두 명의 평균점수이다. 2점 이상의 점수차이가 발생하는 경우, 세 번째 외부심사자가 초빙되고 이 심사자는 이전 평가의 기준을 철두철미하게 분석하고 이전 두 명의 심사자들이 부여한 최고점과 최저점 사이에서 최종 점수를 결정한다.

EU 바칼로레아 과정 평가는 절대기준(creterion-referenced)이다. 평가의 규범기준시스템(norm-referenced)은 덜 선호되지만, 절대기준시스템은 그러한 문제가 없다. 운전면허시험처럼 합격-불합격과 같은 단순한 시스템은 다중 수준으로 복잡하게 구성된 EU 바칼로레아와 같은 시스템들보다 운용하기가 쉽다. 운전 숙련도 시연을 평가하기 위한 기준들을 식별하는 것은 비교적 쉽지만, 정밀하게 다양한 수준의 범위와 연계되어 있는 학교교육과정과 같은 학습 기준을 식별하는 것은 더 어렵다. 또한, 절대기준시스템은 기술의 논리적 계층구조와 학생들을 지도하기 위한 적절히 발전적인 내용들을 융합한다. 다양한 수준들에 대한 적절한 기준을 확립하는것은 평균적인 학생에 대한 개념을 포함하는데, 이는 항상 결정하기 어렵다.

학생들의 성취 수준은 주어진 교수요목(우리가 여기에서 다루고 있는 EU 바칼로레아의 경우)에서 정의하고 있는 요구 역량들 및 학습 목표와 관련하여 측정한다. EU 바칼로레아 조사관들은 또한 구술과 필기시험 기준에 대한 평가와 채점 지침들을 제공한다.

평가는 학생들이 따르고 있는 교육 프로그램들과 좀 더 혹은 덜 통합될 수 있다. 일부 종류의 평가들(예를 들어, 아이큐 검사와 같은)은 학생들의 학습(혹은 교육 프로그램의 결과들)을 측정하기 위해 설계된 것이 아니고, 지성과 같이 학생에게 내재되어 있다고 추정되는 것의 질을 측정하는 것과 관련이 있다. 연속체의 통합

끝에 배치되는 평가는 공식적이기 보다는 비공식적이고, 총괄적이라기보다는 형성적이며, 생산지향이라기 보다는 과정지향적이고, 대개의 경우 학습 프로그램 마지막 한 순간의 결정이라기보다는 빈번하거나 지속적일 가능성이 높다. EU 바칼로레아는 교육 프로그램들과 더 잘 통합되기 때문에, 다양한 교육과정 설계자들에게 더 넓은 관점을 제공한다.

EU 바칼로레아의 평가는 형성적이면서 동시에 총괄적이도록 의도되었다. 형성평가(formative assessment[76])는 학습의 과정에 초점을 맞추고, A점수(교실점수)에 반영된다. A점수(교실점수)는 한 교과에서 학생들의 ▪ 다양한 과제들과 교실에서의 집중도와 관심도, ▪ 학생의 능동적인 참여와 수업내 개입의 질, ▪ 교실과 가정에서 수행하는 과제의 규칙성과 일관성, ▪ 교과에 대해 얼마나 긍정적인 자세를 취하고 있는지, ▪ 진취성, 독립성, 자율성을 보이는지, 그리고 ▪ 그들이 만들어내고 있는 진전도 등과 같은 다양한 측면들로 이루어진 일상적인 수행의 결과를 드러낸다. 이러한 형태가 형성평가의 주요초점이고, 이는 학습 경험과 역량의 평가라기보다는 규제적인 장치(예를 들어, 사람의 태도를 조절하는 것)로 생각될 수 있다.

76　Formative evaluation: 형성적 평가. 일련의 유목적적 활동의 진행과정에서, 그 활동의 부분적 수정·개선·보완의 필요성에 관련된 정보를 얻기 위하여 실시되는 평가활동. 당초에는 교육과정이나 교육 프로그램의 개발이나 편성과 관련하여 개발 과정에 있는(개발이 완전히 끝나지 않은 상태에 있는) 프로그램의 난이도나 효과 등을 수시로 점검함으로써, 그 프로그램의 부분적인 수정이나 소규모의 보완의 필요성 등에 관한 판단자료를 얻게 되는 활동을 가리켰다. 그러나 그 후에 크게 확충되어, 학교의 수업과정에 있어서의 학습효과 향상을 위한 중간적인 평가활동에도 적용되게 되었다. 즉, 일련의 교육활동, 예컨대 한 단원·학기·학년 등에 걸친 수업과정이 전개되고 있는 도중에, 학생들을 위해서는 ①각자의 학습진도의 조절, ②학습곤란이나 잘못된 학습의 진단, ③학습에 대한 피드백(feedback)등의 목적으로, 교사를 위해서는 ①수업진도의 조절, ②교정지도나 보충지도의 필요성의 확인, ③수업방법에 대한 피드백 등의 목적으로 실시되는 비교적 비공식적이며 학생들의 회종 성적의 판전과는 무관한 평가활동도 형성적 평가의 개념으로 통칭되고 있다. 이런 관점에서 형성적 평가는 총괄적 평가와 크게 대조된다. (출처: 교육학용어사전. 서울대학교 교육연구소,pp.798-799)

총괄평가(Summative assessment[77])는 지도가 끝나는 시점에 이루어지며, 주어진 기간 동안의 한 학생의 성과를 반영한다. 이러한 바칼로레아 시험들은 학생들의 다양한 교과 범위 내에서 성취한 역량을 평가하기 위해 오랜 시간동안 설계되었다.

이러한 평가들은 표준화된 물리적 조건(공간의 배치, 특정한 형식의 사용, 시험 감독 과정 등과 관련하여)과 시간 통제하에서 이루어진다. 형성적 평가 방식은 교육 과정 그 자체와 가장 긴밀하게 관련되어 있지만, 가장 가시적이고 공식적인 총괄적 평가들의 결과이다. 평가의 형성적인 측면들은 학습자들이 특정 과제들을 완수하는 방법에 대한 정보를 교사들에게 제공한다. 제공된 정보는 교육 과정에 즉각적인 정보를 제공하기 위한 것이므로, 초점은 학생들이 어떻게 이러한 과제들을 다루는지, 그리고 어떻게 주어진 문제들을 해결해 나가는지에 관한 것이다. 형성적 평가 과정에서 평가환경은 표준화 될 필요가 없다.

총괄평가는 학생들이 교육과정의 특정 요소들을 완전히 익혔는지 여부를 결정하는 것과 관련이 있다. 총괄평가는 신뢰할 수 있고 정당한 것을 목표로 하며, 비교가 가능하도록 하기 위해 맥락의 동질성이 중요하다고 여겨진다. 총괄평가는 잠재적으로 유기적인 교수 및 학습 과정에서 교수를 중단하고 평가에 온전히 집중하기로 결정한 시점을 의미한다. 이러한 종류의 평가를 시행하는 가장 중요한 단계는,

---

77 Summative assessment: 총괄적 평가. 일련의 유목적적 활동이 종결되었을 때, 그 활동의 효율성이나 그 활동의 결과로서 산출된 성과에 대하여 종합적인 가치판단을 하는 행위. 이 개념은, 당초에는 교육과정이나 교육 프로그램의 개발이나 편성과 관련하여, 일단 개발 완료된 교육 프로그램의 효율성과 질 등을 종합적으로 평가함으로써, 그 프로그램의 채택 여부, 전반적인 수정의 필요 등에 관한 판단자료를 얻게 되는 활동을 가리켰다. 그러나 그 후에 크게 확충되어 학교의 수업과정이나 장기간에 걸친 교육활동의 성과에 대한 평가에도 적용된다. 즉, 일련의 교육활동, 예컨대 한 단원·학기·학년·교과목 등이 걸친 수업과정이 끝났을 때, 학생의 최종 성적의 판정, 학생의 분류·선발·배치 등의 목적으로 실시되는 종합적인 평가활동도 총괄적 평가의 개념 속에 포함된다. 이런 총괄적 평가의 예로서, 학기말 고사·학년말 고사·배치 고사·입학고사 등을 들 수 있다. 형성적 평가에 대비되는 개념이다. (출처: 교육학용어사전. 서울대학교 교육연구소, p.693)

우리가 EU 바칼로레아에서 보았듯이, 학습 목표들에서 떠오르는 요인들이 아닌 학년도 내에 사전에 결정된 시간 혹은 다른 관계자에게 보고를 하기 위한 필요조건과 같은 요인들로 결정되는 경우가 많다.

EU 바칼로레아 학위 소지자는 다른 중등 교육 이수자들과 동등한 권리와 혜택을 누리며, 여기에는 그들과 동등하게 유럽 연합의 제3차 교육기관 혹은 어떤 대학으로의 입학이 가능한 자격이 포함된다. 이 문제는 중요한 것이고, 우리는 6장에서 이와 관련된 내용을 더 심도있게 논의할 것이다.

2007년 이사회는 EU 바칼로레아에 대한 외부평가를 의뢰했는데, 평가의 목적은 EU 바칼로레아가 목적에 부합하는지, 질이 어떠한지, 회원국들에 의한 인식의 범위는 어떠한지, 그리고 EU 학교들의 외부에 있는 학생들에게 제공되기에도 적합할지를 규명하기 위한 것이었다. 이 보고서는 2008년에 접수되었으며, 비록 이것이 평가자들에게 다소 잘못 설명된 업무였다고는 하지만, 근본적인 교육과정의 검사와 원칙들의 평가를 희생하는 대신, 실제적이고 규범적인 이치와 바칼로레아의 내적, 외적인 관계들, 그리고 작은 수의 기술적인 이슈들에 초점을 맞춤으로 인해 구성방식을 적절히 설명하는데에는 실패했다.

케임브리지 평가는 EU 바칼로레아 교육과정에 일관성이 결여되었다거나, 극도의 부적절한 내용, 접근, 혹은 요구 등의 문제는 없다고 주장했다. 그러나 그들은 지리학의 경우 즉각적인 검토를 요한다고 감정했다. 이 검토는 2008년에 완료되었으며, 우리는 그 이후로 프로그램이 많이 변화되었다는 것을 상기할 필요가 있다. 그들은 나아가 상대적으로 제한된 범위의 교과들이 있다고 주장하고, 비즈니스 관련 그리고 응용 교과들, 비유럽 언어들, 드라마와 미디어 교육들을 교육과정에 포함할 가능성을 제시했다. 그들은 과학 교수요목들 관련해서는 탐구 기반 및 조사기술들 개발을 위한 더 강력하고 일관성이 있는 접근법이 확립되어야 한다고 제안했다.

EU 바칼로레아는 교사들이 수행하는 많은 양의 내부 평가를 포함한다. 그들은 이것이 잠재적인 강점이며 통합 학습과 평가 모델을 확립하고 그 타당성에 긍정적인 기여를 한다고 주장했다. 하지만, 그들의 제안에 따르면, EU 바칼로레아 교사들이 경험이 풍부하더라도 모든 교사들이 반드시 조기 소개 및 기준 연수를 받을 수 있도록 기회를 제공하는 것은 필수적인 것이었다. 공통 표준이 모든 과목에 적용되는 것으로 나타날 수 있는 정도는 과목 간, 시험관 간, 년도 간 검토 채점 시스템이 잘 정의되지 않은 최종 시험의 채점에서도 평가자에게 문제가 되었다.

그들은 프로그램에서의 실제 시간을 진술한다면 보다 큰 명료성을 얻을 수 있을 것이라고 제안했다. 프로그램의 다른 부분간 가중치 측면에서, 평가자들은 예비점수에서 내부 평가에 의해 부여된 가치들은 유지해야 한다는 견해를 가지고 있다. L1과 L2 구술시험과 관련된 필기시험의 개정된 가중치에 대한 그들의 제안은, 특별히 대학에서 과학, 의학, 그리고 공학과정을 준비하고 있는 학생들에게 언어 분야에 있어서 한 학생의 구술성과가 학생들의 전체적인 EU 바칼로레아 점수를 과대평가하는 것처럼 보인다고 주장했다. 그들은 이중 채점 관행이 검토되어야 한다고 제안했으며, 평가자들은 EU 바칼로레아 교육과정 개발자들에게 특히 디지털화된 평가서와 온라인 채점을 사용하는 '가상' 표준화 접근을 향해 나아가야 할 것을 촉구했다.

그들은 보고서에서 모든 시험들은 '높은 지분'을 가지고 있는 것으로 간주되어야 한다고 명백히 주장했다. 중등교육의 마지막을 알리고 대학 진출의 길을 여는 이러한 시험들은, 개개인들에게는 가장 중요한 것이고 평가 기관들에게는 엄격한 책임 기준을 부과하는 것이다. 마지막으로, 평가자들은 ISO9001인증이나 유럽언어테스터협회(the Association of Language Testers in Europe/ALTE)에 의해 개발된 품질 보증 절차와 같은 품질 모델을 채택하는 것이 가치있을 것이라고 판단했다. 그들은 EU 바칼로레아가 그것을 실행하기 위한 준비로서, 보다 행정지향적인 초점을 보완할 수 있을 자체 실천강령(own Code of Practice)의 설립도 고려할 것을 촉구했다. 이러한 제안들 중 일부는 EU 바칼로레아 교육과정 제작자들에 의해 받아들여졌지만, 그들 중 어느 것도 형성 목적과 부가 목적의 결합으로 야기된 근본적인 긴장과 어려움들, 수업활동의 빈약한 사용, 구술평가들을 둘러싼 혼란(평가는 교육과정의 일부 측면을 유효하게 평가할 수 있는 역량에 상응하는 것이어야 한다), 그리고 평가과정에 규제활동을 포함하는 것(현재 평가 방식에 표현된 바와 같이)은 다루지 않았다.

EU 바칼로레아 재편

2015년에 우리는 EU 바칼로레아에 대한 보고서를 작성했는데, 이는 EU학교의 중등 4,5,6,그리고 7학년(참조. Leaton-Gray et al., 2015)과정의 재편을 위한 제안에 대한 평가 형식으로 쓰여졌다. 연구의 목적은 현재의 상황과 비교하여 2차 연구(예를 들어 S4-S7수준, 참고로 현장에서 S1-S3 진행 형태와 교육과정 일관성을 고려할 것은 상급 중등과정 연구뿐만 아니라 기초 중급과정 연구에서도 요구된다)를 위해 제안된 새로운 구조의 영향을 설계하고 입증하는 것이었다. 그리고 우리는 ▪그 제안들이 어느 정도까지 협약에 명시된 원칙을 충족하는지, ▪유럽의 중등교육과 그 이상의 교육까지의 접근을 보장하는지, ▪이사회가 부여한 권한을 고려했는지, ▪현대 세계의 요구를 직면하고 있는 학생들의 요구를 고려했는지, ▪적절하고, 일관성있고, 포괄적인지, 그리고 시스템내의 학생들의 폭넓은 학습으로의 접근이 가능했는지, ▪교육과정 설계의 인정되고 논리적인 원칙들을 준수하는지, 그리고 ▪과정의 마지막 2년 동안 평생학습을 위한 8가지 핵심 역량을 위한 교육인 EU 바칼로레아로 이어지는 것이 보장되는지 밝혀내었다.

우리의 제안은 포괄적이고 생산적인 학습 환경 구축을 뒷받침하는 원칙들과 부합한다. 우리는 각 학생이 8개의 시험을 치를 수 있도록 바칼로레아 규칙이 개정되어야 한다고 제안했다. 이러한 시험들의 결정, 예를 들어, 구술, 수업활동, 그리고/혹은 에세이 형식의 필기 시험 등의 포함 여부 및 그들간의 관계 등은 아래에서 논의될 것이다. 우리는 시스템과 제도내의 자원상황이 가능한 한, 능력별 학급 편성(streaming), 환경(setting), 다중나이(multi-age), 다중등급(multi-grade)의 배치와 같은 차별적인 그룹화는 최소화되어야 한다고 제안했다. 종신 재직권의 상한선이 9년인 EU 학교 교사들, 그들의 임기가 종료되면서 조직적인 지식이 손실되었기 때문에, 가능한 한 이들과 다른 경로를 통해 현지에서 고용된(Chargé de Cours) 교사들로 대체하는 것이 우리의 가장 강력한 권고들 중 하나였다. 이것은 EU 학교 시스템과 다양한 기관들, 예를 들자면 학교들이, 그들의 조직적인 기억들을 반드시 유지하도록 하기 위한 것이었다. 이와 더불어, 우리는 지원자들이 언어와 의사소통(L1), 수학, 언어와 의사소통(L2), 인문학, 표현과 수행, 과학, 사회학, 선택1 그리고 선택2의 8개의 시험을 치룰 것을 제안했다. 선택1과 선택2 모두에서 학생들은 세부과정들 중 결정을 해야한다. 학생들은 이 과정에서 자신들의 세부과정에서 한 과목만 선택할 수 있도록 허용되어야 한다.

각 시험들은 수업활동, 실기, 구술 및 필기 시험의 네 가지의 요소로 구성되어야 한다. 여러 부분에 할당된 시험의 최종 총 점수는 결과적으로 교과영역의 교육과정의 내용, 즉, 지식 구성, 기술 및 성향에 기준해야 한다. 달리 말하자면, 모든 교과들이 4가지 요소 모두를 통해 평가되어야 한다는 것이 아니라, 해당 교과 교육과정의 유형에 적용되는 요소만을 통해 평가되어야 한다는 것이다. 예를 들어, 언어와 의사소통(L1)은 30%의 수업활동(C), 20%의 구술시험(O), 그리고 50%의 필기시험(WE)으로 평가되어야 한다. 그러면 최종 결과는 0.30C+0.20O+0.50WE이 될 것이다.

이것은 총괄평가이기 때문에, 교실점수는 더 이상 부여되서는 안된다. 구술시험과 실기는 각 교과의 시험일 한 달 전에 실시되어야 한다. 수업활동, 구술시험, 실기 이수 및 평가 규칙은 다음에 제시되는 원칙들이 적용되어 작성되어야 한다. 각 과제는 기준에 기반해야 하고, 이 기준들은 학생들에게 공개되고 열람가능해야 한다. 점수는 각 기준에 할당되고 공개된다. 이 업무는 통제되지 않은 상황에서 완료되어야 한다. 교사는 채점을 하고, 바칼로레아 사무소가 표본을 조정하며, 시스템 외부의 검사관에 의해 표본이 조정되고 그들은 이에 더해 채점을 비슷한 시스템 들과 대조하여 표준화해야 한다. 최종 시험결과가 발표될 때까지 점수는 공개되지 않는다. 이것들은 실제적인 추천사항들이다. 그러나 이것들은 평가 및 시험 관행 에 대한 충분한 이해와 연관되어서만 개발되어야만 한다.

시험들

여기에서 우리들은 많은 체계와 형태를 가진 평가의 일반적인 개념에 초점을 맞 춘다. 이 모든 징후들은 누가, 무엇을, 어떤 이유로, 어떤 방식으로 평가 받는지에 대해 지금까지 만들어져왔고 앞으로도 만들어질 결정들을 반영하며, 모두 특정한 사회적 맥락을 반영한다. 이것이 의미하는 바는, 채택된 특정한 형태의 평가는 그 사회적 맥락이 어떠하고 어떻게 구성되어 왔는지에 달려있다는 것이다. 우리가 평 가 관행을 다룰 때 기억해야 할 근본적인 원칙은 교육평가는 반드시 사회적인 관 행으로 이해되어야만 한다는 것이다. 게다가, 평가에서의 정책적 쟁점들을 추적하 자면, 예를 들어, 나폴레옹 황제가 국가적으로 통제된 과정이 국가적 통합을 공고 히 하는데에 강력하게 기여할 수 있다는 것을 인식했을 때인 공식 시험들의 초기 로 거슬러 올라갈 수 있지만, 최근에는 정부와 교육시스템이 점점 더 사회통제 기 제로 평가의 강력한 잠재력에 대한 인식이 증가함에 따라, 정책적 도구로서 평가 의 중요성은 굉장히 커졌다.

미셸 푸코(Michael Foucault, 1979)에 따르면, 시험은 위계를 관찰하는 기술과 판단의 정상화 기술을 결합한다.

그러므로 시험은 사회가 특정한 방식으로 개개인을 구성할 수 있게 한다. 사람에 대한 지식은 개개인들을 서로 연결하고, 이 개개인들이 권력 네트워크에 스며들 며, 감시 기제를 유지하는 효과가 있는데, 이는 개개인들이 스스로를 통제할 수 있도록 작용하기 때문에 더 강력하다. 시험은 새로운 지식의 형성에 기여하고 새로운 형태의 힘의 구조를 구성하는데 완전히 새로운 형태의 기제를 도입했는데, 사회 전반에 걸쳐 확립된 후에는 더욱 설득력이 있다.

이 기제는 첫째, 보고 관찰 할 수 있는 것을 권력의 행사로 변화시키는 것, 둘째, 개인의 생각을 문서 분야에 도입시키는 것, 그리고 셋째, 각 개인을 사례로 바꾸는 것의 세 가지 방식으로 작용한다. 우선 첫 번째 예로, 징계의 힘은 눈에 보이지 않게 행사되고, 이는 권력망이 명백한 힘의 행사를 통해 가시적으로 작동하던 과거의 방식과 대조를 이룬다. 이러한 비가시성은 교과들에게 객관성의 개념을 부여함으로써 작동하고, 그 시험에 대한 진실에 사람들을 묶는 역할을 하는데, 그 진실은 사람들이 저항하기 어려워하는 것이다. 시험을 치르는 사람은 특히 자신들이 성공 혹은 실패 여부에 대해 시험 과정의 기저에 깔려있는 평가기준들의 관점에서 그들 스스로를 이해한다. 따라서, 시험은 사회속의 사람들 혹은 사물들을 배열함으로서 작용한다.

둘째로, 시험은 문자로 기록됨으로 개인들의 과정 기록들이 보관될 수 있게 한다. 이러한 지식-개발 활동들을 사회의 더 나은 그리고 더 진보적인 틀 형성에 기여하는 것으로 자리매김(positioning)하려는 시도가 있다. 지난 20년 동안 유럽의 학교에서는 핵심단계 시험, 학업성취도 기록, 교과과정 검토, 학력증명서, 성적표 등의 장치를 통한 평가의 확산 및 확대, 학교 점검, 교사 평가 등의 장치를 통한 평가, 프로필 등은 교사와 학생이 개별 측정 및 평가의 징계 체제에 점점 더 많이 종속되어 사례로 결정하는 추가 효과가 있음을 의미한다.

푸코가 제시한 양상 중 세 번째는 개인의 대상화를 지식의 한 분류로 지칭하며, 따라서 그 개인이 묘사되고, 판단되고, 측정되며, 다른 사람들과 비교될 수 있게 한다. 시험에 관하여 마지막으로 짚고 넘어가야 할 부분이 있는데, 시험을 통해 처음으로 개인의 다름이 가장 명백한 요인이 될 수 있는 힘의 양식을 통해 과학적으로, 그리고 객관적으로 분류되고 특성화 될 수 있었다는 것이다.

계층적 표준화는 사회를 조직하는데 있어 지배적인 방식이 된다. 푸코는 이 부분에서, 중립적인 장치로 보이는 시험 그 자체는 현실에서 그 사람이 표준담화속에서 시험받고 자리매김하는데 작용하고, 그로 인해 그들이 다른 방법으로는 스스로를 일반적이지 않고 심지어는 부자연스러운 것으로 이해하게 한다고 이야기한다. 이 자리매김은 비록 성공적이지는 않지만, 시험을 받은 사람들이 다른 방법으로 자신을 바라볼 수 있는 가능성을 차단하는 작용을 한다.

평가의 범위는 예를 들어 아주 흔하게 식당같은 장소에서의 대화부터 시작하여 학교 보고와 중요한 시험에 이르는, 개별 취업 면접부터 시작해서 국가 감시관찰에 이르기까지 광범위한 목적을 제공한다. 이 모든 것을 하나로 결합하는 것은 시험이 첫째로, 그리고 가장 중요하게, 누군가의 혹은 무언가의 질을 결정짓는 대리인이라는 인식이다. 따라서 그것은 사람이나 사물을 특정한 가치의 계층 관계에 위치시키는 기제로 작동하는데, 특정한 범위의 기술에 대해서 이 사람은 다른 사람보다 낫고, 이 학교는 소속 학생들이 더 나은 시험 결과를 가지고 졸업했기 때문에 다른 학교보다 낫다는 식이다. 이 의사소통 스펙트럼의 범위는 가장 비공식적인 교류에서부터 가장 공식적인 교류에 이르기까지 다양하며, 학교 보고의 모든것을 포괄하는 것부터 시작하여 공식적인 가장 큰 관심사의 시험에까지 이르고, 개개인의 취업면접에서 국가 감시관찰에 이르기까지, 공식적으로 받아들여지는 질을 나타내는 코드로서 한 종류 혹은 다른 종류의 자료를 평가하는데에 사용되는 공통요소이다. 이와 밀접하게 관련된 것은 합법성의 문제이다. 어떤 특정한 평가장치의 결과들은 그 결과가 허용가능할 경우, 대중에게 신뢰를 얻어야 한다. 슬프게도, 평가와 관련한 문제는 그러한 접근법의 사용 목적 혹은 결과보다는 사람들을 평가하는 방법론을 개선하는데에 더 초점을 맞추고 있기 때문에 일반적으로 기술적인 문제로 여겨진다. 우리는 이것을 케임브리지 연구팀이 수행한 2008년 EU 바칼로레아 평가에서 가장 분명하게 볼 수 있다.

이것이 실제로 의미하는 것은 때때로 일반적인 평가 관행들 사이에서 명백한 모순과 긴장이 드러난다는 것이다. 그 예로는 정책과 관행 사이의 불화합성이 있으며, 이는 평생학습의 과정에 대한 명백한 헌신에 더하여 점점 더 시험 중심의 교육과 교육과정 문화로 이어진다.

또 다른 예는 평가에서 총괄적인 목적과 형성적인 목적 사이의 긴장일 것이다. 형성평가 개념의 전형적인 예가 되는 이 학습 목표는 기준의 개념 자체가 논쟁을 초래하는 문제이긴 하지만 기준을 상승시키는 것을 주된 목표로 하는 징벌적 고득점 시험을 사용하는 것과 상충된다. 시스템 내의 다른 긴장은 등록 유지와 게다가 심지어 등록증가라는 거의 모순되는 압력과 동시에 기준을 높게 유지하고 대중들이 이러한 기준들을 확실히 신뢰할 수 있도록 하는 것에 초점을 맞춘다. 현재는 고전적인 연구인 도에(Dore, 1976)의 자격 인플레이션(inflation[78])은, 어떻게 자격의 공급과 고용기회의 가능성 사이의 상호작용이 교육 인플레이션의 한 형태로서 더 높은 수준의 자격을 추구하는 경향이 있는지를 보여주었다.

평가의 국제화

평가의 매우 중요한 측면은 평가의 국제화의 증가이며, PISA[79]와 같은 대규모의 국가간 평가가 전형적인 예가 될 수 있다. OECD의 Andreas Schleicher(2013)은 일련의 시험에서 그들의 성과와 관련하여 여러 국가들위 순위를 매기는 방법론을 사용하고, 높은 성과를 드러내는 국가들에서 보여지는 시스템적인 요소들과 낮은 성과를 드러내는 국가들에서 관찰되지 않는 시스템적 요소들을 식별한다. 이를 바탕으로 그는 시스템의 효율성을 위한 최적의 조건을 식별 할 수 있다고 결론짓는다. 그는 다음과 같이 제안할 수 있다: ①비슷한 사회적 배경을 가진 아이들은 그

---

78   Inflation: 인플레이션. 일반 물가수준이 지속적으로 상승하는 현상.(출처: 교육학용어사전. 서울대학교 교육연구소,p.546) 자격 인플레이션은 자격의 요건 상승치를 의미하는 것으로 볼 수 있다.

79   Programme for International Student Assessment(PISA): 국제학생평가과정

들이 다니는 학교나 살고 있는 국가에 따라 매우 다른 성과수준을 보여줄 수 있다 [80], ②한 국가안에서 이민가정 배경을 가진 학생들의 지분과 해당국가 학생들의 전반적인 성과사이에는 관계가 없다, ③국가내 혹은 국가간 학급 규모와 학습 성과 사이에는 관계가 없다(그가 여기에서 작업하는 개념적 틀은 정당화되지 않은 가정을 만드는데, 모든 다른 종류의 학습활동들이 같은 학급 규모에서 최적으로 수행된다는 것이다), ④가장 우수한 교육시스템은 학습의 질과 형평성을 결합하기에, 학습의 질과 형평성 사이에서 양립할 수 없다, ⑤모든 학생들은 높은 수준을 달성하는 것이 가능하다, 그리고 ⑥더 일반적으로 최고 수준의 교육 시스템은 더 적은 교육과정 항목들을 가지고 더 깊이 있는 교수가 이루어짐으로 더 엄격한 경향이 있다.

이 접근법은 그 개념화와 적용에 많은 결함을 가지고 있다. 이러한 결함중 첫 번째는 어떤 사람이 특정한 방식(예를 들어, 개인의 문법)으로 구성된 지식, 기술 및 성향의 집합을 가지고 있다는 가정이며, 그 사람이 평가될 때 직접 평가가 되는 것은 이러한 지식, 기술 혹은 성향의 집합, 혹은 그 요소들이다. 대조적으로, 이러한 자질들이 개인에 의해 유지되거나, 유지되지 않거나, 혹은 심지어 부분적으로 유지되는지를 결정하기 위한 목적으로 수행되는 모든 테스트는 항상 추측(conjecture), 소급(retroduction), 추론(inference) 또는 최선의 추측(best guess)이라는 추가 요소들을 포함한 간접적인 검사 과정을 수반한다는 것이다.

두 번째 잘못된 믿음은 이 개인의 문법이 여러 요소들로 구성되어 있고, 이러한 요소들 간의 관계가 있으며, 각각의 요소들은 등급이 지어질 수 있기에 바로 조사가 가능하는 것이다. 이것은 지식, 기술 혹은 성향의 집합을 적용할 때, 그것이 시험을 위한 목적이든 일상 생활에서의 사용을 위한 것이든, 다른 범위의 지식 요소들, 기술들, 그리고 성향들이 참조된다고 제안하는 입장과 대조적일 수 있다. 따

---

80 참조: https://www.oecd.org/pisa/pisaproducts/pisainfocus/48165173.pdf

라서, 시험된 구조와 전혀 관련이 없는 요인들의 결과로 발생한 피험자 모집단 간의 분산인 집단구성-관계분산(construct-irrelevance variance, 참조. Messick, 1989)을 초래할 수 있는 일련의 요인들이 있다. 그 구조의 지식이나 역량이 이 모집단에 균등하게 분포되어 있더라도, 일부 피험자들이 다른이들보다 (즉, 실제적인 점수에 있어서)더 잘 할 수 있을 것이며, 이는 그들이 시험된 구조에 대한 더 많은 역량을 가지고 있거나 더 많은 지식을 가지고 있기 때문이 아니다. 이것은 표현 부족[81] 또는 표현 과잉[82]을 포함할 수 있으며, 시험 자체의 범위 내에서 이들 중 어떤 것이 발생했는지를 결정하는 것은 불가능하다.

세 번째 잘못된 믿음은 지식 집합의 사용, 기술 수행, 혹은 성향의 적용에서 내부 변화가 일어나지 않는다는 것이다. 일에는 외적인 변화과정도 존재하며, 따라서 네 번째 잘못된 믿음은 사람의 지식, 기술, 그리고 적성을 시험하는 것은 원래의 지식 구성이나 시험 준비에 대해 내적으로 변형된 지식 집합에 아무런 워시백(washback)효과를 주지 않는다는 것이다.

대조적으로, 잘 문서화된 워시백 과정은 바로 이런 식으로 작용하므로, 평가가 단지 서술적인 장치로 작동하기 보다는 측정하고자 하는 구조를 변화시키기 위해 다양한 방식으로 작동한다.

다섯 번째 잘못된 믿음은 시험의 과정이 단방향의 일직선 방식으로 작동한다는 것이다. 예를 들어, 한 사람이 무언가를 알고 있다고 가정할 때, 그 사람은 비슷한 특성을 가진 사람들 집단 내에서 그 학습의 과정을 측정하기 위해 고안된 시험을 치르게 되고, 시험 점수를 통해 응시자가 해당 내용을 알고 있거나, 모르고 있거나 혹은 어느 정도까지는 알고 있음을 나타내는 것으로 기록된다. 시험을 치르는 것과 시험성적을 기록하는 것은 원래의 지식구조에 영향을 끼치는데, 이러한 전진 혹은 후진하는 흐름을 포함한 양방향성에 대한 고려는 전혀없다. 이것은

그 구조의 조직을 변화시키고(질적으로나 양적으로나 모두), 그것의 행동유도성(affordance)을 변화시켜서, 그것과 그것들에 대한 원래의 결정을 신뢰할 수 없게 만든다.

　여섯 번째 잘못된 믿음은 다른 수준의 추상적 개념 수준을 포함한 다른 타입의 지식이 동일한 알고리즘 과정을 통해 시험될 수 있다는 것이고, 일곱 번째 잘못된 믿음은 시험 수행에서 피험자들의 구조와 기술 혹은 성향에 따른 질적인 차이가 있다는 것 보다는 시험에서의 수행이 크게 혹은 적게 피험자가 무엇을 할 수 있는지 혹은 보여줄 수 있는지(그 사람이 특정한 방법 혹은 다른 방식으로 산만해지거나 강요되었을 수 있다는 점을 고려하면)에 관한 것이라는 것이다. 개인들은 아마도 자신들의 지식조합을 시험에 들어맞도록 재구성해야 할 것이고, 따라서 그 구조에 대한 숙달의 평가는 원래 구조와 관련하여 그들의 역량을 결정하는 것이 아니라 그들이 성공적으로 자신들의 역량이 시험기술의 요구에 적합하도록 재작업하는 방식을 이해했는지를 결정하는 것이다.

　여덟 번째 잘못된 믿음은 어떤 유형의 학습자들에게 타인들의 희생을 치르면서까지 불이익을 주는 문제가 없거나 문화적 문제가 없는 시험을 구성할 수 있다는 것이다. PISA시험에서 문화적 편향의 정도는 비현실적이고 분명히 과소 보고되었다. 이와 더불어, PISA의 특정한 기술적 문제는 샘플추출 절차와 관련이 있다. 다른 국가들의 다른 유형 샘플들이 사용된다면 이러한 국가들 중 일부는 다른 국가들에 비해 불이익을 받게 된다.

　샘플추출문제는 어떤 시험에서든지 존재하며, 2015년 PISA시험에서처럼(OECD, 2016), 그들이 학생들의 다수의 학년 수준에서 학생들을 선발했다고 언급하고 각 수준별 비율을 명시하지 않고, 보고 명목으로 일부의 국가들을 선정하고 나머지는 무시해버린다든지 등의 문제가 발생하며, 상하이에서는 부유하고 교육을 잘 받은 학생 집단들만 선출되어 이들이 중국 전체를 대표하는 것으로 용인되었으며, 일부 국가들의 일부 타입 학교들의 경우는 선택적으로 (각 해당 국가에 의해) 불참하는 것이 허용되었고 다른 학교들은 또 그렇지 않았다. 문화적 차이들은 문화들이 다양한 가치들을 가지고 있고, 문화적 항목은 다른 강점들을 가지고 있으며, 혹은 자연, 질, 증명하는 힘, 관련성-가치와 증거의 규모를 결정하고, 일부 국가들의 사람에게 더 친숙하거나 덜 친숙한 관행에 초점을 맞추는 등 다양한 형태를 취한다. 그러나 더 중요한 것은 시험 항목의 선정에 관한 문화적 차이들은 해결되어야 할 문제들의 표현과 관련이 있다는 것이다. 만약에, 예를 들어, 다른 국가의 숙어, 언어의 형태에 내재된 다른 국가적 사고방식들, 그리고 국가적 담론에 짜여진 다른 일반적인 가치들이 무시된다면, 주어질 수 있는 실제 시험 항목은 물론 가능한 응답의 영역은 다른 국가의 학생들의 희생으로 특정 국가의 학생들에게 유리할 수 있다.

교육 시스템내의 좋은 관행을 식별할 수 있는 여러 방법들이 있다. 첫번째는 시스템으로부터의 산출물들(시험 점수, 기질 요소, 습득된 기술들, 윤리적 도덕적 질 등이 될 수 있음)을 식별하는 것으로, 즉 시스템 자체에 대한 개인의 참여 결과로서의 산출물들을 식별하는 것이다. 그 후, 한 시스템이 더 나은 산출물을 가지기에 다른 시스템보다 더 낫다는 주장이 제기되며, 여기에서 더 나아가, 이러한 국가적 시스템들의 특징들을 잘 억누르고(bottled-up), 이러한 조건들에서 덜 성공적이거나 효과적이지 않다고 판단되는 국가들 혹은 관할구역 혹은 시스템으로 이전해야 한다. EU 학교 시스템이 수량화, 환원주의, 그리고 경우에 따라서는 성공인지 아닌지 가늠하기에는 오해의 소지가 있는 측정을 사용한다는 것은 흥미롭다.

시스템에서의 기간이 끝날 때 교육 시스템에서 개개인에 대해 수집된 정보들이 해당 시스템의 공급의 질에 대한 판단을 내리는데 사용된다면, 거기에는 두 가지 가능성이 있다: ①원점수(raw scores)- 학생들의 점수들은 이러한 학교들, 학군, 주, 그리고 국가들에 대한 비교를 통한 판단이 가능하도록 집계된 것이다; 그리고 ②가치환산점수(value-added scores)-가치환산 자료 분석은 해당 시스템이나 기관들에 속하는 개인들의 발달과 관련한 학교와 같은 특정한 기관들이나 시스템들을 모델로 한다.

이러한 과정의 결과로, 교육 기관이나 국가의 투입에 가치가 부여될 수 있는데, 이는 그 과정에 참여했거나 참여한 개인의 발전에 영향을 끼치기 때문이다. 그런 모델링의 정확성은 연구자가 사용하는 데이터의 신뢰성과 타당성에, 어떤 변수들을 모델링 과정에 사용할 것인지에 대한 결정들, 그리고 연구자가 개인들, 교육기관들과 국가들, 그리고 실제 환경에서의 공변량[83](covariance)의 실제 속성들을 반영하기 위해 적절한 지표(indicators)나 준속성(quasi-properties)을 개발할 수 있는 능력에 달려있다. 이것은 이론상으로는 학생들, 학교들, 관할구역별, 주 또는 국가 간의 비교 판단을 할 수 있도록 하겠지만, 고안되고 사용된 모든 시스템들은 이런 저런 방식으로 만족스럽지 못한 것으로 판명되었다.

시스템의 질을 결정하는 또 다른 방법은 비교가 가능하도록 규범을 식별하는 것이다. 예를 들어, 국제적인, 국가적인 혹은 지역적인 교육시스템은(또는 EU 학교시스템처럼 심지어 초국가적으로) 최고의 모범사례 모델과 비교되고 표시될 수 있는데, 여기에서 이 모델은 교육 시스템을 구성할 수 있고, 구성에 필수적인 모든 가능한 요소들을 아우르는 차원이다(예를 들어, 구조, 기관들, 교육과정들, 교육학적 배치 및 평가 절차). 이러한 요소들은 가장 논리적인 방법으로 배치되고(예를 들어, 교육과정들의 의도들은 교육학적 접근보다 선행되어야 하며 실제로 그들의 신뢰성을 이러한 교육과정 의도로부터 도출해야 함), 그리고 이러한 요소들 사이에서 논리적으로 형성된 관계 배열을 식별하는 것(예를 들어, 평가적 워시백 기제가 원래 구상된 교육과정을 왜곡하는것이 허용되어서는 안된다)에 비교될 수 있다. 상대적으로 사용되는 규범은 철저히 논리적이고 철학적인 기본 원칙들을 통해

---

83 Covariance: 공변량. 실험을 시작할 때 모든 집단이 동일조건에서 출발하도록 통제하지 않으면 집단자료들을 비교할 수 없는데, 이때 통제 못한 변인의 효과를 실험적이 아니라 통계적으로 통제·조정하여 비교분석을 가능하게 하는 통계방법. (출처: 교육학용어사전. 서울대학교 교육연구소,p.66)

서 구성된다. 또한 개념의 의미는 공동체 내에서 어떻게 사용되는지에 관한 경험적인 문제로 취급된다. 비교과정에서 결과물에 의존하는 것은 안전하지 않으며 더 중요하게는 유효하지 않을 가능성이 높다. 기제, 관계, 그리고 구조를 찾는데에 선호되는 방법론적 접근은 잠재적으로, 인과석으로 효과적이며 (역사적으로, 문화적으로, 사회-경제적으로) 맥락화 될 수 있고, 인간 복지에 기여할 수 있다.

그리고 차례로 이것은 전 세계 교육시스템이 어떻게 작동되는지에 관해 환원주의적이고 탈맥락적인 상황들(Mourshed et al., 2010)을 피하는 것을 포함할 수 있다.

주장할 수 있는 것은 지금은 특히 평가 문제들과 관련하여 교육 정책들의 전 세계적인 무역이 이루어지고 있다는 것이다. 한 국가에서 개발된 명백히 좋은 아이디어를 다른 국가에서 차용하는 이러한 정책차입은 전통적인 평가 가정들의 통제를 더 강화시켰다. 학생들의 성취도에 관한 국제적 비교의 치명적 결함을 우려하는 명백한 증거에도 불구하고, 세계적인 경쟁 시대에서의 상대적인 국가적 성공이라는 단순한 메세지는 확립된 교육 평가 형태들의 우세한 지배력을 강화하는 것으로 작용했다.

타당성, 그리고 사용

사뮤엘 메식(Samuel Messick, 1989)은 얼마전 평가 관행들의 타당성이 평가의 사용 결과에 내재된다고 주장했다. 평가의 중요성이 전 세계적으로 증가함에 따라 개인의 삶에서 평가의 영향은 점점 더 광범위해지고 진지해지고 있다. 정부들에 의해 일반적으로 사용되는(그리고 EU 학교시스템과 같은 교육 시스템들에서 사용되는)시험 데이터들을 설계하고 해석하는 다양한 접근법들의 신뢰성과 타당성 모두에 있어서 보다 철저한 탐구가 명백히 필요하고, 이는 기술적 한계를이해하지 못하는 대중의 신뢰를 받는다. 연구자료는 현재 정책들이 비록 풍부하고 다양하지만, 무엇에 대해 잘 모르고, 확실히 최고와는 거리가 멀다는 것을 보여준다.

최근 평가 연구들이 정의하는 측면들 중 일부에서는 꽤나 주목할 만큼 명료성이 두드러진다. 이 중 가장 주된 것은 모든 종류의 평가 활동의 증가와 다양한 형태의 평가들이 인간 노력의 거의 모든 측면에 침투하는 것이다. 우리는 모더니즘(modernism) 그 자체로서, 질과 책임, 평등과 방어성들을 전달하고자 숫자, 성적, 목표, 리그표의 힘에 대한 믿음과 결합된 평가사회가 되어 왔다.

역사는 전 세계에 걸쳐 판단과 통제의 합리적이고 효율적이며 공적으로 수용 가능한 기제로서 평가의 힘에 대한 믿음이 최고조에 달했던 1990년대와 2000년대를 '평가의 시대'로 묘사할 것이다.

평가 혁명은 규모, 범위 및 중요성의 하나로, 투명성, 책임성 및 예측 가능성을 제공하는 주요 메커니즘으로 대부분의 공공 평가의 원료인 정량적 데이터를 높인 혁명이다. 자료의 수집은 이것이 개인, 기관 혹은 교육 수준과 같은 전체 운영 시스템 수준이든 간에, 그 자체로 사회 통제의 주요 수단이 되었다.

이러한 모든 다양한 비판들은 대부분의 기존 평가체계가 구축되어 온 가정들에 도전하는데 도움이 되고 있다. 기존의 관습적인 총괄평가 기법들이 객관적이고 효율적이며 현재의 성과에 동기를 부여하고 미래의 성과를 예측하는 능력이 있다는 믿음은, 이러한 가정들에서 드러나는 명백한 결함들을 식별하는 광범위한 연구결과들로 인해 도전받고 있다. 더욱이, 이러한 가정들은 측정과 통제를 위한 평가의 사용으로 인한 학생들 입장에서의 동기부여 감소와 현저한 수행저하를 포함한 걱정스러운 결과들을 조명한다.

대부분의 익숙한 현대의 평가기술 장치들은 19세기 근대주의자들의 신념과 교육적 필요에 의해 탄생했다. 이러한 접근법들을 알려주는 가정들은 다음과 같이 식별될 수 있다: ①교육적 선택의 기반으로서 학생 성과의 상대적인 수준을 식별할 수 있는 능력, ②영향을 받게되는 응시자들에게 광범위하게 공정한 결과를 제공할 수 있는 충분한 정도의 객관성을 가지고 그러한 식별을 수행하는 것, ③그러한 평가의 질이 신뢰성과 타당성의 개념에 담겨져 있는 것, ④국가시험과 학생들의 시험 점수가 기관의 성과의 질에 대한 타당한 지표를 제공하는 것, ⑤그리고 국제적인 비교를 통해 개별 교육시스템의 생산성을 유용하게 비교할 수 있게 하는 것이다.

평가 기준들은 여러가지 다른 방식들로 사용될 수 있으며, 그에 따른 결과물들도 다르다. 그들은 개인이 그 기준들에 충족하는지, 그렇다면 어떤 방식으로 충족하는지를 결정하고, 동시에 개인들이 미래에 더 나은 성과를 얻을 수 있을지에 대한 정보를 제공하는데 사용될 수 있다.

6
선대의 업적을 강화하기:
EU 학교에서 고등교육으로 나아가기[84]

　국가 고등교육 시스템에 대한 동등한 접근 권한은 EU 바칼로레아 결과 소지자들 또는 학교 졸업 증명서 소지자들(school-leavers' certificate)을 위해 EU법에 분명히 명시되어 있다. 비록 많은 학생들이 최고의 엘리트 대학교들과 가장 경쟁력 있는 강의에 접근할 수 있지만, 고등교육으로 가는 길은 항상 순탄하게 진행되는 것은 아니다. 따라서 일부 학부모들과 학생들은 때때로 특정한 수준의 교육적 그리고 정치적 집중 공격에 휩싸인 듯한 느낌이라고 표현하기도 한다. 다른 사람들은 EU 학교의 접근법은 적절하지 않다고 느끼고, 그 결과로 그 시스템을 떠나게 된다. 이러한 우려에 비추어, 본 장은 EU 바칼로레아가 국내 및 국제 대학입학과정과 어떤 관계를 맺고 있는지에 대해 논의한다. 어떻게 EU 학교들의 교육과정과 관련 평가 과정들이 여러 대학 과정들에 연관되어 나타나는지 우리의 최근 연구로부터 예시를 제공한다. 우리의 연구결과에서 이끌어낸 바와 같이, 동문들, 그들의 부모들, 그리고 그들의 교사들의 눈을 통해 이를 대학의 생생한 경험의 측면과 연계한다.

　EU 학교들과 고등교육의 관계를 숙고할 때, 외부 관계에 대한 4가지의 다른 범주를 고려할 필요가 있다. 이들은 ①EU 학교들 자체의 입학 정책, ②EU 학교 시스템과 관련된 재수생 및 퇴학생, ③고등교육 입학, 그리고 ④국가 학교시스템과

―――
84　© 저자(들) 2018
산드라 리톤 그레이 외., 유럽학교의 교육과정 개혁, http://doi.org/10.1007/978-3-319-71464-6_6

의 관계이다. 우리는 이제 각각을 순차적으로 검토한다.

입학

우리가 4장에서 논의한 바와 같이, EU 학교의 입학 규정은 비교적 복잡하고, 시간이 지남에 따라 시스템이 발달하면서 최근에는 더 복잡해졌다. 앞에서 우리는 범주 I 학교와 범주 II (인가된) 학교라는 두 가지 유형의 학교들을 식별했다. 범주 I 학교의 경우, 유럽위원회에 직접 고용된 특정 범주의 직원에게 입학 우선권이 주어지기에 EU 학교들을 실질적인 목적들을 위한 일종의 '회사'학교로 만든다. 이 정책에서 의도하지 않았던 결과는 특정 국적들, 특히 독일인(전체 학생의 12.6%), 프랑스인(12.1%), 이탈리아인(9.9%), 벨기에인(10.3%) 그리고 스페인인(8.5%)에게 우선권이 주어진다는 것이다(유럽학교위원회 자료).

이것은 또한 브뤼셀 조직의 일부이기도 한 외부 위탁으로 고용된 보조 노동자, 언론인 그리고 로비스트와 같은 지원 역할을 하는 사람들의 자녀들에게는 명백한 접근권의 부족을 의미했다. 의미상으로는 그들 역시 EU 학교에도 지원할 수 있겠지만, 위원회에 직접 고용된 사람들과는 다르게 그들은 입학을 위해 반드시 학비를 지불해야 하고, 또한 가장 낮은 우선순위 범주에 속하기 때문에 이 학생들을 위한 충분한 자리가 없을 수도 있다. 따라서 우리는 제공되는 공급으로부터 가장 광범위하게 이익을 얻을 수 있는 관료들의 핵심집단을 볼 수 있으며, 다른 사람들은 좀 더 주변적 위치를 차지하게 되기 때문에 지역 주민들 사이의 분노를 유발하고, 이는 정통성의 문제로 이어지게 된다(Van Parijs, 2009). 이것은 높은 자격을 갖춘, 대학교 학위를 가진 전문가들이 자신의 아이들을 특정한 전문적 필요에 부합하는 시스템 내에서 함께 교육하는 사회적 재생산이 일어나는 독특한 그룹화를 나타낸다. 하지만 범주 II (인가된)학교는 모두에게 개방되어 있기 때문에 이런 측면의 잠재성은 덜하다. 하지만 그들은 학비를 지불하기 때문에 이는 학비를 지불할 수 있는 능력에 대한 선택을 의미하고, 다시 한 번 대학교 학위를 가진 혹은 전문직 부모의 아이들의 접근을 더 쉽게 만들게 될 것이다. 또한 범주 II (인가된)학교는 자신들이 위치한 국가들의 국적에 더 가깝게 나타낼 가능성이 높다. 전반적으로 이 시스템은 대부분의 직업과 관련된 훈련 혹은 미숙한 일과는 아주 다른, 미래의 고등교육으로 접근할 것으로 기대되는 학생 단체에 매우 잘 맞춰진 시스템이다.

재수생과 자퇴생

자퇴생의 범주들이 다르다는 것을 이해하는 것은 중요한데, 떠나는 것은 세 가지 중 하나를 의미할 수 있기 때문이다. 이는 부모의 직업 변화로 인한 EU 학교 내에서의(원저자 강조) 이동일 수 있고, 본국의 국가교육시스템으로 회귀하는 유럽학교 밖으로의(원저자 강조) 이동일 수 있으며(다시 한 번 말하지만, 부모의 직업 때문에), 혹은 학생/학교/시스템이 불일치함을 감지했기 때문에 시스템을 떠나는 것을 의미할 수도 있다.

앞의 두 경우는, EU 학교로 유입되고, 떠나고 교차하는 것에 문제가 없는 것이 그들의 일차적인 목적이라는 점을 고려할 때, 합리적인 조치이다. 따라서 이는 대학입학에 중요한 지장을 줄 것 같지는 않다. 하지만 후자의 경우, EU 학교들이 채택한 특정한 교육적 모델에서 학생이 어려움을 겪었고 그 이유로 학생이 떠난 경우, 학업적 혹은 심리적 이유로 중장기적으로 특별한 영향을 끼칠 가능성이 더 높다. 학문적인 측면에서 보면 어떤 이유로 학생의 학업에 차질이 생겼을 수 있고, 심리적인 측면으로 보자면 4장에서 논의한 바와 같이, 이것이 일정 수준의 아노미(anomie[85])나 소외로 이어졌을 수 있다. 이것은 추후 몇 해 간 학생 교육측면에서

---

85 anomie: 집단규범 또는 집단 기대가 너무 많고 다양하거나 자주 변경됨으로써 야기되는 무규범상태(normlessness). 현대 대중사회의 한 부정적 특성이다. 이 말은 프랑스의 사회학자

진행의 한 형태인 '장애물(road-block[86])'로 작용할 수도 있는 위험을 수반한다.

이것이 얼마나 가능성 있는지는 EU 학교 시스템을 학생이 어디에서 언제 접하느냐에 달려있다. 재수 비율이 EU 학교마다 다르다는 것은 잘 알려진 사실이며, 최근 입수된 자료는 그 범위가 0.3%(프랑크푸르트)에서 2.0%(베르겐)으로 나타난다. 이에 더하여, 우리는 재수 비율이 학년에 따라 다양하고, S4와 S5에서 큰 증가가 발생한다는 것을 발견했다. 이 시기에 학년을 반복하는 학생들의 경우 또한 EU 학교 시스템을 떠날 가능성이 더 높았다. 따라서 시스템을 통한 일부 교육 경로들은 학문적인 실패가능성, 장기적인 문제의 가능성, 특별히 고등교육으로의 진전과 관련하여 학생들에게 있어서 더 많은 위험요소들을 제시한다.

EU 학교와 고등교육입학

더 친밀한 연합을 향한 움직임의 일환으로, 유럽의 대학 입학을 단순화하려는 시도들이 있었고, 이는 2004년 리스본 조약[87]의 중요한 초점 중 하나였다. 또한 그것은 2005년부터 볼로냐 과정[88]에서도 증명되었다. 볼로냐 과정 동안 특히 유럽고등교육분야(EHEA[89])의 자격 구조와 관련하여, 협력의 수단으로서, 유럽 전역의 입학 기준은 물론 자격 시스템과 구조까지도 표준화하려는 시도가 있었다. 이동성은 EHEA를 통해 강력하게 장려되었고, 학생들이 교육의 다양한 순환에 참여한 후 기대할 수 있는 결과들을 명시했다. 이것은 또한 청소년들의 이동성을 장려한 에라

뒤르켐(E. Durkheim)이 처음으로 사용했다. 아노미에 빠지면 어떠한 안정된 제도에도 소속감을 느끼지 못하고 정신저금로 불안한 상태에 놓여 수종적인 행동을 하게 되거나 극단적인 행동을 하게 된다. 아노미 현상에서는 자신의 행위에 대한 의미를 부여할 수 없기 때문에 사회 이상 행동자가 되기도 한다. (출처: 교육학용어사전. 서울대학교 교육연구소,p.443)

86 road-block: (계획의 진행을 가로막는) 장애물(방해물)
87 Lisbon Treaty of 2004: 2004년 리스본 조약
88 Bologna process: 볼로냐 과정
89 European Higher Education Area(EHEA): 유럽고등교육분야

스무스 계획(Erasmus scheme)에 의해 뒷받침되었다.

국적을 불문하고, EU 학교들의 학생들 중 상당수(50%이상)는 자신들에게 열려 있는 이동성의 기회를 활용하고, UCAS[90]시스템을 통해 영국의 대학들에 지원한다. 이는 대학 등록금을 둘러싼 어떠한 고려사항들도 개의치 않는다. 비록 미래에 바뀌게 될지는 불분명하지만, 현재 EU 학생들에게 학자금 대출을 영국과 같은 기준으로 신청할 수 있게 했기 때문에 어떤 우려든지 상쇄될 가능성이 높다. 영국 대학들이 전반적인 학위 구조, 질 보증 과정 그리고 국제적 학위인정측면에서 높은 질을 인정받는 것과 볼로냐의 '점수카드(scorecards)'는 이 부분에 있어서 한 요인이 될 것이다(유럽위원회 2011). 영국내에서는 옥스퍼드와 케임브리지 등의 명문대학을 포함한 러셀그룹[91](top international research) 대학교들에 다니는 학생들이 많이 있다. 나머지 절반의 EU 학교 학생들은 유럽, 미국, 캐나다 전역으로 분포되며, 일부 학생들은 호주와 뉴질랜드에서 대학을 다니고 있다. 최종 자료는 진로 상담사들이나 사무국장이 중심이 되는 어떤 체계적인 형태로는 수집되지 않는다. 그러나 우리의 2014-2015 연구 기간동안, 우리는 한 엘리트 대학인 케임브리지 대학의 지원서 양식에 접근할 수 있었다.

2013-2014학년도에 케임브리지 대학교는 EU 바칼로레아 과정을 운영하는 14개의 학교들로부터 98명의 지원서를 받았다 (예를 들어, 케임브리지 대학은 지원

---

90   Universities and Colleges Admissions Service(UCAS): 유럽 대학지원시스템
91   Russell Group: 24개의 러셀그룹 대학교들. ▪ University of Birmingham, ▪ University of Bristol, ▪ University of Cambridge, ▪ Cardiff University, ▪ Durham University, ▪ University of Edinburgh, ▪ University of Exeter, ▪ University of Glasgow, ▪ Imperial College London, ▪ King's College London, ▪ University of Leeds, ▪ University of Liverpool, ▪ London School of Economics and Political Science, ▪ University of Manchester, ▪ Newcastle University, ▪ University of Nottingham, ▪ University of Oxford, ▪ Queen Mary University of London, ▪ Queen's University Belfast. ▪ University of Sheffield, ▪ University of Southamptom, ▪ University College London, ▪ University of Warwick, ▪ University of York. 출처: 러셀그룹 홈페이지(www.russellgroup.ac.uk)

자가 범주 I 혹은 범주 II EU 학교를 다녔는지 보다는 오직 자격에 기초하여 구별한다). 지원자들은 22개의 보통 수준의 대학과 케임브리지 대학 25개 학부과정 중 18개 대학에 지원했다. 지원자들의 수를 고려할 때, 이 대학에서는 이를 좋은 확산이라고 생각했으며 유일한 특징은 3분의 1이 자연과학과 공학 분야에 지원했다는 것이다. 케임브리지는 이 학생들 중 16.3%인 16명을 입학시켰다. 이는 케임브리지대학에 지원한 학생들의 전체합격률(c.22%)보다는 낮았지만, 영국학교출신이 아닌 학생들의 합격률(c.13%)보다는 높은 것으로 보고되었다. 합격자들은 전형적으로 평균 85~90%가 요구되며, 자신이 공부하고자하는 과정과 가장 밀접한 관련이 있는 교과들의 경우는 90%가 요구된다. 이는 2013-2014 학년도 EU 학교 학생들의 국적과 배경의 확산을 고려할 때, 출신 지원자들이 거의 예상 가능한 비율로 합격했음을 의미하며, 요청된 비율은 지원자들 중 엘리트 대학의 교육에 가장 적합한 지원자들을 찾기 위한 변별력 측면에서 합리적이었다(거의 영국 고급 수준 시험[92]의 자연 과학분야의 A*AA와 A*A*A와 동일함). 이것에 비추어 우리는 어느 특정 시스템 내부에서 머문 시간, 특정한 시기들에 시스템으로의 참여와 이동, 그리고 성공적인 지원자들 사이에 어떤 관계가 있는지 알아보기 위해, 개개인의 학생들이 얼마나 오랫동안 (a)영국 교육시스템, (b)EU 학교시스템, 그리고(c) 유럽내의, 그리고 국제적인 다른 시스템들에 머물렀는지와 관련하여 입학을 지속적으로 추적하는 것에 가치가 있을거라고 느꼈다.

케임브리지 대학 입학 자료와 더불어, 우리는 영국에 기반을 둔 컬햄학교(Culham School)의 제한된 자료에 접근할 수 있었다. 연구 수행 중 우리가 자료를 수집하면서, 서로 다른 이해관계자들과 이야기를 나누었을 때, 몇몇 일화들은 학생들이 매우 경쟁력 있는 대학교 과정들에 지원할 때 일부 학부모들은 문제점들을 인식하고 있었다는 것을 시사했다. 우리가 활용할 수 있는 자원이 한정적이

---

92   UK Advanced Level examination: 영국 고급수준 시험

었기 때문에, 이를 지지하거나 반박하거나 할 더 확실한 증거를 찾을 수 없었다. 2009-2013동안, 이 학교의 256명의 학생들은 더 많은 고등 교육으로 학업을 이어나갔다. 이 학생들 중 83%는 영국 기관들에 등록을 했고, 이 그룹 중 62%가 옥스포드와 케임브리지를 포함한 러셀 그룹 대학교들에 입학했다. 이는 러셀 그룹 합격자 수가 보통 일반 지원자 합격자수에서 예상되는 것보다 거의 3배정도 많은 것이다. 영국 밖에서는 8명의 컬햄 학생들이 프랑스의 엘리트 학교인 파리정치대학(Sciences-Po)에 합격했고, 2명은 미국의 MIT와 버클리(Berkeley) 대학에 합격했다. 이로써 성공적인 지원의 엘리트/연구 대학교의 패턴은 영국의 많은 선별적인 독립학교의 패턴과 대체로 유사해 보였고, 따라서 케임브리지 대학의 자료와 비교했을 때, EU 학교 학생들의 위치는 일부 학부모들이 생각했던 것보다 훨씬 더 안전해 보였다.

국제적으로 다양한 학생들의 지원 패턴의 결과로, 당신도 예측하듯이, EU 학교 시스템 내부에서는 다양한 국가들 및 기관들의 다양한 입학요건들에 대해 유사하게 광범위한 이해가 있다. 그러나 우리가 대화를 나눴던 이해관계자들 사이에서는 EU 바칼로레아가 완전히 이해가 되지 않는다는 비판도 있었다. 게다가, 특정한 영국의 입학 요건들과 기대치에 대한 몇 가지 고립된 오해들을 발견했다 (예를 들어, 위원회의 한 구성원은 EU 바칼로레아에서 가능한 특정 소수 교과들의 조합에 대한 정당화로서 건축학 학위과정을 위해 화학과 예술의 특정한 조합이 필요하고, 고고학 학위과정을 위해서는 역사와 화학의 조합이 필요하다고 단언하듯이 말했다. 이러한 조합은 어떤 방법으로도 영국시스템 내에서 전통적인 조합이 아니며, 우리가 확인했을 때, 그런 내용들은 어떤 대학에서도 UCAS 입학 요건으로 명시되지 않았기 때문에, 우리는 단지 부모의 불안과 압박이 그러한 가정을 이끌어냈다고 추측할 수 있을 뿐이다).

대학 입학 관행들이 합리적으로 일관된다고 가정하는 또 다른 이유는 영국에서 EU 바칼로레아 자격에 대한 온전한 이해를 보장하기 위해 대학 입학담당자들에게 명시적인 지침이 제공되었기 때문이다(교육부, 2013). 이 문서에서는 자격을 '요구사항'으로 기술하고 있으며, 지원자들이 다양한 교과분야에 걸쳐 좋은 성과를 거둘 것을 기대한다는 것을 분명히 했다.

영국 대학 입학 과정의 일환으로, 지원자들은 'UCAS'라고 알려진 중앙 집중식 대학 및 대학 입학 서비스 지원서를 작성해야 한다. 교육부(DfE)지침 문서에는 이 양식에 대해 지원자들이 본인들의 S6 결과를 제시하고, 일부 추가적인 S5 결과들도 적절하다고 판단될 경우 제시할 수 있다는 것이 명시되어 있다. 이 문서는 영국 대학에 지원한 유럽 학교 지원자의 약 절반이 영국이나 아일랜드 국적이 아닐 가능성이 높으며, 따라서 많은 이들이 모국어로 영어를 공부하지 않을 것이지만, 영어에 능숙하다는 추가적인 증명이 요구되어서는 안 된다고 명시하고 있다.

지원자들에게 제공되는 전형적인 제안들에는 전체 EU 바칼로레아 점수를 (백분율로) 명시하거나, 또는 전체 EU 바칼로레아 점수(%)를 특정 교과들에서 10점 만점의 점수와 합친 점수를 명시하는 것을 포함한다. 이 외에도 기관들은 다음과 같은 네 가지 사항에 대한 구체적인 제안 사항들에 관한 지침이 제공된다:

• 최종 EB[93]점수만을 요구하는 제안은 광범위한 교육과정에 걸친 성취의 증거와 함께 광범위한 교육을 요하는 교과들에 가장 적합한 것으로 보여진다.

• 등록시 특정 교과지식을 요구하지 않는 경우, 교육부는 EB의 폭넓음이 장점으로 간주되어야 한다고 조언한다.

• 특정 A등급으로 지정된 교과들에 대하여 기관들은 특정 교과들에 대한 성취목표치점수를 명시할 수 있다.

• 심지어 가장 경쟁력이 있는 과목이라 할지라도, 3과목 이상의 교과에 성취목표치점수를 명시하는 것은 매우 드문 일일 것이다(교육부, 2013:16)

---

93 EB: Europe Baccalaureate의 약자. EU 바칼로레아. 국제 바칼로레아는 약자로 IB로 표기 (International Baccalaureate).

이 문서는 영국 대학 입학사정관들 사이에 널리 유포되어 왔으며, 우리의 비공식적 질의응답을 바탕으로 볼 때, 전체적으로 자격에 대해 잘 인식하고 있는 것으로 보인다. 영어를 모국어로 사용하지 않는 나라에서는 대학입학 선발이 흔히 더 적게 되며, 이것은 의학과 같이 가장 경쟁력있는 모든 과목들에 대해 대학입학자격을 가지고 있는 EU 학교 졸업생들은 자동적으로 대학 입학 자격을 얻게 된다는 것을 의미할 것이다.

그 외 유럽의 국립 및 사립학교 시스템

이 책 전체에서 논의해 온 바와 같이, EU 학교 시스템은 각 국가 시스템에 맞게 설계되었으며, 이는 각 회원국의 정부 후원 교사 및 학교 검사관의 참여를 통해 지원된다. 그 목적은 여러 교육 이력의 여러 다른 단계에 있는 학생들의 자유로운 이동을 허용하기 위함이고 이는 대학도 포함하는데, 이것이 바로 EU 바칼로레아와 대학 입학 사이의 관계가 법에 분명하게 명시되어 있는 이유이다. 제5조 2항에 명시된 바와 같이, EU 바칼로레아 자격을 가진 사람들은:

1. 당사자가 소속 국가인 회원국에서 해당 국가의 중등학교 교육 종료 시 수여되는 증명서 혹은 졸업장을 수여받는것에 수반되는 모든 혜택을 즐겨야 한다. 그리고
2. 동등한 자격요건을 가진 해당 회원국의 국적자와 동일한 조건으로 회원국의 영토 내에 있는 어떤 대학에도 입학할 수 있는 자격을 부여받는다.

이 시스템은 모든 학생들이 최종 시험을 치를 기회를 갖게 하는 종합적인 학교교육 시스템으로 설계되었다. 하지만 우리가 이전에 주장했듯이, 학생단체는 프랑

스의 리세(Lycée[94])나 독일의 김나지움(Gymnasium[95]), 혹은 영국의 선별된 사립학교나 문법학교(Grammar School)에 다니는 사람들과 더 가깝고, 이에 따라 시스템이 전문직 부모를 둔 가족들을 더 대표하는 것으로 만든다. 따라서, EU 학교 시스템은 잠재적으로 다른 학교들보다 좀 더 특정 타입의 학교로서 조정되어 있고, 한센과 비그놀리스(Hansen and Vignoles, 2005)에 의해 심도있게 묘사한 바로는 굉장히 계층화된 영국의 교육시스템의 상위꼭지점에 매우 가깝다. 이러한 사회적 정렬의 관점에서 고려해 보면 유용할 여러 가로 축(striatios)이 있다. 여기에서 우리가 이야기 한 가로 축은 들뢰즈적 의미를 가져온 것으로(참조. Deleuze, 1968), 매끄럽고 동일하게 분포된것이라기 보다는, 특정 경로들을 따라 흐르는 흐름의 절차를 의미한다. EU 학교들과 관련하여, 지능, 사회계층, 성별, 인종, 성적취향, 장애라는 6개의 주요 축들이 논의될 것이다.

사회적 흐름

그 시스템 내에서 국제적인 엘리트 이중언어 구사자들의 존재는 우리가 4장에서

---

94   Lycée: 리세. 프랑스의 후기 중등 교육 기관. 리세와 기술 리세(Lycée technique)가 있으며, 수업연한은 3년이다. 전기 중등교육 기관으로서 칼리지(collége)에 접속되며, 바칼로레아(baccalauréat) 시험을 거쳐 대학에 진학하게 된다. 본래 고전적인 인문 교육을 중심으로 하였으나, 1902년 이래 보다 다양한 교육과정의 분화를 가져왔다. 보통 5종으로 분화되었으나 바칼로레아의 종류에 따라서 더욱 다양한 교육과정의 분화가 이루어지고 있다. 나폴레옹 이래 관립의 중등교육 기관을 리세라 하고, 공사립을 코리지라 부른때도 있었으나, 1959년의 학제 개편 이후에는 전기 중등교육 기관으로서의 코리지 및 2년제의 후기 중등교육과정으로서의 제2기 칼리지(collége de second cycle)와 구분되는 후기 중등교육 과정으로서 점차 정착되어 가고 있다. (출처: 교육학용어사전. 서울대학교 교육연구소,p.236)
95   Gymnasium: 김나지움. 독일의 인문계 중등교육기관. 기초학교(Grundschule)를 마친 다음 실과학교(Realschule) 및 주요학교(Hauptschule) 등으로 진입하는 학생과 김나지움으로 진학하는 학생이 나뉜다. 상위 25%에 해당하는 우수한 학생이 김나지움에 진학하며, 졸업 후 대학으로 계속 진학하게 된다. 수업 연한은 대체로 9년이며, 졸업시험인 아비투어(Abitur)는 대학입학 자격시험의 기능을 겸한다. (출처: 교육학용어사전. 서울대학교 교육연구소,pp.173-174)

제안한 바와 같이 더 높은 사회적 지위의 유형을 나타낸다. 다국적 및 다문화 시스템에 속해 있는 것과 더불어 언어 기술의 조합은 학생들이 국제적으로 학위를 인정받는 그들 부모들의 지위를 반영하는 초국가적 정체성을 개발한다는 것을 의미한다. 이러한 사회계층 균질화의 또 다른 지표는 공식적으로 1960년대에 개발된 원래 직업 교육 프로그램이 시간이 지남에 따라 질적으로 저하되는 것을 허용하였고 더 이상은 제공되지 않는다는 사실이다. 이는 지배적인 사회 집단에게는 그것이 특별한 관련성이 없기 때문이다. 그들에게는 대학 입시가 목표가 되어왔다.

  이것을 더 넓은 맥락에서 설명하자면, 학생들은 대학에 입학하는 개인의 능력이 부모의 교육과 소득 수준과 광범위하게 연결되어 있는 시스템에 들어가고 있는데, 이것은 영국 교육 시스템의 특징이기도 하고 영국 대학들에 대한 많은 지원들을 설명하는데 많은 도움이 된다(Hansen and Vignoles, 2005). 이와 같은 계층화된 고등 교육 시스템들은 일반적인 EU 학교들의 졸업생들에게 있어서 가장 매력적이고 친숙한 장소가 될 것이다. 높은 수준의 지식집약적 경제에서, 이것은 개인적인 수준에서는 타당하지만, 전반적으로 그 시스템은 그것의 학생들을 위한 국제적인 이동성을 추구하면서 다른 사회 집단을 무시한다. Van Parijs(2009)는 다음과 같이 이야기 한다.

EU의 관료제 자손들이 그러한 사회적 동질화 환경에서 자라는 것은 좋지 않다. 또한 브뤼셀과 같은 도시가 비도덕적인 아프르트헤이트[96] 제도에 해당하는 학교 인구의 일부를 감축하는 것도 좋지 않다. 즉, 부모의 지위덕으로 엘리트 학교에 입학하게 되면, 그렇지 않은 사람들을 향한 우월감을 키워나가지 않기란 어렵다는 것이다[97].

---

96   apartheid: 아프르트헤이트. 예전 남아프리카 공화국의 인종차별정책
97   cultural capital: 문화자본. 물질적 생산 활동의 영역으로부터 비교적 독립적인 문화적 생산 활동의 영역에 고유한 기제(mechanism)와 상관하여 필요한 수단을 의미함. 돈, 상품들과 같

EU 학교들이 남녀공학임을 감안할 때, 이 학교교육 시스템 내에서 성별을 둘러싼 분열은 그렇지 않은 다른 학교교육 시스템과 다르게 덜 중요하다. 이것은 주로 초기 선문화에 대한 분명한 저항 덕분일 수 있다. 인문학과 과학, 그리고 수학에 이르기까지 모든 학문 교과 범주들에 대한 학생들의 참여를 유지한다는 것은 다른 나라들에서는 존재하고 있는 일부 성별을 반영한 교과참여패턴들이 EU 학교에서는 문제가 덜하다는 것을 의미한다. 이와는 대조적으로, 1960년대부터의 본래의 직업 교육 프로그램은 상당히 성별을 반영하고 있었고, 우리가 언급한 바와 같이 더 이상 존재하지 않는다.

특정학습장애(Specific Learning Difficulties)와 신체장애(Physical disabilities)에 관련한 조항은 물론 이 운영 분야에 관련한 전담 학교 검사관도 있지만, 학업 환경의 본질적인 경쟁성은 특정 학생들이 시간이 지남에 따라 시스템에서 떠나가 버리거나 아예 지원하지 않는다는 것을 의미할 수 있다. 따라서 남은 학생 집단은 스스로 자원한 학생들로서, 우리가 '비표준' 학생들이라고 칭하는, 상대적으로 제한적인 지원만을 받을 수 있는 학생들이다. 예를 들어, 다운증후군을 가진 학생들이 때때로 영국의 일부 GCSE시험을 치르는 것이 잠재적으로 가능한 것으로 여겨지기도 하지만, 다운증후군을 가진 한 학생이 그러한 시스템에서 상위 중등수준에 들어서면서 어떻게 잘 자라나는지를 알기는 어렵다. 그렇지만 EU 학

은 경제적 자본과 대조되는 개념으로 지배문화와 상관된 언어 규칙, 지식이나 상징적 의미체제, 사고나 행동유형, 가치, 심미적 취향, 성향 등을 지칭하는 것이다. 부르디외(P. Bourdieu.)는 문화생활 장면에서의 계급적 불평등 현상을 규명하기 위해 이 개념을 사용하며, 경제활동에서의 자본의 소유, 분배 및 유통과정에 따라 계습이 구분되는 것과 마찬가지로 문화자본의 소유, 분배, 교환정도도 계습을 구분하는 기준으로 본다. 나아가서 문화자본을, 문화적 불평등을 통한 계급간의 구조적 불평등을 재생산하는 데 핵심적인 요인으로 보고 있다. 그러나 문화자본의 논리따른 계급적 불평등의 재생산 현상은 경제현상에 의해 결정되지 않고 문화 현상이 지니는 고유한 특성인 상대적 자율성(relative autonomy)에 기인한다고 보고 있다. (출처: 교육학용어사전. 서울대학교 교육연구소,pp.265-266)

교 시스템은 포괄적인 시스템으로 여겨지고, 본래의 포괄적인 의도와 현재의 정책 및 관행 사이의 불일치를 암시한다.

우리는 학생들의 성적선호에 관련한 자료가 없는데, 아마도 성별이 유럽학교들에 있어서 특별한 주제가 아닌 것처럼, 성적선호관련 주제도 특별하지 않은 것일 것이다. 교복 의무착용과 같은 차별적 관행이 드러나는 일반적인 현장들이 부족하면, 서로 다른 정체성들에 관한 한 관용과 포용 의식에 기여할 수 있을 것이다.

EU 학교의 학생회는 비록 다른 민족들에 비해 특정 민족성에 대한 일부 특권을 가지고 있긴 하지만, 유럽 연합의 지리적, 역사적 기초를 바탕으로 고려하면, 이는 예상하듯 주로 백인이다. 이와 관련한 한 예를 들자면, 유대교(Judaism)는 별도로 다뤄지지 않는 반면, 이슬람교(Islam)는 종교교육과 관련하여 나타난다. 세계 2차 대전의 유산과 그 사건의 존재가 유럽연합의 설립자체에 중요한 기여요인이었다는 사실을 고려할 때, 이것은 놀랍다.

많은 EU 학교 가족들의 사회적 위치를 고려할 때, 우리의 연구 과정을 통해 시스템 내에서 '뒷문(back door)'형태의 선발이 분명하다는 것이 더 명확해졌다. 이는 첫째로, 대학을 졸업한 부모들이 우위를 선점하는 것, 그리고 둘째로 수학과 과학 영역에서 어려움을 겪고 있는 S4(상위 중등수준)의 특정 아이들의 떠남으로 인해 이루어졌다.

이런 식으로, 사회계층은 (더 넓은 유럽연합 공동체의 것이라기 보다는)자신 스스로의 이익에 따라 행동하는, 시스템에 의해 거부되었던 사람들에게 도움이 되지 않는 방식으로 지능과 학문적 능력의 개념과 융합되어 왔다. 이것은 선진 자본주의 경제 내에 위치한 학교 시스템으로서, 대학교육 참여는 성적중시주의(meritocratic)의 발전과 크게 관련이 있다. 우리는 학부모와 교사들이 영국의 계층화된 시스템은 물론 미국의 대학 시스템과 프랑스의 그랑데 에꼴(Grandes Ecoles)외 기타 많은 국가들의 대학 입학의 경쟁적인 본질에 관하여 이야기 할 때, 이것이 일상적으로 학부모들과 교사들에 의해 인정되는 것을 본다. 이런 방식으로 관료계급의 사회적 재현이 실제로 일어나는 것을 볼 수 있다. 이것은 여러 다른 나라들에 걸쳐있지만 사회의 같은 핵심그룹(cadre)내 가족들의 사회적으로 유동적인 움직임과 관련이 있다. 상대적인 사회 시간(comparative social time)의 개념도 여기에서 한 몫을 했다. 바실 번스타인(Basil Bernstein, 2000)은 '상징적 지배자(symbolic ruler)'의 개념을 개발했는데, 이 개념은 학교에 다니는 학생들이 그들의 상대적 발달 속도를 확인하기 위해 서로 비교 측정되는 것을 의미한다. 다양한 속도로 발전하고 있는 EU 학교 시스템의 학생들은 종종 '뒤쳐져'있고 학년을 유급함으로써 '아래에 머물러야' 할 필요가 있는 것으로 묘사되고 있다. 우리는 또한 중등학교 상급생들 사이에서 무의식적으로 사용되는 '미래의 리더'라는 표현을 향상된 제공 및 자금 수준을 위한 정당화로서 인식하게 되었다. 이런 점에서 사회적 지위는 지능뿐만 아니라 지도력의 질과도 융합되어왔다.

교육과정과 고등교육 준비성

대학진학과 관련하여 짚고 넘어갈 필요가 있는 마지막 측면은, 개별 교육과정 교과들과 현대 대학에서 일상적으로 맞닥뜨리는 것들 사이의 관계이다. 만약 우리가 EU 바칼로레아를 현행 그대로 조사한다면, 많은 교과들이 20세기 중반 유럽의 다른 나라들과 비슷한 형태를 취하고 있다는 것을 알 수 있다. 이런 점에서, 교과들은 매우 전통적인 것으로 보여질 수 있고, 다양한 대학 시스템들에 의해 인정될 수 있다. 그러나 고등교육분야에서는 최근 몇 년간 교과들이 분류되는 방식에 변화가 있어왔다.

응용교과들의 수가 증가하고 있고, EU 학교에서 제공하는 것과는 매우 다르게 보이는 다양한 교과들에 대한 학제간 접근도 증가하고 있다. EU 학교의 교육과정에서 상위 중등교과들은 다음과 같다:

미술, 생물학, 화학, 경제학, 체육, 지리학, 고대 그리스어, 역사, ICT, 언어1, 언어2, 언어3, 언어4, 라틴어, 수학, 고급 수학, 윤리 및 종교연구, 음악, 기타 국가언어, 물리학, 종교와 철학(참고: 라틴어와 그리스어의 상황은, 그리스의 대학 입학 요건과 같이, 상대적으로 제한된 수의 학생들만 관련이 있다는 점에서 이례적이다)

심리학, 중국어, 일본어, 그리고 아랍어와 같은 비유럽 언어들에 대한 명시적 규정, 사회학, 사회과학, 공학, 법, 기술, 그 외 인기 있는 학문 교과들의 부재가 두드러진다. 이러한 부재를 고려하여, 우리는 대학입학자격인 EU 바칼로레아에 이용할 수 있는 교과들의 확산과 비교하여 교과 참여의 패턴을 확립하기 위해 세 개의 주요 대학들의 교육과정들을 분석했다. 여기서 우리는 교육과정문제의 본질을 볼 수 있다. 대학 수준에서, 전통적인 교과들은 소수의 이용 가능한 학위 프로그램들을 형성하지만, EU 학교에서는 내부 학생들에게 독점적인 제공을 하는 것에 해당한다. 이것은 우리로 하여금 개혁이 없는 이 시스템에서 왜 일부 학생들이 잠재적으로 소외가 되는지를 알 수 있게 해준다.

― 런던대학교(University College London/UCL)

UCL에서 제공하는 학위의 범위는 다음과 같다. 보여지는바와 같이, 많은 교과들은 성질적으로 학제간이거나, 유럽학교들에서 공부하지 않았던 교과들을 대표한다(표 6.1참조).

― 룩셈부르크대학교(University of Luxembourg)

룩셈부르크 대학교는 다음과 같은 학부학위과정들을 제공한다(학사). 다시 한 번, 많은 교과 영역들이 응용되거나 학제간 연계가 되어 있다는 것이 명확하다(표6.2 참조).

― 바로셀로나대학교(University of Barcelona)

바로셀로나 대학교에서는 다음과 같은 학부학위과정이 개설되어 있으며, 많은 교과들이 응용 그리고/혹은 학제간 연계 교과들이다(표6.3참조).

<표 6.1> 런던대학교의 학부학위과정

과정	학점	과정	학점
인류학	2	예술의 역사	2
응용의학	2	인문과학	2
고고학	2	법학	5
건축학	2	언어학	2
예술 및 과학	2	경영과학 및 혁신	4
생화학 공학 및 바이오 프로세싱	4	수학	14
생화학 및 생명공착	2	기계공학	4
생물과학	2	의학물리학 및 생물의공학	4
생물의학	1	의학	1
화학 공학	2	자연과학	2
화학	13	신경과학	2
토목 및 환경 공학	2	약리학	2
고전 세계	10	약학	1
컴퓨터 과학	3	철학	4
지구과학	9	물리학 및 천체물리학	6
경제학	2	정치학	1
경제 및 경영	3	정치학	2
교육	3	국민건강	1
전자 및 전기 공학	2	건설프로젝트 관리	2
영어	1	심리학	2
유럽 언어 문화 그리고 사회	15	심리학 및 언어과학	1
유럽 사회 및 정치학	2	러시아어 및 동유럽 언어 및 문화	12
미술	2	과학 및 기술 연구	2
지리학	6	사회과학	2
히브리어 및 유대어 연구	5	통계학	6
역사	5	도시계획 및 도시연구	3
역사(러시아 및 동유럽)	2		

<표 6.2> 룩셈부르크 대학교의 학부학위과정

컴퓨터 공학 학사(교육언어-영어 및 프랑스어);
공학 학사(교육언어-프랑스어 및 독일어):
- 전기기술, 에너지 및 환경 산업, 토목 공학 산업(건설, 토목 공학 산업(도시 계획 및 토지 계획 산업), 유럽 산업 관리 산업, 일반 기계 산업, 메카트로닉스 산업, 통신산업;
과학 및 엔지니어링 학사(교육언어-영어, 프랑스어 및 독일어):
- 공학(전기기술, 토목 기계, 컴퓨터), 수학, 물리; 생명 과학 학사(교육언어-프랑스어 및 독일어)-생물학, 의학, 약학, 약리학;
법학 학사(교육언어-프랑스어 및 영어);
경제학 및 경영학 학사(교육언어-프랑스어 및 영어);
경영학 학사(교육언어-프랑스어 및 영어)- 보험, 은행, 기업
유럽문화학사(교육언어-프랑스어, 영어 및 독일어)
- 영어 연구, 프랑스어 연구, 독일어 연구, 역사학, 철학학;
심리학 학사(교육언어-프랑스어, 영어 및 독일어);
교육과학 학사(교육언어-독일어, 영어, 독일어, 및 룩셈부르크어)
사회 및 교육학 학사(교육언어-프랑스어 및 독일어)

<표 6.3> 바로셀로나 대학교의 학사학위과정

발달 및 교육 심리학;
논리, 역사 및 과학 철학;
생리학;
헌법 및 정치학;
법, 로마법 및 국가교회법의 역사;
약리학 및 약리학 기술;
유기화학;
사회 심리학;
물질의 구조와 구성 요소;
카탈루냐어;
지구화학, 암석학 및 지질학적 전망;
공중보건;
응용수학 및 분석;
영어 및 독일어;
현대사;
경제사 및 제도;
약학;
식물생물학;
문화인류학과 미국 및 아프리카의 역사;
라틴어;

물리적 지리 및 지역 지리분석;

그리스어;

성격 평가 및 심리 치료; |

화학;

영양학 및 식물학;

홍보학;

스페인어;

생화학 및 분자생물학;

기초 물리학;

대수학과 기하학;

경제 및 비즈니스 조직;

교육에서의 연구 및 진단 방법;

확률, 논리 및 통계량;

드로잉;

재료과학 및 야금 공학;

현대사;

인문지리학;

문헌학;

지구역학 및 지구물리학;

페인팅;

수술 및 수술전문화;

세포생물학;

공중보건, 정신건강 및 산전후 간호;

사회 사업 및 사회 복지 사업;

응용 물리학 및 광학.

몇 가지 결론적인 생각

본 장을 통해 EU 학교들과 고등 교육으로의 진입 경로들에 대한 관계를 다루어 보았다. 이는 대다수의 18세 학생들에게는 일반적인 교육 컨베이어 벨트에서 어떻게 학생들이 한 단계에서 다른 단계로 이동하는지를 단순하게 고려하는 것보다 더 중요하다. 표면적으로는 학문적 측면에서 성공적이긴 하지만, 이러한 동일한 진행 경로들은 EU 학교 시스템의 부정적인 측면 중 일부를 분명하게 보여준다. 즉, 포함(inclusion)의 문제뿐만 아니라 많은 다른 유럽 기관들이 제공하는 교육과정과 점점 더 조화되지 않고 있는 구시대 교육과정 구조의 배치를 의미한다. 이는 자신들이 궁극적으로 경험했던 것은 학교교육의 최전선에 응용적 기술보다는 이론적인 기술을 앞세우고, 언제나 직장에서의 실질적인 필요와는 밀접하게 연결되지 않는 언어 기술들을 습득하게 하는 다른 종류의 학위과정을 잘 준비했다고 이야기하던 졸업생들과의 대화에서 분명히 드러난다. 게다가, 매우 작은 교육 집단들과 아마도 지나치게 성실한 개별지도양성은 이후 낮은 수준의 개별적 회복력에 기여했다. EU 학교 시스템은 좋은 의도들로 만들어졌지만, 학교가 제공하는 상품(교육과정)들은 더 넓은 사회로부터 분리되어왔다.

폭 넓은 EU 학교들 가족에 대한 신용으로, 이러한 상황에 대한 인식뿐만 아니라 대안으로의 참여를 유도하는 개혁에 대한 열망이 EU 학교가 제공하는 교육과정의 대규모 수정과 결합되어 있다. 이런식으로, 그들은 지난 수십 년 동안 시스템을 점점 더 자기성찰적으로 변화하도록 만든, 지금까지 관행이었던 매우 제한된 외부 조정과 정밀조사의 영향에 도전하고 있다. 또한 세계에서 가장 비용이 많이 드는 현재의 고비용, 고학력 성취모델은 엘리트주의보다는 포용주의를 강조했던 설립자들의 본래 취지에서 벗어났다는 생각이 점점 증가하고 있다. 세계화된 지식기반경제에서, 국제주의는 항상 분면하고 뚜렷한 강점이 되어왔으나, 이는 전통적인 형태의 지식을 강조하는 오래된 교육과정 모델에 직면하여 혁신을 방해하기 시작했다. 현재 EU 바칼로레아 졸업생의 성공적인 고등 교육으로의 접근은 외부 환경으로부터 변화의 위협을 받고 있는 시스템을 위장하고 있다. 마지막 장에서 우리는 사해동포주의(cosmopolitan[98])와 유럽주의(Europeanism)의 개념과 그것을

---

98 Cosmopolitanism: 사해동포주의. (1) 이성을 공유하는 전인류를 동포로 하는 입장. 멀리는 퀴닉(Kynikoi)학파가 당시 국가의 대립, 인종·귀천의 차별 등 불합리한 습관에 대해서 만인은 다같은 예지의 법칙에 따르는 것이라는 주장을 말한다. 이것은 일반적으로 인류를 이성적 국가 밑에 포괄하려고 하는 사상이다. (2) 그리스도교의 종교적 세계주의. 모든 민족국가 혈통·빈부의 차별을 넘어서서 신 앞에 평등한 것으로서의 인간을 본다. (3) 국가주의에 대해서 현존하는 제국국가가 해소 또는 개혁되어, 국가간의 대립항쟁이 없어지고 유일한 세계 연방이 실현되어, 전 인류가 그 시민이 되는 것을 이상으로 하는 주의.(출처: 교육학용어사전. 서울대학교 교육연구소,pp.335-336)

만들어낼 수 있는 교육학적 준비에 대해 더 자세히 검토한다.

7
함께하기:
새로운 유럽시대의 교육모델 제시[99]

　우리는 EU 학교 시스템의 가치와 어떻게 이 가치들이 교육학적 관행으로 번역될 수 있을지를 검토함으로써 이 책을 마무리 짓는다. 우리는 이미 이 시스템이 8개의 역량이라는 가치의 틀을 가지고 있다고 제안했다. 그러므로 EU 바칼로레아를 이끄는 교육과정의 근거는 ①모국어로의 의사소통, ②외국어로의 의사소통, ③수학역량과 과학과 기술분야의 기본 역량, ④디지털 역량, ⑤학습을 위한 학습, ⑥사회와 시민 역량, ⑦결단력과 기업가 정신, 그리고 ⑧문화적 인식과 표현의 8가지 역량들에 부합해야 한다는 것이다. 이러한 역량들이 근본적으로 아우르고 있는 것은 수용적인 시민의식 감각을 허용하는 적절한 교육학의 개발을 위해 유럽, 반민족주의 그리고 사해동포주의(cosmopolitanism) 가치들과 주변화된 학생들, 교사들, 그리고 부모들에 대한 관점을 지지하는 감각이다(Banks, 1997, 1998, 2004). EU 학교 시스템의 역사에서 너무 자주 발생해 온 것은 현대 교육 시스템의 문제를 진정으로 다룰 수 있는 포괄적인 가치들의 집합과 더불어, 이 중요한 목적에 맞지 않는 교육학적 가치들과 전략들의 집합이다.

　먼저, 우리는 교육자로서 다양한 환경에서 교육을 제공하고 소수집단들의 시민권을 인정하며, 민주주의를 증진시킬 수 있는 그런 이론들을 다룰 필요가 있다. 이것은 시스템 내의 정책입안자들이 시민권, 인권, 유토피아적 관점, 세계주의, 민주

99　© 저자(들) 2018
산드라 리튼 그레이 외., 유럽학교의 교육과정 개혁, http://doi.org/10.1007/978-3-319-71464-6_7

주의와 같은 주제들을 교육학적 맥락에서 다룰 필요가 있다는 것을 의미한다. 사해동포주의(cosmopolitanism)는 고대 그리스 철학과 유럽 계몽주의에 뿌리를 두는 긴 혈통을 가지고 있다. 세계인의 관점은 "인본주의 원칙들과 규범들에 대한 헌신, 인간 평등에 개한 가정, 차이에 대한 인식과 심지어 다양성을 축하하는 것의 결합"(Kaldor, 2003:19)일 때 완벽하다.

비록 고대 그리스 계몽주의의 상징이지만, 플라톤[100]과 아리스토텔레스[101]의 글에서 묘사된 정치 문화는 세계주의적이지 않다. 여기에서, 한 남자(그리고 여기서 말하는 시민은 오로지 남성으로 생각됨)는 자신을 첫째로 그리고 가장 중요한 특정 폴리스(도시국가/polis)[102]의 시민이라고 밝히고, 그의 충성은 어떤 초국가적이거나 세속적인 독립체 제도와 사람 집단들에 관한 것이다. 이 충성은 그에게 공격들로부터 자신의 폴리스들을 보호하고, 폴리스 민주주의 제도에 의한 결정을 준수하며, 폴리스 국민들의 공익을 위해 공헌할 것을 요구했다. 게다가, 고결한 시민은 성벽 밖에 사는 사람들과 함께 나누거나 봉사할 것으로 기대되지 않았다. 훌륭한 아테네 사람은 외국인들에 비해 특권을 가지고 있었고, 비슷한 방식으로, 자유인[103]들은 여성, 어린이, 노예들에 의해 억류되고 풀려난 사람들보다 우월한 권리와 책임을 가지고 있었다. 이것은 제한된 형태의 사해동포주의(cosmopolitanism)이다.

100　Platon: 플라톤. (427~347 B.C) 그리이스의 철학자, 교육사상가. 이데아론의 주창자. 저서 국가론(Politeia, 380 B.C.), 법률(Nomoi)등. (출처: 교육학용어사전. 서울대학교 교육연구소,p.827)
101　Aristotles: 아리스토텔레스. (384~322 B.C.) 마케도니아의 철학자, 과학자, 정치학자, 교육사상가. 리시움(Lyceum)의 창설자이며 소요학파의 설립자. 저서 윤리학, 시학, 형이상학 등. (출처: 교육학용어사전. 서울대학교 교육연구소,pp.824-825)
102　polis 폴리스. 고대 그리스의 도시국가
103　자유인: 노예 계급이 아닌 남성

그러나 플라톤주의[104]와 아리스토텔레스주의[105]는 고대 그리스 사상의 전체성을 대변하지는 않으며, 당시 확실히 많은 그리스 사상가들이 사해동포주의(cosmopolitanism) 교리의 일부를 받아들였다. 고대 그리스 폴리스의 많은 사람이 지지했지만, 외국인을 혐오하는 믿음과 관습[106]은 한결같이 받아들여지거나 옹호되지 않았다. 하지만 플라톤과 아리스토텔레스가 글을 쓰는 동안에도, 다른 그리스인들은 사해동포주의(cosmopolitanism)의 형태들에 대한 열렬한 주장들을 펼쳤고, 외국인들이 악마로 묘사되는 것을 받아들이기를 거부했다. 헤토도토스[107]와 탈레스[108] 같은 유랑지식인들은 지적의식을 깨우치는 것과 인류의 권리와 자유를 존중하는 삶의 방식을 주장했다. 적어도 플라톤이 소크라테스[109]의 생각을 이해한 바로는, 소크라테스 역시 이러한 보편주의[110] 감각에 민감했다는 것이다.

소크라테스는 자신과 타인검증의 개념에 관심을 가졌으며, 이러한 검증들은 아테네 사람들에게나 외국인들에게나 동일하게 확장되어, 개인적이면서도 정치적인 의미인 것으로 이해되었다.

그 여러가지 형태들 중 스토아[111]식 사해동포주의(cosmopolitanism)는 그리스-

---

104 Platonism: 플라톤주의. 플라톤은 보편성은 이데아이며 그것은 존재하는 실체라고 생각하였으나, 유명론자들은 보편성이란 일반성을 나타내는 개념에 불과할 뿐 결코 실체로 존재하는 것이 아니라고 하였다. (출처: 교육학용어사전. 서울대학교 교육연구소,p.300)
105 Aristotelianism: 아리스토텔레스주의.
106 Xenophobic: 관습
107 Herodotus: 헤토도토스. 기원전 5세기 경의 그리스 역사가
108 Thales: 탈레스 (640?-540?B.C.) 그리스의 철학자. 7현인 중 한 사람
109 Socrates: 소크라테스. (469~399 B.C.) 그리이스의 철학자. 서양 철학의 원조. 제자인 플라톤(Platon)과 크세노폰(Xenophon)에 의한 작품만이 남아있음. (출처: 교육학용어사전. 서울대학교 교육연구소,p.824)
110 universalism: 보편주의. (1) 보편자를 개별자의 상위에 두고, 후자는 전자에 참여함으로써만 존재성과 의의를 갖게 된다는 입장. (2)특수주의에 대치되는 개념으로 합리적이고 보편적인 기준에 입각한 사회관계나 그 행동양식. (출처: 교육학용어사전. 서울대학교 교육연구소,pp.300-301)
111 Stoic: 스토아 학파. 기원 전 3세기 경에 키프로스의 제논(Zenonho Kypros)에 의하여 창시된 그리이스 철학의 한 파. 로마제국에서는 일종의 윤리적인 민족종교였다. 절충주의와 혼

로마 세계를 통틀어서 엄청나게 설득력이 있었다. 비록 세계시민(κοσμοπολίτη ς, 문자 그대로 세계 시민)이라는 용어가 스토아 철학자들보다 더 이른 시기로부터 유래되었고, 그 의미가 현재 사용되는 방식과 다소 다르더라도, 그 용어에 의미를 부여한 것은 스토아 철학자들이었다. 기원전 340년 무렵에, 냉소적인 디오게네스[112](1925a)는 그 자신을 '세계의 시민(그리스어로 세계시민)'이라고 묘사했으며, 조금 후에 안티폰[113](1965)은 "자연적으로 우리는 야만인과 그리스인 양쪽 모두 모든 면에서 동일하게 구성되어 있다. ... 이것은 선천적으로 모든 인류에게 필수적인 것들을 고려함으로써 알 수 있다. 이런것들에는 어떤 야만인도 그리스인도 우리와 구별되지 않는다. 우리 모두는 입과 콧구멍으로 공기를 들이마시기 때문에...". 제논[114](1925b)은 그의 책 공화국(Republic)에서, 다음과 같이 언급했다고 플루타르크[115]에 의해 보고되었다: "더구나 스토아 학파의 창시자인, 오랫동안 존경받았던 제논 공화국은, 이 한 가지의 주요 원리로 요약될 수도 있을 것이다: 우리 세계의 모든 주민들은 각자의 정의의 규칙들에 의해 별개의 도시와 공동체로 차별화해서 살아서는 안된다는 것이다. 대신 우리는 모든 인류를 하나의 공동체와 하나의 정치적 조직체로 생각해야 하며, 심지어는 마치 들판의 목초지를 공유하고 함께 먹는 한 무리인것 처럼, 공통적인 삶이나 우리 모두에게 공통적인 질서를 가져야 한다고 생각한다". 스토아 철학자들은 후에 코모스(komos/우주 혹은 세계)

합주의의 영향을 받은 스토아 학파는 여러 상이한 가르침들을 수용하였다. "하나님과 자연은 하나이며 인간은 하나의 부분이다. 모든 실재하는 것과 작용하는 것은 물적이다. 힘(Kraft)은 비물질적이거나 추상적인 것이 아니라 가장 섬세한 물질 자체이다. 세계 전체의 작용력 자체는 신성이다. 신성이 세계의 영혼, 세계이성으로서 일종의 호흡(숨)으로 만연되어 있다. 모든 윤리행위는 자아보존과 자아주장일 뿐이다. 그러나 이에 철저하면 할수록 보편적 복지의 장려로 드러난다." 스토아 학파의 윤리학은 후에 영국의 교육이상으로서의 신사도(gentlemanship)를 낳았다. (출처: 교육학용어사전. 서울대학교 교육연구소,p.413)

112　Diogenes: 디오게네스(412?-323 B.C.) 그리스의 철학자
113　Antiphon: 안티폰
114　Zeno: 제논
115　Plutarch: 플루타르크

라는 개념으로 지역도시국가, 도시-주 혹은 국가의 개념이 보완되는 시민권의 이중개념을 제공했다. 이것은 유럽주의의 개념을 포함한 지역적이면서 국제적인 요소들을 아우르면서 계층화된 시민권의 현대적 개념을 상기시킨다. 우리의 추론능력에 반영되어 있는 이 공통의 인간성의 감각은 후에 자연법의 원리로 여겨졌고, 철학자 존 로크[116](2007[1689])는 훨씬 더 늦은 시점에 세계적인 부호의 개념과 정부가 무엇을 말하고 무엇을 했던지간에 모든 인간은 빼앗을 수 없는 권리를 가지고 있다는 생각을 발달시키기 위해 그것을 사용했다.

스토아적 사해동포주의(cosmopolitanism)는 많은 사람들이 세계시민주의의 이상에 대해 수용적이도록 만들었고, 따라서 그것의 광범위한 영향에 크게 이바지했다. 사해동포주의(cosmopolitanism)는 유명한 국제적인 학자인 로테르담의 에라스무스[117]의 글들에서 전형적인 예시가 되었고, 유럽계몽주의의 핵심 주제로 서서히 떠올랐다.

에라스무스는 전 세계적 평화라는 이상을 주장하기 위해 고대 사해동포주의(cosmopolitanism) 글들을 명쾌하게 사용했다. 여기서 강조된 것은 사람들을 국가, 종교, 인종, 카스트 또는 다른 집단으로 나누는 것과는 대조적으로 인간의 불가분성에 관한 것이었고, 이러한 분열을 자연스러운 것으로 묘사했다. 에라스무스는 사실상 국가적이고 종교적인 관용을 호소했다(참조. Querela Pacis, Erasmus Desiderius, 2017).

유럽계몽주의 시대 동안 사해동포주의(cosmopolitanism) 사상의 발현에는 여

---

116   John Locke: 존 로크. (1632~1704). 영국의 철학자. 정치학자, 교육학자. 경험주의적 사상가. 저서 '인간오성론(An essay Concerning Human Understanding, 1690)', '정치론(Two Treatises of Government, 1690)', '교육론(Some Thoughts Concerning Education, 1693)' 등. (출처: 교육학용어사전. 서울대학교 교육연구소,p.822)

117   Erasmus of Rotterdam Desiderius. 에라스무스. (1466~1536). 네델란드의 사상가. 르네상스 초기의 대표적인 인문주의자. 저서 '우신예찬, 1509)', '아동의 자유교육론' 등.(출처: 교육학용어사전. 서울대학교 교육연구소,p.824)

러 이유들이 있었다: 자본주의와 세계 무역의 성장증가, 제국의 건설과 세계화의 초기 징후, 당시까지 접근할 수 없었던 세계 여러 곳들로의 탐험과 정착, 헬레니즘[118] 철학에 대한 새로운 관심(비록 고대 그리스어 구사자들에게만 국한되었지만), 인간의 이성에 초점을 맞춘 인권 개념의 출현. 이 시기 많은 지식인들은 도시 국가, 도시, 국가보다는 초국가적인 사상가들로 구성된 비공식적 네트워크에 그들의 충성을 바쳤다. 이것은 그들이 국가와 국민의 관점이 아닌 다른 관점으로 생각하고 세계시민적인 관점을 가질 수 있도록 준비시켰다. 미국 혁명의 영향 아래, 그리고 특별히 프랑스 혁명의 첫 해 동안, 아이디어로서의 시계시민주의 또한 부활의 과정을 거쳤다. 1789년의 인권선언은 사해동포주의(cosmopolitanism)적인 사고방식으로 부터 발전하여 커졌고, 그들을 차례로 강화시켰다.

이러한 초기 형태의 세계화된 사고와 관행들은 여러가지 형태를 취했다. 세계화 과정은, 그들이 실제적인 효과를 가지고 있는 한(우리는 언어의 압력 또한 감안해야 한다), 두 가지 방식으로 작용한다: 첫째, 국가정부들은 세계시장 내에서 운영되고, 이에 따라 국가정부들은 통용되는 의제에 맞추거나 혹은 이용하기 위해 그들의 정책들을 유행에 따라 바꾼다, 둘째, 국가 정부들은 그들의 관할구역 밖으로부터 오는, 그리고 그들의 정책들과 관행들에 영향을 미치는 외부세력의 압력을 받는다. 더 나아가서, 어떤 개입이나 실험의 성공(한 국가의 외부에서 작용하는 국가 혹은 다른 기관에 의해), 혹은 최소한 그것이 취하는 경로는, 그것이 도입되는 시스템뿐만 아니라 만들어지는 개입의 유형에 의해서도 결정된다. 개입과 실험은 시간 순서로 배열되기 때문에, 한 국가 혹은 유럽과 같은 대륙의 역사의 다른 순간들에 다른 영향을 끼칠 수 있다.

세계화는 여러 가지 독특한 방식들로 작용하고, 이는 사회적 대상들과 사회적 기제들이 개방된 시스템에서 작용하는 것을 의미하며, 이에 따라 생성적 인

---

118 Hellenistic Philosophy: 헬레니즘 철학

과관계의 권력을 포함한 특정한 특징들을 포함한다. 예를 들어, McLauren과 Parahmandpur(2001)는 세계화는 문화적 현상이고, 이러한 문화 현상들이 취하는 형태 변화들에 의해서만 인식될 수 있다고 제안한다. 따라서 뚜렷한 국가 형태들과 정체성들 대신, 신념의 교차수정(cross-fertilisation), 혼합 문화 형태의 창조, 문화의 균질화, 그리고 문화적 산물들의 표준화가 있다. 이것은 문화적 단조로움과 순응주의로 이어진다. 세계화는 또한 세계화된 시장과 세계 소비자 정체성의 확립을 암시한다.

두 번째 징후는 자본화 특성의 확장이다. 여기에는 여러 가지 형태가 있을 수 있다. 예를 들어, 자본은 가능한 모든 사회적, 지리적, 그리고 물리적으로 가능한 공간들을 채우려들기 때문에, 그것은 공간적일 수 있다. 자본화는 또한 새로운 형태의 상품 발명을 통해 확장될 수 있다. 그리고 그것이 취하는 세 번째 형태는 자본 증대를 통해 팽창하는 것을 의미하며, 자본은 세계에 대한 영향력을 심화시키고 발전 시킨다.

18세기에, '사해동포주의(cosmopolitanism)'와 '세계 시민권'이라는 용어들은 논리 정연한 신념의 틀에 속하는 것으로 여겨지지 않고, 오히려 개방성과 공평성의 태도를 가리키는 것으로 여겨졌다. 세계시민은 특정한 종교나 정치적 권위를 지지하지 않은 사람이었다. 이 용어는 때때로 국제적인 연락망을 가지고 있는 사람을 지칭하는데 사용되거나, 그들이 태어난 국가나 지역보다 국제사회 속에서 더 편안함을 느끼는 사람들을 지칭하기 위해 사용되었다. 이런 점에서 백과사전(Encyclopédie, 원저자 강조)은 세계 시민을 '고정된 거주지가 없고 어디에서도 낯선 사람이 아닌 사람'이라고 설명한다. Encyclopédie 혹은 dictionnaire raisonné des sciences, des arts et des métiers(백과사전, 혹은 체계적 예술, 기술, 과학 백과사전)은 Denis Diderot(1751-1772)의 "백과사전의 목표는 사람들의 생각의 방식을 전환하기 위함"이라는 주장에서 입증되었듯이 계몽주의 거물들에 의한 새로운 방식의 사고를 드러내기 위한 시도이다. 편집자로서, 그는 전 세계의 지식을 집대성하여 가치 중립적이고 공정한 형태로 보여주고자 했다.

백과사전의 다양한 항목들의 저자들은 전 세계적인 인간 공동체 형태의 긍정적인 도덕적 이상에 우선권을 부여한 계몽주의 버전의 사해동포주의 (cosmopolitanism)를 표현하기 위해 스토아 전통에 의존했다.

이 공동체는 자유, 평등, 그리고 합법적인 행동의 원리들로 특징지어진다. 그러나 이 관습법들은 이성에 기반을 둔 도덕률들이다. 또한 임마누엘 칸드 (Immanuel Kant, 1992)는 개개인들은 권리들을 가지고 있고, 개개인들이 특정한 국가의 시민으로서 라기 보다는 지구의 시민으로서 이러한 권리들을 갖는다는 것을 나타내는, 헌법과 국제법과 더불어 제3의 공적인 법의 영역을 제안하는 사해동포주의(cosmopolitanism) 법의 개념을 발달시켰다. 세계적 이주의 움직임들은 국가적 시민권이 종종 배제되는 상황을 가져왔다. 하지만 존 듀이(John Dewey[119])가 지적했듯이, 시민권과 국적의 강력한 담론을 동일시하는 것은 제국주의가 번성하고 민주주의가 소수민족을 위해 남겨졌던 19세기 후반이라는 역사의 특정 시점에서 일어났다. 이와 더불어, 듀이는 사해동포주의 (cosmopolitanism)는 학습된 관점이라는 것을 인식했다. 교육은 사람들이 국경에 관계없이 서로를 같은 인간으로 식별할 수 있도록 하는 능력을 개발할 수 있으며, Appiah(2007:82)가 말하는 "이방인을 위한 배려"를 발전시킬 수 있다. EU 학교 시스템은 비록 설립자들이 그것을 유럽의 이상으로, 그리고 아마도 더 중요하게, 교육적인 과정으로 이해했지만, 이러한 세계 시민 정체성의 감각을 아우르고 있다.

---

119 John Dewey 존 듀이(1859~1952) 미국의 철학자, 교육학자. 실용주의(pragmatism) 사상의 대성자. 저서 민주주의와 교육(Democracy and Education, 1916), 철학의 재건 (Reconstructions in Philosophy, 1920)등. (출처: 교육학용어사전. 서울대학교 교육연구소,p.821) 참조: Dewey, J. (1938). Experience and Education. New York: Touchstone.

학습환경들

세계 시민의 정체성을 습득[120]한다는 것은(그리고 확실히 유럽 정체성을 습득한 다는 것은) 학습된 활동이며 EU 학교와 같은 특수한 환경 속 적절한 학습 기제의 개발을 요구하며, 이는 학습과 학습 환경의 결속을 필요로 한다. 이를 기반으로 이론적이고 맥락적 고려사항들은 어떻게 교수와 학습의 요소들이 현실이 되는지에 영향을 미친다. 이를 인정하는 것은 학습을 위한 평가, 관찰, 코칭, 목표-명확화, 멘토링, 동료학습, 시뮬레이션, 교육, 개념 형성, 성찰, 메타인지 학습, 문제 해결, 그리고 실습 등과 같은 많은 학습 모델들의 식별을 가능하게 한다. 그리고 이들 각각은 결국 특정한 학습이론에 의해 뒷받침된다. 이것이 의미하는 것은 사용되고 있는 어떤 학습 모델이든, 우리가 세상을 어떻게 알 수 있고 그것이 무엇인지에 대한 특정한 관점들과 관련되어 구성된다는 것이다.

이러한 모델들 혹은 학습 세트들(이는 특정한 형태의 피드백 기제도 포함함)은 학습 과정의 다양한 요소들에 각기 다른 강조점을 부여한다.

이러한 모델들 중 첫번째는 '학습을 위한 평가' 모델이다. 학습을 위한 평가는 5가지의 핵심 전략들과 하나의 일관성 있는 아이디어로 제시될 수 있다. 다섯 가지의 핵심 전략들은 ①효과적인 교실 토론, 질문, 그리고 학습과제들을 설계하기, ②성공을 위해 학습 의도와 기준들을 명확화하고 공유하기, ③학습자들이 앞으로 나아가게 하는 피드백을 제공하기, ④자신 스스로의 학습의 소유자로서 학생들을 독려하기, 그리고 ⑤학생들을 서로에 대한 교육적 자원으로 독려하기이다 (William and Thompson, 2008). 그리고 확실한 아이디어는 학생 학습에 대한 증거가 학습 욕구를 더 잘 충족시키기 위해 교육을 적응시키는데 사용된다는 것이다; 다시 말해서, 가르침은 학생의 학습 요구들에 수용적이고, 평가들을 통해 얻은 증거들은 교사들과, 학습자들, 혹은 그들의 동료들이 가르침을 개선하기 위해 사

---

120   Acquiring: 습득. 노력이 수반된 성취를 의미한다

용된다(ibid.).

이 모델의 중요한 측면은 피드백의 개시인이자 사용자로서 학습자가 학습과정에 적극적으로 참여하는 것이다. 그렇다면 여기서의 핵심은 평가(형성적으로 혹은 발달적으로 설계된)와 학습 사이의 관계에 있다. 이런 의미에서 피드백은 평가의 지속적이고 필수적인 부분이다. 학습 움직임에 대한 평가는 세 가지 근거로 비판받아 왔다. 형성평가에 집중하는 것은 불가피하게 다른 학습 요소들을 주변화하고, 결과적으로 일부 전력들은 잘못 이해되고 그에 따라서 잘못 적용된다. 예를 들어, 동료 학습은 학생들에게 동료 학생들의 수행에 대하여 일련의 기준들을 바탕으로 양적인 판단을 하도록 요구하기에 충분하지 않으며, 결과를 정량화하고 비교하는 목적들을 위한 환원적 과정은 학습의 과정에 대한 왜곡된 이해로 이어질 수 있다.

두 번째 학습구성은 관찰 모델이다. 여기에서 교사는 학습자가 모방해야 할 행동을 교실에서, 그리고 나중에 실제 실천되는 맥락에서 보여준다. 이 모델엔 ①학습되어야 할 행동들에 대한 시연이나 실증을 포함한 실제 모델, ②행동들에 대한 설명들과 묘사들로 구성된 말로 설명하는 모델, ③그리고 시나리오와 표현적인 수행들이 예시가 될 수 있는 상징적인 모델의 세 가지 주요 유형이 있다. 이들은 학습을 위한 자극이다.

학습자들에게는 ▪교사의 시연이 실제 모델인지, 구두로 설명하는 모델, 혹은 상징적 모델로 구성되는지에 대한 관찰하는 것, ▪학습자가 이미 가지고 있는 것으로 드러나는 체화된 형식과 시연을 비교해 보는 것, ▪변경 혹은 대체를 통해 현재 자신들의 구조를 조정해 보는 것, ▪인위적인 환경 내에서 학습자가 지원을 받으면서 연습하는 것, ▪인위적인 환경 내에서 학습자가 지원 없이 연습하는 것, ▪지원을 바탕으로 기술을 실제 현장으로 접목해 보는 것, ▪그리고 실제 현장에서의 사용을 통해 지원 없이 병합해 보는 것(참조. Bandura, 1977)과 같은 학습 기술들이 필요하다. 이 모델은 인식주의 학습이론[121]에 의해 뒷받침된다.

세 번째는 코칭모델이다. 여기서 초점은 ①전문가에 의한 모델링, ②학습자가 실습하는 동안 코칭, ③초기 단계 동안 학습자가 지원을 받는 곳에 비계를 설정하고, 학습자가 점점 능숙해질 수 있도록 지원을 줄여나가는 것(여기에서 코칭은 교사가 학습자의 수행에 있어서 모델에서 벗어난 학습자를 식별한 다음, 학습자가 해당 수행을 수정하려고 시도할 때 이를 지원하는 것을 포함한다), ④해당 과정에서의 학습자의 표현, ⑤이러한 과정들에 대한 성찰 및 해당 전문가의 행동의 근거들과의 비교, 그리고 ⑥학습자가 지원없이 다양한 활동들을 수행하는 것에 대한 탐구(참조.Collins et al., 1989)와 같은 일련의 단계들에 있다. 코칭은 한 실천 공동체[122] 내의 일대일 활동 혹은 집단적인 연습으로 볼 수 있다. 이 모델은 사회문화적 학습이론에 더 적합하다.

네 번째 모델은 학생과 일정기간 동안 성공을 위한 기준들과 학습 의도들을 공유하고 명확히 하는 것을 포함한다. 이를 위해, 교사들은 학습자들에게 한 수업 혹은 일련의 수업들의 교육 목표에 대한 명시적인 진술과 설명을 제공한다(Zimmerman and Schunk, 2011). 목표 명확성은 ①학습자들이 자신들에게 주어진 과제들을 어떻게 수행해야 하는지에 대한 설명, ②자신들에게 기대되는 것들이 무엇인지 파악할 수 있는 기회들, ③그리고 과제를 완료함과 동시에 자기주도적(self-directed)학습자로서 자신의 능력에 대한 성찰과 같은 세 가지의 학습자 중심 측면이 있다. 이 기제는 ①기준을 식별하고 그 의미를 해석하는 것, ②해당 기준을 달성한 학생의 성취에 대해 학생들이 스스로의 능력에서의 약점들을 식

---

121   Cognitivist theory of learning: 인식주의 학습이론
122   Communities of Pracitce: 실천공동체. 공동의 목표를 향해 나아가는 집단을 의미하며 특정한 형태의 실천을 수행중인 집단으로서, 프로젝트 팀과는 성격이 다르다. 실천공동체의 세 가지 속성은 상호관여("mutual engagement"), 공동의 업무("a joint enterprise"), 공동자산("a shared repertoire")이다(Wenger, 1998: 73). 참조: Wenger(1998). Communities of Practice. Cambridge: Cambridge University Press.

별하고 그러한 약점들의 개선을 위한 방법들을 제시할 수 있는 설명을 제공하는 것, ③학습자의 현재 능력치를 향후 재식별하기 위한 기록 보관, ④이에 대한 성찰 및 개선을 위한 방법들에 대한 식별, 그리고 ⑤교육과정의 진행상황에 대한 메타반영적인 기록(Meece et al., 2006)과 같은 많은 과정들로 구성된다.

다섯 번째 모델은 멘토링이다. 이는 내용지식, 사회자본 혹은 심리사회적 자원들의 비공식적인 전달을 지원한다. 이것은 보통 대면상황에서 진행되며, 참여하는 두 명 중 한 명은 더 나은 지식, 지혜 혹은 경험을 가진 것으로 여겨지고, 그 둘 사이의 관계를 포함한다. 다섯 가지의 가능한 멘토링 기법들은(참조. Aubrey and Cohen, 1995) ①학습자를 지원하고 같은 활동에 참여하며 그들과 함께 나란히 학습하는 것, ②현재 상황에서 그들에게 제공되는 것들에 대하여 학습자들이 준비가 되지 않았거나 혹은 배울 수 없는 경우라 할지라도 그들이 미래를 준비할 수 있도록 하는 것, ③다른 방식의 사고, 정체성의 변환 혹은 가치들의 재평가를 유발하도록 학습을 촉진하는 것, ④개인적 예시를 통해 보여주는 것, 그리고 마지막으로 ⑤학습자들이 이전 학습을 되돌아 볼 수 있도록 돕고 지원하는 것으로 식별된다. 코칭과 멘토링이라는 용어는 종종 동의어처럼 사용되지만, 이 두 접근법들 사이의 중요한 차이가 있다는 것을 확인 할 수 있다. Clutterbuck과 Megginson(2005)는 이 두 용어들을 구별하면서 강조 측면에서 시간척도(time-scale), 접근법(approach), 그리고 맥락(context)이라는 세 가지의 분명한 차이들을 확인했다. 예를 들어, 코칭은 수행의 변화에 초점을 맞추고 멘토링은 생애과정의 요소들을 관리하는 데에 초점을 맞춘다. 또한, 코칭은 즉각적인 맥락에 초점을 맞추는 반면 멘토링은 학습자의 활동반경을 확장하는 것을 포함한다. 이와 더불어, 코칭은 전형적으로 훨씬 짧은 기간과 특정한 목표에 대한 반응으로 보여지는 반면, 멘토링은 즉각적인 문제들을 장기적인 변화의 일부로 여긴다. 멘토링과 코칭 모두 변화를 성취하는 것을 위한 것이며, 비판적 성찰과 비계적 지원과 같은 적절한 도구들의 사용을 통해 학습자의 자기규제의 개발에 중점을 둔다.

여섯 번째 학습 모델은 동료 학습이다. 다른 학습 형태들은 교사와 학습자 사이의 불평등한 관계를 구성한다. 여기에서 학습관계는 대등하고, 따라서 다른 형태의 학습이 함축되어 있다는 가정을 할 수 있다. 이러한 유형의 학습은 다음과 같은 예시들을 포함한다. ▪ 학습이 어려운 것으로 판명되면 정서적인 지원을 제공하는 것으로 같은 학습과정을 거쳤던 사람에 의해 도움이 제공되는 것은 항상 더 나은 형태의 지원이다; ▪ 이중대립수행(dyadic performance confrontations)은 학습자간의 대립적인 교류에 의해 학습이 유발되어 각 개인이 자신의 이론관 아이디어들과 구성들을 같은 형태의 학습에 참여중인 다른 학습자의 것과 대조하여 시험해보는 것을 의미한다. ▪ 짝문제해결(Pair-problem-solving)은 거의 동등한 지위를 가지고 있는 두 학습자사이의 협력을 통해 학습이 가능하며, 따라서 문제를 해결하는 연습에서 한 명이 아닌 두 명의 문제 해결자가 존재하기 때문에 더 나은 해결책들이 제시된다. ▪ 상호적 동료지도(reciprocal peer tutoring)는 동등한 사람 사이의 비전문가지도로서 지위나 계층에 방해받지 않고 제공되는 조언에 대해 그들 각 개인 스스로의 평가를 할 수 있다는 장점을 가지고 있다. 그리고 ▪ 대본화된 협력 쌍(scripted cooperative dyads)은 동료참여가 대본, 인공물, 성과 혹은 텍스트의 공동 제작에 초점을 맞추고 있으며, 대안적이고 새로운 해석들/독해들이 가능하다는 장점을 가지고 있다(참조. Falchikov, 2001).

일곱 번째 학습 모델은 시뮬레이션을 포함한다. 시뮬레이션은 사건이나 활동을 재현하는 것으로, 그 사건이나 활동이 주로 일어나는 환경 밖에서 수행된다. 시뮬레이션은 컴퓨터 게임, 역할극, 발표와 정서적이고 개념적인 모델링을 통해 제작될 수 있다. 이러한 학습의 과정은 실제 사건을 시뮬레이션 하기 위함이고 이는 그 사람 혹은 사람들(persons)이 시뮬레이션에 참여하여 실제 사건을 탐색 하고, 그 안에서 실험하고, 과정을 이해하며, 내재화의 과정을 시작하여, 비록 제한된 방식으로라도 실제 생활에서 일반적인 경험에 수반되는 감정들과 느낌들을 경험하는 것이 가능하도록 하기 위함이다. 그리고, 근본적으로 시행착오(trial and error)를 통해 학습이 이루어지도록 하고 안전한 상황 속에서 실수를 하는 것으로, 실제 상황에서는 그러한 결과들을 경험할 수 없는 것들을 가능하도록 하는 것이다. 시뮬레이션은 시간을 압축하고 관련없는 세부사항을 제거한다. 이는 몰입형 학습 경험으로, 시뮬레이션 밖에서는 불가능한 방식으로 기술과 성과들을 향상 시킬 수 있는 것이다. 시뮬레이션은 위에서 확인된 모든 학습 이론들에 영향을 미치는 학습의 요소이다. 시뮬레이션 효과의 결과로서, 교육적 목적은 몇 가지 근본적인 측면에서 본연의 학습 목적과는 다르다. 교육 모델(instructional model)에서 교사는 학습자 그룹의 관심을 끌 수 있어야 하고, 학습활동의 목표들을 알려줄 수 있어야 하며, 학습자 그룹의 선행학습기억을 자극하여 새로운 정보가 이전과 현재의 학습에 생산적으로 연관될 수 있도록 해야 한다.

또한 학습자에게 내용을 제시하고, 적절한 비계설정 과정을 실행하고, 학습자의 수행을 자극하며, 그들의 수행에 관련된 피드백을 제공하고 수정조치를 취할 수 있도록 하면서 수정된 수행을 평가한다(참조. Gagne, 1985). 학습의 인지주의 이론가들은 변치 않는 지식 목표들과 이러한 목표들을 수용하기 위한 도식적인 조정을 강조하기 때문에, 학습의 교육모델을 대개 지지한다.

개념형성학습과정(A concept-formation learning process)은 학습자가 보유하고 있는 개념 도식(Schema)의 재형성에 초점을 맞추고 있으며, 그 중 한 버전은 이론주의 실용주의 철학(an inferential pragmatist philosophy)에 의해 뒷받침된다(참조. Brandom, 2000). 이것은 성격측면에서는 사회적이고 기원측면에서는 역사적인 의미의 망 안에 지식과 지식 개발을 위치시킨다. 학습은 복잡하고 잠재적으로 풍부하고 보람이 있으며, 학습자들은 다양한 출처(예를 들어, 책, 기사, 강의, 세미나, 이메일, 인터넷 세미나, 개인 의사소통 등)로부터 온 많은 양의 정보, 아이디어, 의견들에 노출된다. 학습자가 하는 것은 이 많은 양의 정보들을 모양으로 빚어내는 것으로, 이러한 모양화는 여러 가지 부분적인 모양화, 완전한 모양화, 교체 없이 폐기하기, 혼란, 지속됨, 앞으로 갔다가 뒤로 갔다가 등등의 여러 가지 다른 형태들을 취할 수 있다. 모양화는 학문적인 배경에 반하여 일어난다. 함축적이거나 함축되지 않을 수 있는 측면들이고, 이러한 양상들 중 모든 측면이 아닌 일부측면이 숙의를 위해 표면화 될 수 있다. 개념적인 학습은 굉장히 (irredeemably) 사회적이고, 내재적이며 선택적이다. 그래서 학습자는 그들이 제시했던 아이디어의 일부를 흡수하고 다른 것들은 버리거나 혹은 부분적으로 버려야한다. 다시 말하지만, 개념형성(concept-formation)의 개념은 학습의 사회문화적 이론들의 요소들을 가지고 있다.

성찰은 학습의 중요한 형태이다. 그것은 비판적 성찰, 성찰적 실천, 성찰적 사고 및 성찰성으로 다양하게 묘사되어 왔다. 일부에서는 이러한 용어들을 상호교체가능하고 유사한 의미를 가지고 있는 것으로 보는 반면, 다른 일부들은 다른 타입들과 성찰활동의 수준을 구별하기 위해 노력했다(참조. Black and Plowright, 2010). 모든 성찰이 비판적 성찰은 아니다. Bolton(2010:13)은 성찰(단일 고리 활동)을 "개인 외부의 사건이나 상황에 대한 깊이 있는 숙고: 혼자 혹은 비판적인 지원과 함께"라고 정의했으며, 성찰성은 이중 고리 활동으로서 성찰과 성찰성을 포함하고 "우리와 다른 사람들과의 복잡한 역할들을 이해하고자 분투하기 위한 우리 스스로의 태도, 생각의 과정, 가치, 가정, 편견 및 습관적 행동들에 대해 질문하기 위한 전략들을 찾는 것"에 초점을 맞춘다. Wilson과 Demetriou(2007)는 세 가지 유형의 성찰적 실천을 구별한다. ①실천 속에서 암묵적이고 암시적이며 일상적으로 발생하는 것으로 보여지는 집중적인 행동 성찰은 개개인이 실천에 영향을 미치기 위해 사용하는 직감적이고 암묵적인 지식(행동속의 성찰), ②대응적이거나 성찰적인 학습(행동의 지식)은 이미 발생한 사건에 대한 즉각적인 대응적 성찰을 포함한다. 그리고 ③숙고적인 성찰(행동을 위한 지식)은 사고와 활동의 의식적인 관리와 함께 특별한 문제에 대한 깊은 이해를 바탕으로 판단하는 것을 확실히 하기 위한 시간의 신중한 설정을 포함한다.

메타인지 학습(Meta-gognitive learning)은 학습자들 자신 스스로의 지식에 대한 인지와 그들 스스로의 인지과정을 이해하고, 통제하고 조작하는 능력을 의미한다. 대부분의 메타인지과정은 세 가지의 범주 안에 놓일 수 있다(참조. Harris and Graham, 1999). 첫 번째는 메타암기(meta-memorisation)이다. 이는 학습자들이 자신 스스로의 기억 시스템에 대해 인식하는 것과 자신들의 기억을 효과적으로 사용하기 위한 전략들을 배치하는 능력을 말한다. 두 번째는 메타이해(meta-comprehension)이다. 이는 학습자가 자신들에게 전달되는 정보들을 이해하는지 그 정도를 추적 관찰하고, 이해할 수 있는 실패를 인식하며, 상황을 바로잡을 전략들을 사용할 수 있는 능력을 말한다. 세 번째는 자율규제(self-regulation)이다. 이 용어는 학습자가 자신 스스로의 학습 과정을 조정할 수 있는 능력을 말한다. 자율규제의 개념은 메타암기와 메타이해와 겹치며, 자율규제의 초점은 학습자들 스스로(외부의 자극이나 설득 없이) 자신들 스스로의 학습을 추적관찰하고 독립적으로 행동하는 능력에 있다. 이러한 규제과정들은 고도로 자동화되었을 수 있기에, 학습자에게 있어서 이들을 명확히 표현하는것은 어려울 수 있다.

　문제해결접근법(A problem-solving approach)은 학습자가 문제들에 대한 해답을 제시하기 위한 것이라기보다는 자신들 스스로를 위해 알아가는 것이다. 학습자는 텍스트, 사람 그리고 환경속의 대상들과 관련된 일련의 질문과정에 참여해야 하고 문제들에 대한 해결책들을 제시해야 한다. 학습자는 또한 정보검색, 정보 종합 및 분석, 그리고 지식 구성 등의 기술들을 사용할 필요가 있다. 학습자는 부적절하고 부정확하며 잘못된 종합 및 분석을 할 수도 있다.

　하지만 학습이 최종생산물이 아닌 과정에서 일어나기 때문에, 이는 허용된다. 문제 해결학습은 학습자가 자신 스스로의 작업을 교육과정 기준에 대하여 판단하고 학습의 메타과정, 즉 자신들 스스로의 학습에 관련된 과정들에 대해 이해하는 것, 학습 경로의 개발, 형성평가과정들의 활용, 개인 학습 전략의 발달, 그리고 교육과정의 내면화에 참여하는 것을 포함한다.

　마지막으로, 실천(practice)이 있다. 실천은 행동을 반복해서 연습하거나 활동에 반복적으로 참여하는 행위이다. 이는 행동 혹은 활동과 연계된 학습을 강화하고, 향상시키며 심화시킨다. 이러한 모델들 사이에서 선택을 하는 것은 학습 목표들의 본질과 구성에 달려있다; 다시 말하자면, 본질은 논리적으로 구성에 의존한다. 그것은 또한 선택되는 학습 이론에 달려있다. 그러므로, EU 학교에 의해 수용된 유럽 세계시민적 이상은 그것의 근본적인 원칙을 왜곡하거나 무시하지 않는 일련의 구체적인 교육적 관행들로 번역되어야 하며, 이것은 위에서 논의한 학습을 위한 평가, 관찰, 코칭, 목표명확화, 멘토링, 동요학습, 시뮬레이션, 지도, 개념형성, 성찰, 메타인지적 학습, 문제해결, 그리고 실천과 같은 학습 모델들 중에서 선택을 하는 것을 포함한다.

교육학적 지식

지식은 교육 현장에서 변환되므로, ①학습 대상의 시뮬레이션, ②대상의 표현 방식, ③증폭의 정도와 유형, ④교육적 관계의 통제, ⑤진행 혹은 다른 학습대상들과의 관계들(예를 들어 교육과정 통합), ⑥교육적 교재의 유형, ⑦학습 과정에서 다른 사람들과의 관계들, ⑧시간의 구성(일시적 관계들) 그리고 ⑨피드백 기제 유형들의 질을 제안할 수 있으며, 이들은 교육학적 변환의 핵심적인 구성요소들이다. 이것이 의미하는 것은 학습과정에서 학습 대상이 성질을 변화시킨 결과로 인해 ▪시뮬레이션, ▪표현, ▪증폭, ▪통제, ▪통합, ▪텍스트 형태, ▪다른 사람들과의 관계, ▪시간 그리고 ▪피드백 등의 새로운 형태를 취하는 것을 의미한다.

이들 중 첫 번째는 시뮬레이션의 정도와 유형이다. 시뮬레이션에서 학습대상에게 새로운 형태를 제공하는 새로운 매개체가 선택되는데, 이들은 가상의(virtual), 그래픽적인(graphic), 계산상의(enumerative), 작동적인(enactive), 상징적인(symbolic) 또는 구두(oral)의 매체이다. 실제로, 새로운 형태에 따라, 본래의 목표(the original object)와 조정된 목표(the mediated object)의 사이에는 거리가 있고, 이 거리는 그 강도에 따라 다양하다. 이것은 목표가 새로운 형태를 통해 더 잘 표현되거나 덜 표현된다는 것을 의미하는 것이 아니라, 단지 교육적으로 형성된 새로운 모습을 취한다는 것을 의미한다. 그리고 이것은 그것의 잠재적인 영향이 다를 수 있다는 것을 의미한다. 실천적인 목적을 위해 학습자가 경험할 수 없는 자연 속 무언가를 컴퓨터를 사용해 표현하는 시뮬레이션이 포함될 수 있다. 목표의 요소들과 이러한 요소들의 관계들은 모두 시뮬레이션 과정에서 변화되고 감소된다는 것은 부정할 수 없다. 그리고 이것이 의미하는 것은 학습자로부터의 목표에 대한 어떤 응답 혹은 반응은 그것이 지금 가정하는 형태와 모양뿐만 아니라 그것의 새로운 매체에 의해 영향을 받는다는 것이다. 반응은 항상 중재된 대상에 대한 것이다. 그리고 이것의 함축적인 의미는 학습자와 세계 사이의 교육학적 관계는 결코 직접적이지 않지만 중재된 대상을 통해 실현된다는 것이다. 물론 학습자들에게는 다른 방식으로 이해되긴 하겠지만, 이 때 중재되지 않은 대상인 'a retroductive one'("구체적인 현상들에 대한 성명과 분석에서 이러한 현상들이 드러나는 형태가 되도록 하기 위한 기본조건들의 재구성까지" - Bhaskar, 2010:34)을 알아가는 과정 역시 수반된다.

두 번째 속성은 지식구성자가 선택하는 진실 기준의 유형이다. David Bridges(1999)는 진실의 다섯 가지 개념을 대응으로서의 진실, 일관성으로서의 진실, 작용하는 것으로의 진실, 합의로서의 진실, 그리고 믿음을 보증하는 것으로서의 진실로 분류했다. 이 속성은 지식과 세계 사이의 관계의 결정으로 구성되지만, 절대로 이 관계가 직설적이거나, 직선적이거나 혹은 쉽게 이해된다고 추측해서는 안 될 것이다.

세 번째 특성은 학습 과정동안 변화의 대상이 되는 것인 확장(amplification)이다. 확장은 수사법(rhetoric)의 중심용어이며, 논쟁, 설명 혹은 묘사가 확장되고 풍부해질 수 있는 모든 방법들을 나타낸다. 또한 확장은 교육적 대상의 크기, 범위 혹은 효과가 추가적인 재료를 더함으로서 증가될 수 있는 능력을 나타낸다. 과학

실험실에서 현미경의 사용, 혹은 학습 대상의 범위 확장을 위한 인터넷의 사용, 혹은 토론이나 논쟁을 더 진전시키기 위해 수용되는 규범과는 다른 의도적이고 대안적인 입장을 취하지만 언제나 학습 과정의 깊이를 더하는 활동들은 확장의 전형적인 예시들이다.

네 번째 특성은 교육학적 관계에서의 통제이다. 프레임 형성하기(Framing)는 교육학의 메시지 시스템을 의미한다(참조. Bernstein, 2000). 교사들과 학생들은 내용과 구조들을 통제하는가, 그것이 어떻게 배열되는가, 그리고 기타 다른 부분들은 어떠한가? 교수요목은 엄격한 주제들로 구성되어 있고, 미리 결정된 순서로, 정해진 시간의 범위가 튼튼하게 틀로 짜여져 있다. 약한 틀은 교사가 어떤 원칙들에 근거하여 주제들을 선정할 수 있고, 학생들의 준비도에 따라 자료의 순서와 속도를 구성할 수 있을 때 발현한다. 여기에서 두 가지의 통제 경로를 확인할 수 있다. 첫 번째는 교사와 학생 그리고(원저자 강조) 지식 교육과정의 구성자들 사이의 관계를 의미한다(이러한 구성 과정은 공식적이거나 비공식적일 수 있다). 따라서 교사 혹은 메시지 시스템의 조력자는 교육적 설정에서 메시지를 받는 방법 전체에 걸쳐 제한적이거나 확장된 통제권을 가진다. 두 번째는 교사 그리고(원저자 강조) 학생 사이의 관계를 의미하고, 다시 한 번 이것은 교육 혹은 학습 과정의 가장 중요한 메시지 구성 전반에 걸쳐 관련된 한 쪽 혹은 다른 한 쪽의 통제력의 양을 의미한다. 분명하게, 이 마지막 경우에는 하나는 다른 하나의 변화에 따라 변화한다는 것이다.

다섯 번째 특성은 교육과정 통합 혹은 다양한 학습 대상들 간 관계의 유형이다. 진전은 이러한 관계들 중 한 징후이다. 교육과정은 기준들, 학습 목표들은 난이도의 다른 수준에 따라 쓰여진다. 전 세계 교육과정에서 수준 혹은 등급 간 대부분의 진전의 형태들은 확장 개념에 기초하고 있는데, 예를 들어, 레벨 1에서 학생은 이것 혹은 저것을 할 수 있어야 하고, 레벨 2에서 학생은 이것 혹은 저것을 조금 더 해 낼 수 있을 것으로 기대되며, 레벨 3에서는 이것과 저것의 더 많은 것들을 해

낼 수 있을 것으로 기대된다. 하지만, 지정된 지식집합, 기술 그리고 성향 사이에는 확장 이외에도 또 다른 형태의 진전의 형태들이 존재한다. 심지어, 일부 지식집합, 기술 그리고 성향은 일부 하위 수준 혹은 심지어 일부 상위수준 등급에도 적절하게 배치할 수 없다. 예를 들어, 전 세계의 많은 나라들은 적어도 7세 이전까지는 공식적인 읽기 과정을 시작하지 않기로 선택했고, 따라서 이러한 국가들에서 초등교육 이전 과정의 교육과정기준들에는 읽기가 포함되지 않는다.

Forgaty(1991)는 교육과정 통합의 10가지 모델들을 식별했으며, 이러한 모델들은 전통적인 접근법이나 단편화된 접근법에서와 같이 강하게 분류되거나 강하게 틀에 맞춰진 교육과정들로부터 시작하여 교육과정 계획에 있어 약하게 분류되고 약한 틀에 맞춰 짜여진 네트워크 접근법에 이르기까지(원저자 강조) 그 범위가 다양하다(참조. Bernstein, 1985).

두 가지 양극인 전통적인 방식 혹은 단편적인 접근법과 네트워크 접근법 사이에서, 그녀는 연속체(continuum)의 8가지 다른 점: ①연결된(connected), ②중첩된(nested), ③순서화된(sequenced), ④공유된(shared), ⑤뒤얽힌(webbed), ⑥펼쳐진(threaded), ⑦통합된(integrated) 그리고 ⑧몰입된(immersed) 지점들을 식별한다. 이러한 통합의 각 형태는 연속체에서의 그들의 위치에 관련하여, 그리고 그들이 그 연속체의 한 쪽 끝 혹은 반대편 끝에 어떻게 가까운지와 관련해서만 이해될 수 있다.

마지막으로, 학습의 속도(pace)는 중요하다. 예를 들어, 학습 활동을 완료하기 위해 일하는 속도, 혹은 평균 혹은 모집단의 평균처럼 그들이 일부 기준들에 대하여 일할 것으로 예상되는 속도 등이 중요하다. 속도는 수행적인 구성으로 이해될 수 있기에, 한 사람이 어떻게 수행했는지를 경험적 묘사로 제공하는 것을 의미하는 것이 아니라, 일반적인 집단이 학습의 속도를 높일 수 있도록 자극하기 위한 활동으로서 설계되었다. 따라서, 속도는 명백한 규범적 기능을 가지고 있다.

여섯 번째 특성은 교육적 환경에서 학습자에게 주어진 과제의 구성이다. 우리가

2장에서 제안한 바와 같이, 교실 안에서는 다른 이들과 함께 일하기, 개별학습, 공유하기, 토론하기, 게임하기 등등의 다양한 학습 과제들과 활동들이 이루어진다. 학습 과제들은 많은 구성 요소들을 내포하고 있으며 그것들이 종류 부분에서 어떻게 다른지는 우리가 표현 매체, 조절된 표현의 논리, 학습 모델과의 적합성, 평가 모드, 그리고 실생활과의 관계와 같은 이러한 다른 요소들을 결정하고 식별할 수 있게 해준다. 표현 매체는 구술, 그래픽, 그림 그리고 열거모드를 포함한다. 이러한 매체들은 각각 그에 대한 많은 것을 아우르는 논리를 가지고 있기에, 요청에 대한 응답을 기록하는 과제는 구두 응답을 필요로 하는 학습 경험과는 그 순서가 다르다. 교육적 과제 혹은 활동의 추가 구성요소는 본래부터 과제 혹은 활동에 귀속되어 있는 평가 모드로서, 이러한 평가 모드는 형성적이거나 종합적인 것으로 광범위하게 이해된다. 마지막으로, 과제의 진정성이 있으며, 이는 그 과제가 실제생활 환경에 관련이 있는지 없는지 혹은 어느 정도 관련이 있는지를 나타낸다.

활동이나 학습 과제는 사용중인 학습 모델과 논리적 관계를 가지고 있다. 이들 사이에는 불일치가 자주 일어나기 때문에, 과제 혹은 활동(예를 들어, 질문에 구두로 응답하기, 텍스트에 대한 분석 작성하기, 읽기 연습, 논쟁적인 응답, 피드백 고리 등)과 채택중인 학습 모델의 유형은 양립할 수 없다.

예를 들어, 과정지식(process knowledge)보다는 명제적 지식(propositional knowledge)에 초점을 맞춘 메타인지 연습은 부적절할 것이다. 각 참가자들에게 서로의 작업을 5점 척도[123]로 평가하도록 요청하는 대화식 동료학습(a dialogic peer-learning)연습은 앞뒤가 맞지 않는 것임을 다시 한 번 이야기하고 싶다. 학습자를 대화에 참여시키지 못한 피드백은 효과가 없을 것이다.

질문하기의 예를 들자면, 이는 한정된 범위의 가능한 응답들 중 선택을 하는 상

---

123   5점 척도: 5 Likert Scale. 설문조사에서 많이 사용하는 자료수집방법으로, 연구참여자들은 전혀아니다-아니다-보통이다-그렇다-아주그렇다 식으로 제시된 5가지의 선택사항 중에서 하나를 선택한다.

황을 만든다. 적절하게 주어질 수 있는 답의 유형은 질문의 문법사항의 형태와 내용 모두에 내포되어야 한다. 예를 들어, 개방형 질문(open-ended questions[124])은 무한한 범위의 해답을 제공한다. 즉, 질문이 제한하는 것 혹은 허용하는 것은 약하게 진술된다. 이것이 의미하는 것은 주어진 문제에 대한 해답의 범위가 넓다는 것이다. 이것은 그들이 명제의 내용으로 인해 일부 질문들은 적절한 답변을 이끌어 낼 수 있는 더 큰 기능을 가지고 있는 반면, 다른 질문들은 적절한 답변을 이끌어 낼 수 있는 가능성이 더 적다는 점을 바탕으로 제한되어야 한다. 하지만, 이것이 원래의 명제를 무효화하지는 않는다. 질문이 취하는 형태를 개방형에서 폐쇄형의 연속체로 배치하고, 주어진 질문에 대한 정답의 형태를 다양한 정도로 제한하거나 가능하도록 부여한다. 제한하거나 허용하는 기능을 모두 지정하는 이유는, 개인이 수행하는 모든 행동들이 분산적이고 물리적인 맥락에 위치해 있으며, 이러한 맥락들이 행동 그 자체에 영향을 미친다는 것을 나타내기 위함이다.

일곱 번째 특성은 교육환경 속 학습자와 다른 사람들 사이의 관계이다. 사람, 텍스트, 자연 속 사물, 자원의 특정한 배열, 인공물, 한 사람에 대한 역할 혹은 기능 부여, 감각적 대상, 그리고(원저자 강조) 학습자 사이의 관계를 특징짓는 하나의 방법은 범위가 확산모드에서 집중모드까지 이르는 연속체를 따라 그 강도를 확정하는 것이다. 이것이 의미하는 것은 전달되는 메세지가 자극과 수신자 사이의 관계에 분산되거나 혹은 집중되거나, 또는 그들 사이의 연속체에 놓이는 식으로 내재되어 있다는 것이다. 확산 전략의 예는 많은 사람들에 의해 자극이 공유되는 학습의 교수방식이다. 집중된 전략의 예시는 일대일 코칭 관계를 들 수 있다. 이 두 가지 학습의 가능한 효과들은 무엇인가? 관계(relationship)는 촉매에서 학습자

---

124 open-ended questions: 개방형 질문. 질문이 개방형이기에 응답자의 응답범위에 제한이 없다. 질적연구에서 자료수집 방법으로 사용되는 면담(interview)에서 사용되며, 연구자와 연구참여자의 라포(rapport)의 정도 및 상황에 따라 open-ended(개방형), semi-structured(반구조화), structured(구조화) questions가 준비된다.

혹은 청취자에게, 청취자 혹은 청취자들로부터 촉매로 이어지는 것 모두이기에, 이것은 청취자가 받는 메세지의 유형에 영향을 미치게 될 것이다. 우리는 세계를 하나에서 다른 하나로 메세지가 옮겨가는 일련의 과정으로 모형화한다. 자극은 분명히 특정한 유형이다. 이는 만약 학습 자극이 다를 경우, 학습자가 특정 자극을 거부할 수도 있는 메세지 전달 시스템 혹은 기호 전달과정이다.

학습(learning)은 항상 한 가지 혹은 다른 유형의 시간적 배열에 내재되어 있다. 교육과정은 다른 지식의 항목들에 주어진 시간의 배열이기에, 어떤 학습 에피소드이든지간에 이러한 시간의 배열에 내재되어 있다. 이러한 학습 환경에 대한 8가지 특성은 각 차원 내에 상당한 변화들이 있고, 대다수의 경우 한 차원에서의 변화는 다른 차원들에서는 독립적인 변화이기에, 잠재적으로 넓은 범위의 가능한 학습환경들이 있다는 것을 의미한다. 마지막으로, 피드백 기제가 있고, 이 요소에도 역시 변화가 있다.

피드백(feedback)은 체계적인 것(우리가 여기에서 피드백을 학습 과정 혹은 시스템이라고 생각하는 경우)이고, 크게 폐쇄형 시스템에서 작용하는 피드백과 개방형 시스템에서 작용하는 피드백, 두 개의 유형으로 구성된다. Hattie와 Timperley(2007)는 평가 피드백을 일반적인 개념으로 사용하며, 역할, 유형, 초점들, 의미, 그리고 기능의 차원들에 따라 피드백의 정의와 유형을 분류한다. 기능적으로, 피드백은 비계 형태를 가지고 있으며 개별 학습자가 달성한 수준과 표준 수준사이의 격차를 메우는 것을 목표로 하며, 이는 추후에 그 격차를 수정하기 위해 사용된다. Hannafin et al.(1993)은 과제, 전략적 피드백 및 정서적 피드백을 구분한다. 과제 피드백은 학습 과제의 측면들을 명확히 하거나 강화하는 활동들을 제공하기 위한 것으로 정의된다. 전략적 피드백은 진단-처방, 수행, 관리, 그리고 과정 활동들로 구성된다. 정서적 피드백은 학습자들의 흥미와 참여를 이끌어내고 유지함으로써 그들을 참여시키는 과정으로 이해된다. Hattie 와 Timperley(2007)의 과제, 과정, 자기규제 및 자신으로 구성된 피드백의 수준에 대한 4쪽 모델(four-fold model of levels of feedback)은 이것의 확장이다.

Back과William(1998)은 지시적(무엇이 변화해야 하는지)피드백과 촉진적(어떤 과정들이 학습자가 자신의 일에 수정을 할 수 있도록 도울 수 있는지)피드백의 두 가지 유형으로 피드백을 구분한다.

Nelson과 Schunn(2009)은 이 이해의 틀을 개발하면서, ①학습자의 신념과 학습 활동들에 참여하고자 하는 그들의 의지에 영향을 미치는 것이 목적인 동기부여(motivational), ②특정한 행동들을 보상하거나 처벌하는 것이 목적인 강화(reinforcing), 그리고 ③특정 방향의 학습자의 수행을 변경하는 것이 목적인 정보(informational)의 세 가지의 광범위한 유형을 식별했다. 그들은 새로운 맥락들에서 적용 가능하도록 학습의 전달을 통해 지식을 개발할 수 있는 것의 중요성을 지적한다. 따라서, 피드백은 다양한 학습환경, 학습자의 요구, 과제의 목적 및 피드백과 채택된 학습 이론과의 특별한 관계와 관련하여 모두 기능적인 것으로 이해된다. 피드백에 대한 직접적인 접근은 수동적인 학습자에게 전문가가 제공하는 정보를 통해 수정하는 것으로 이해되기에 인지주의적 관점에 더 적합하다. 그 대신에, 촉진적 피드백은 그러한 이해들이 무엇인지를 결정하지 않고 피드백을 학습환경 내에서 발생하는 과정으로 간주하는 사회구성주의적 관점으로 보다 밀접하게 식별된다. 중요한 것은 이 두 가지 관점들은 한 연속체의 양쪽 반대편 끝이 아닌 강화하는 것으로 보여져야 한다는 것이다. 사회구성주의 관점에서는 피드백을 학습 맥락에서 필수적이고 반복적인 부분으로 볼 필요가 있으며, 실천공동체 내의 교사들, 학생들, 그리고 교과들의 상호작용을 강조하는 형성 평가의 이해의 틀 내에서 바라 볼 필요가 있음을 강조한다. 더 나아가, 상호구성주의적 접근(co-constructiveist approach)내에서, 다양한 공유된 경험들을 통한 대화와 참여를 바탕으로 교사들이 학생들로부터 배운다는 것도 받아들여진다(참조. Lave and Wenger, 1998). 이러한 환경들 내에서 피드백은 반복적이고, 적응적이며 역동적인 것으로 이해되고, 서로 다른 학습자들은 다른 형태의 피드백을 받게되며 이는 학습과정의 다른 단계에 따라 다양하다. 이런 원리는 때때로 EU 학교 시스템의 교실들에서 무시되기도 한다.

마무리하며

EU 학교 네트워크는 1953년 유럽경제공동체(ECC)가 설립된 이래로 존재해왔다. 이 시스템은 입학, 학비, 관리 뿐만 아니라 그들의 교육과정 측면에서 자체적인 규칙을 가지고 있다.

EU 학교는 룩셈부르크에서 새롭게 형성된 유럽 연합을 위해 일하는 공무원 자녀들의 교육적 요구를 충족하기 위한 도구로서 처음 만들어졌다. 서로 다른 이해관계자들(즉, 부모들, 기관 관계자들, 공무원 및 정책입안자들)은 이 아이들이 그들의 모국어로 교육받을 기회를 가져야 하고, 동시에 본국의 같은 국적을 가진 동급생들과 동일한 수준의 교육을 받아야 한다는데 합의했다.

여기에서 우리 스스로 상기해야 할 중요한 점은, 모국어 의사소통은 습득해야 할 역량 이상의 것이지만 더 나아가 EU 학교 프로젝트 핵심중의 핵심에서 문화적 역할을 수행한다는 것이다(Jean Monnet이 이야기한 "자신들의 본국을 사랑과 자부심으로 바라보는 것을 멈추지 않고..."에서부터 학교의 첫 번째 목표와 첫 번째 원칙에 담겨지기까지). EU 학교 시스템의 첫 번째 원칙은 "학생들의 모국어의 기본"(L1)를 보호하는 것이고, EU 학교 시스템의 두번째 목표는 "학생들에게 유럽 시민으로서의 발전을 위한 기반인 자신들 스스로의 문화적 정체성에 대한 자긍심을 부여하는 것"이다.

EU 학교들의 교육과정은 일반적으로 단편적이거나 전통적인 유형이다. 우리가 여기에서 의미하는 것은 다른 교과들 사이에 강하고 분명한 경계가 있다는 것이다. 이 책에서 우리의 제안은 ①현대 세계의 요구에 직면한 학생들의 요구들을 진정으로 고려하기 위함이고, ②교육과정 설계의 허용 가능한 논리적인 원칙들을 준수하기 위함이며, ③시스템 내 모든 학생들이 적절하고, 일관성이 있으며, 포괄적이고 폭넓은 학습을 가능하게 하도록 하기 위함으로, EU 바칼로레아로 이어지는 마지막 2년 동안 평생학습의 8가지 핵심 역량들을 둘러싼 형태의 일반 교육을 보장하기 위함이다, ④또한 언어 영역이 없는 학생, 특별한 교육을 필요로 하는 학생들, 둘 이상의 국가 언어 및 소규모 언어 영역들에 해당하는 학생들 등 특정한 그룹들에 좋은 영향을 끼치기 위함이다, ⑤그 다음, 기존의 교과들 사이의 경계들이 축소되고 교과 통합 및 교육과정의 네트워크 접근법이 채택되어질 필요가 있다.

EU 학교의 개혁이 진정으로 가치 있는 것이라면, 그것은 반드시 기관과 구조, 평가 과정, 교과 배정 및 자원조달, 그리고 언어적 문제들과 관련된 난해한 문제들을 넘어서야 한다. 그것은 심지어 더 넓은 논쟁을 위한 분위기를 조성함으로 반드시 전체로서 사회를 위해 적합한 용감하면서도 도덕적인 입장을 취해야 한다.

이미 이루어진 변화들과, 고려되고 있는 변화들은 내부적인 조건에 대한 반응처럼 보일 수 있지만, 실제로 그것들은 학습자들과 그들의 현대 사회적 정체성과 관련된 문제들을 고려해야 하는 긴급한 필요성에 그 뿌리를 두고 있다. 이러한 이유로, EU 학교들이 공동의 목적에 대한 내적 의식을 가지고 있을 뿐만 아니라 이것이 그들의 즉각적인 학습환경 밖에서 진행되는 사회의 변화와 관련이 있다는 것을 확실히 하는 것이 중요하다. 이것이 성취되어야만 광범위한 학생들이 개인적, 사회적, 그리고 세계적인 요구에 들어맞는 진정으로 가치 있는 교육을 받을 수 있을 것이다.

포 및 복제를 허용한다.

　본 장의 이미지 또는 다른 제3자의 자료는 해당 자료에 달리 명시되어 있지 않는 한, 본 장의 대중창작저작권에 포함되어 있다. 만약 자료가 본 장의 대중창작저작권에 포함되어 있지 않고, 당신이 의도한 사용이 법적 규정에 의해 허가되지 않았거나 허가된 사용을 초과했을 경우, 저작권 소유자로부터 직접 허가를 받아야 한다.

참고문헌

Allemann-Ghionda, C. (2012) 'Can Intercultural Education Contribute to Equal Opportunities?', Studi Emigrazione/Migration Studies, XLIX, 186: 215–27.

Ansell, C. (2000) 'The Networked Polity: Regional Development in Western Europe', Governance, 13, 2: 279–91.

Antiphon (1965) 'On Truth, Oxyrhynchus Papyri, xi, no. 1364, fragment 1, quoted in Donald Kagan (ed.), Sources in Greek Political Thought from Homer to Polybius, Sources in Western Political Thought, A. Hacker, gen. ed., New York: Free Press.

Appiah, A. (1997) 'Cosmopolitan Patriots', Critical Inquiry, 23, 3: 617–39. Appiah, K. (2007) Cosmopolitanism: Ethics in a World of Strangers, London:

Penguin. Argyris, C. (2010) Organizational Traps: Leadership, Culture, Organizational Design, Oxford: Oxford University Press.

Aubrey, B. and Cohen, P. (1995) Working Wisdom: Timeless Skills and Vanguard Strategies for Learning Organizations, San Francisco: Jossey Bass.

Baker, C. (2011) Foundations of Bilingual Education and Bilingualism (5th edition), Clevedon, UK: Multilingual Matters.

Ball, S. (2006) Education Policy and Social Class: The Selected Works of Stephen J. Ball, London: Routledge.

Bandura, A. (1977) Social Learning Theory, New York: General Learning Press.

Banks, J. (2007) An Introduction to Multicultural Education, London: Pearson.

Banks, J. A. (1997) Educating Citizens in a Multicultural Society, New York: Teachers College Press.

Banks, J. A. (1998) 'The Lives and Values of Researchers: Implications for Educating Citizens in a Multi-cultural Society', Educational Researcher, 27, 11: 4–17.

Banks, J. A. (2004) 'Preface', in J. Banks (ed.), Diversity and Citizenship Education: Global Perspectives, San Francisco: Jossey-Bass, pp. xix–xxv.

Banks, J. A. (2006) Race, Culture and Education: The Selected Works of James A. Banks, New York: Routledge.

Banks, J. A. (2009) 'Diversity and Citizenship Education in Multicultural Nations', Multicultural Education Review, 1, 1: 1–28.

Banks, J. A. and McGee, C. A. (1989) Multicultural Education. Needham Heights, MA: Allyn & Bacon.

Baetens Beardsmore, H. (1993) The European School Model, Clevedon: Multilingual Matters.

Baetens Beardsmore, H. and Kohls, J. (1988) 'Immediate Pertinence in the Acquisition of Multilingual Proficiency: The European Schools', Canadian Modern Language

Review, 44, 2: 240–60.

Bernstein, B. (1985) 'On Pedagogic Discourse', in G. Richardson (ed.), Handbook of Theory and Research in the Sociology of Education, London: Taylor and Francis.

Bernstein, B. (2000) Pedagogy, Symbolic Control and Identity: Theory, Research and Critique (Revised edition), London: Taylor and Francis.

Bernstein, B. (2002) 'From Pedagogies to Knowledges', in A. Morais, I. Neves, B. Davies, and H. Daniels (eds.), Towards a Sociology of Pedagogy: The Contribution of Basil Bernstein to Research, New York: Peter Lang Publishing.

Bhaskar, R. (2010) Reclaiming Reality, Second Edition, London and New York: Routledge.

Black, P. and Plowright, D. (2010) 'A Multidimensional Model of Reflective Learning for Professional Development', Reflective Practice, 11, 2: 245–58.

Black, P. and Wiliam, D. (1998) 'Inside the Black Box: Raising Standards Through Classroom Assessment', Phi Delta Kappan, 80, 2: 139–48.

Board of Governors (2000) Report, Office of Secretary General of the European Schools, https://www.eursc.eu/en.

Board of Governors (2007) Report, Office of Secretary General of the European Schools, https://www.eursc.eu/en.

Board of Governors (2009) Report, Office of Secretary General of the European Schools, https://www.eursc.eu/en.

Board of Governors (2011) Report, Office of Secretary General of the European Schools, https://www.eursc.eu/en.

Board of Governors (2012) Report, Office of Secretary General of the European Schools, https://www.eursc.eu/en.

Board of Governors, the European Schools (2013) Accredited European Schools Ref.: 2013-01-D-64-en-4, Brussels, Office of the Secretary-General, The European Schools.

Bolton, G. (2010) Reflective Practice, London: Sage.

Bonefeld, W. (1999) 'The Politics of Change: Ideology and Critique', Common Sense: Journal of the Edinburgh Conference of Socialist Economists, 24: 76–90.

Boud, D. and Falchikov, N. (2006) 'Aligning Assessment with Long-term Learning', Assessment and Evaluation in Higher Education, 31, 4: 399–413.

Bourdieu, P. and Passeron, J.-C. (1994) 'Introduction: Language and the Relationship to Language in the Teaching Situation', in P. Bourdieu, J.-C. Passeron and M. de Saint Martin (eds.), Academic Discourse, Cambridge: Polity Press, pp. 1–34.

Brandom, R. (1994) Making It Explicit: Reasoning, Representing, and Discursive Commitment, Cambridge, MA: Harvard University Press.

Brandom, R. (2000) Articulating Reasons: An Introduction to Inferentialism, Cambridge, MA: Harvard University Press.

Bridges, D. (1999) 'Educational Research: Pursuit of Truth or Flight of Fancy', British Educational Research Journal, 25, 5: 597–616.

Brinton, D., Snow, A. and Wesche, M. (2011) Content-Based Second Language Instruction (5th edition), Ann Arbor: The University of Michigan Press.

Bruner, J. (1996) The Culture of Education, Cambridge, MA: Harvard University.

Bullock, A. (1975) A Language for Life, London: Department of Education and Science.

Bulmer, J. (1990) 'Becoming a European: Languages and Nationalities in a European School', Ricerca Educativa, 3–4.

Bulwer, J. (1995) 'European Schools: Languages for All?', Journal of Multilingual and Multicultural Development, 16, 6: 459–75.

Cambridge University, Department of International Examinations (2009) Final Report on the External Evaluation of the European Baccalaureate, Cambridge: University of Cambridge.

Cammarata, L. (2016) 'Foreign Language Education and the Development of Inquiry-Driven Learning Programs', in L. Cammarata (ed.), Content Based Foreign Language Teaching: For Developing Advanced Thinking and Literacy, New York, NY: Routledge, 123–146.

Cammarata, L., Tedick, D. J. and Osborn, T. A. (2016) 'Content-Based Instruction and Curricular Reforms: Issues and Goals', in L. Cammarata (ed.), Content-based Foreign Language Teaching: For Developing Advanced Thinking and Literacy, New York, NY: Routledge, pp. 1–21.

Candelier, M., Camilleri-Grima, A., Castellotti, V., de Pietro, J.F., Lőrincz, I., Meißner, F.-J., Noguerol, A. and Schröder-Sura, A. (2012) The Framework of Reference for Pluralistic Approaches to Languages and Cultures: Competences and Resources, Graz: European Centre for Modern Languages.

Carlos, S. (2012) 'Governing Education in Europe: A 'New' Policy Space of European Schooling', European Educational Research Journal, 11, 4: 487–503.

Chamot, A. and O'Malley, J. (1996) 'The Cognitive Academic Language Learning Approach (CALLA): A Model for Linguistically Diverse Classrooms', The Elementary School Journal, 96, 3: 259–73.

Cloud, N., Genesee, F. and Hamayan, E. (2000) Dual Language Instruction: A Handbook for Enriched Education, Portsmouth, NH: Heinle and Heinle. Clutterbuck, D. and Megginson, D. (2005) Making Coaching Work – Creating a Coaching Culture, London: Chartered Institute of Personnel and Development.

Collins, A., Brown, J. and Newman, S. (1989) 'Cognitive Apprenticeship: Teaching the Crafts of Reading, Writing, and Mathematics', in L. B. Resnick (ed.), Knowing, Learning, and Instruction: Essays in Honour of Robert Glaser, Hillsdale, NJ: Lawrence Erlbaum Associates, pp. 453–94.

Council of Europe (2007a) From Linguistic Diversity to Plurilingual Education: Guide for the Development of Language Education Policies in Europe, Strasbourg: Council of Europe. [http://www.coe.int/t/dg4/linguistic/Guide_niveau2_ EN.asp, access date 24/01/2010]

Council of Europe (2007b) The Common European Framework: Learning, Teaching, Assessment, Strasbourg: Council of Europe. [http://www.coe.int/T/ DG4/Linguistic/ CADRE_EN.asp, access date 24/01/2010]

Council of Europe (2011) Common European Framework of Reference for Languages: Learning, Teaching, Assessment, Strasbourg: Council of Europe.

Council of Europe (2016) Competences for Democratic Culture: Living Together as Equals in Culturally Diverse Democratic Societies, Strasbourg: Council of Europe.

Cummins, J. (1997) 'Linguistic Interdependence and the Educational Development of Bilingual Children', Review of Educational Research, 49, 222–51.

Cummins, J. (2000) Language, Power, and Pedagogy: Bilingual Children in the Crossfire, Clevedon, UK: Multilingual Matters.

Cummins, J. (2013) 'Bilingual Education and Content and Language Integrated Learning (CLIL): Research and Its Classroom Implications', Padres y Maestros, February no. 349.

Cumming, J. and Lyster, R. (2016) 'Integrating CBI into High School Foreign Language Classrooms', in L. Cammarata (ed.), Content-based Foreign Language Teaching: For Developing Advanced Thinking and Literacy, New York, NY: Routledge, pp. 77–97.

Davison, C. and Williams, A. (2001) 'Integrating Language and Content: Unresolved Issues', in B. Mohan, C. Leung and C. Davison (eds.), English as a Second Language in the Mainstream, Harlow, UK: Pearson Education Ltd., pp. 51–70.

Deardorff, D. (2006) 'The Identification and Assessment of Intercultural Competence as a Student Outcome of Internationalization at Institutions of Higher Education in the United States', Journal of Studies in International Education, 10: 241–66.

Deardorff, D. (2013) Promoting Understanding and Development of Intercultural Dialogue and Peace: A Comparative Analysis and Global Perspective of Regional Studies on Intercultural Competence, Paris: UNESCO Division of Cultural Policies and Intercultural Dialogue.

Deardorff, D. K. (2014) Some Thoughts on Assessing Intercultural Competence. [https://illinois.edu/blog/view/915/113048, access date 11/06/2017].

Delors, J. (1993) Letter to the European Schools, Reprinted in Schola Europaea: 1953–1993, Brussels: European School.

Department for Education (2013) The European Schools System, London: DES.

Deleuze, G. (1968) Différence et répétition (Paris: PUF); translated as Difference and Repetition, by Paul Patton, New York: Columbia University Press.

Diderot, D. (ed.) (1751–72) Encyclopédie, or dictionnaire raisonné des sci- ences, des arts et des métiers (Encyclopaedia, or a Systematic Dictionary of the Sciences, Arts, and Crafts)

Erasmus, D. (2017) Querela Pacis, Reink: Books.

Laertius, Diogenes (1925a) 'The Cynics: Diogenes', Lives of the Eminent Philosophers, 2, 6, translated by Hicks, Robert Drew (two volume edition), Loeb Classical Library, 20–81.

Laertius, Diogenes (1925b) 'The Stoics: Zeno', Lives of the Eminent Philosophers, 2, 7, translated by Hicks, Robert Drew (two volume edition), Loeb Classical Library, 1–160.

Dore, R. (1976) The Diploma Disease: Education, Qualification, and Development, Berkeley: University of California Press.

Eccles, J. and Gootman, J. (eds.) (2002) Community Programs to Promote Youth Development, Washington, DC: National Academy Press.

Echevarria, J., Vogt, E. and Short, D. (2008) Making Content Comprehensible for English Language Learners: The SIOP Model (3rd edition), Boston: Allyn S Bacon.

Ellis, N. C. and Robinson, P. (2008) 'An Introduction to Cognitive Linguistics, Second Language Acquisition, and Language Instruction', in N. Ellis and P. Robinson (eds.), Handbook of Cognitive Linguistics and Second Language Acquisition, London: Routledge, pp. 3–24.

Engeström, Y. (2001) 'Expansive Learning at Work: Toward an Activity Theoretical Reconceptualization', Journal of Education and Work, 14, 1: 133–56.

European Commission (2003) Promoting Language Learning and Linguistic Diversity: An Action Plan 2004–2006. Brussels: European Commission.

European Commission (2005) A New Framework Strategy for Multilingualism. Brussels: European Commission.

European Commission (2007) Final Report, High Level Group on Multilingualism, Luxembourg: European Commission.

European Commission (2017) New Narrative for Culture. [https://ec.europa.eu/culture/policy/new-narrative, access date 11/06/2017].

European Community (1957) Treaty Establishing the European Community, Rome, 25th March 1957, Supplement No. 32 (1992), Brussels: European Community.

European Community (1964) European Community (70) April 1964, Washington, DC: European Community.

Evans, C. (2013) 'Making Sense of Assessment Feedback in Higher Education', Review of Educational Research, 83, 1: 70–120.

Fail, H., Thompson, J. and Walker, G. (2004) 'Belonging, Identity and Third Culture Kids: Life Histories of Former International School Students', Journal of Research in International Education, 3, 3: 319–338. https://doi. org/10.1177/1475240904047358.

Falchikov, N. (2001) Learning Together: Peer Tutoring in Higher Education, London: RoutledgeFalmer.

Finaldi-Baratieri, D. (2005) 'The "Only" European Schools in the European Union?', European University Institute Working Papers, HEC No. 2000/6.

Fogarty, R. (1991) The Mindful School: How to Integrate the Curriculum, Pallantine: Skylight Publishing.

Fortune, T. W. and Tedick, D. (2014) Two-way Immersion (Presentation), Tallinn: Estonia.

Fortune, T. W., Tedick, D. J. and Walker, C. L. (2008) 'Integrated Language and Content Teaching: Insights from the Immersion Classroom', in T. W. Fortune and D. J. Tedick (eds.), Pathways to Multilingualism: Evolving Perspectives on Immersion Education, Clevedon: Multilingual Matters, pp. 71–96.

Foucault, M. (1972) 'The Discourse on Language (Appendix)', in M. Foucault (ed.), Discipline and Punish: The Birth of the Prison, New York: Random House.

Foucault, M. (1979) Discipline and Punish: The Birth of the Prison, New York: Vintage.

Foucault, M. (2004) Security, Territory, Population: Lectures at the Collège de France 1977–1978, New York: Picador Edition.

Fullan, M. (2001) Leading in a Culture of Change, San Francisco: Jossey-Bass.

Furedi, F. (2012) 'Putting Europe into Education', in J. Sayer and L. Erler (eds.), Schools for the Future of Europe: Value and Change Beyond Lisbon, London: Continuum.

Gagné, R. (1985) The Conditions of Learning, New York: Holt, Rinehart and Winston.

Gajo, L. (2007) 'Linguistic Knowledge and Subject Knowledge: How Does Bilingualism Contribute to Subject Development?', International Journal of Bilingual Education and Bilingualism, 10, 5: 563–81.

Garcia, S. and Wallace, H. (1993) 'Conclusion', in S. Garcia (ed.), European Identity and the Search for Legitimacy, London: Pinter.

Gardner, R. (1985) Social Psychology and Second Language Learning: The Role of Attitudes and Motivation, London: Edward Arnold.

General Secretary European Schools (2011) Report, European Schools Network.

Genesee, F. (2008) 'Dual Language in the Global Village', in T. W. Fortune and D. Tedick, (eds.), Pathways to Multilingualism: Evolving Perspectives on Immersion Education, Clevedon: Multilingual Matters, pp. 22–45.

Genesee, F. and Baetens Beardsmore, H. (2013) Review of Research on Bilingual and Trilingual Education, Astana: Nazarbayev Intellectual Schools.

Genesee, F. and Hamayan, E. (2016) CLIL in Context Practical Guidance for Educators, Cambridge: Cambridge University Press.

Gibbons, P. (2009) English Learners, Academic Literacy and Thinking: Learning in the

Challenge Zone, Portsmouth, NH: Heinemann.

Goffman, E. (1963) Stigma: Notes on the Management of Spoiled Identity, New York: Prentice Hall.

Gray, J. (2003) 'Tense Conjugations: Translating Political Values into an Educational Model: The European Schools 1953–2003', Journal of Research in International Education, 2, 3: 315–30.

Gudykunst, W. B. (1993) 'Toward a Theory of Effective Interpersonal and Intergroup Communication: An Anxiety /Uncertainty Management (AUM) Perspective', in R. J. Wiseman and J. Koester (eds.), Intercultural Communication Competence, Thousand Oaks, CA: Sage, 3–71.

Haas, L. (2004) 'Schola Europea – The European School: The Fifteen-National School in Luxembourg: The Pedagogical Mini-Europe', European Education, 36, 3: 77–86.

Hacking, I. (1990) The Taming of Chance, Cambridge, MA: Harvard University Press.

Hannafin, M. J., Hannafin, K. D. and Dalton, D. W. (1993) 'Feedback and Emerging Instructional Technologies', in J. V. Dempsey and G. C. Sales (eds.), Interactive Instruction and Feedback, Englewood Cliffs, NJ: Educational Technology Publications, pp. 263–86.

Hansen, K. and Vignoles, A. (2005) 'The United Kingdom Education System in a Comparative Context', in S. Machin and A. Vignoles (eds.), What's the Good of Education? The Economics of Education in the UK, Princeton: Princeton University Press, pp. 13–35.

Harris, K. and Graham, S. (1999) 'Programmatic Intervention Research: Illustrations from the Evolution of Self-Regulated Strategy Development', Learning Disability Quarterly, 22: 251–62.

Hattie, J. (2008) Visible Learning for Teachers, London: Routledge.

Hattie, J. and Timperley, H. (2007) 'The Power of Feedback', Review of Educational Research, 77, 1: 81–112.

Hayden, M. and Thompson, J. (1997) 'Student Perspectives on International Education: A European Dimension', Oxford Review of Education, 23, 4: 459–78.

Heugh, K. (2016) 'Translanguaging as an Opportunity to Expand and Strengthen Students' Trilingual Repertoires', Presentation at the 'Trilingual Education: National and International Experience' Conference Held in Astana, Kazakhstan 23–24 November.

Housen, A. (2002a) 'Processes and Outcomes in the European Schools Model of Multilingual Education', Bilingual Research Journal, 26, 1: 43–62.

Housen, A. (2002b) 'Second Language Achievement in the European School System of Multilingual Education', in D. So and G. Jones (eds.), Education and Society in Plurilingual Contexts, Brussels: VUB Press, pp. 96–128.

Housen, A. (2002c) 'Processes and Outcomes in the European Schools Model of

Multilingual Education', Bilingual Research Journal, 26, 1: 43–62.

Housen, A. (2008) 'Multilingual Development in the European Schools', in R. De Groof (ed.), Brussels and Europe – Bruxelles et l'Europe, Brussels: Academic and Scientific Publishers, pp. 455–470.

Hu, M. and Nation, I. (2000) 'Vocabulary Density and Reading Comprehension', Reading in a Foreign Language, 13, 1: 403–30.

Interparents (2013) Letter from Interparents Regarding the Funding Crisis at the European Schools, Brussels: The Association of the Parents' Associations of the European Schools.

Janne, H. (1973) 'For a Community Policy on Education', Bulletin of the European Communities, Supplement 10/73, Brussels: European Commission.

Jenkins, S., Micklewright, J. and Schnepf, S. (2006) Social Segregation in Secondary Schools: How Does England Compare with Other Countries? Discussion Paper No. 1959 January 2006, Bonn: IZA.

Johnstone, R. (2002) Immersion in a Second or Additional Language at School: A Review of the International Research, Glasgow: CILT – Scotland's National Centre for Languages.

Jonckers, R. (2000) 'The European School Model Part II', The European Schools Journal, 20, 1, 1: 45–50.

Kaldor, M. (2003) 'The Idea of Global Civil Society', International Affairs, 79, 3: 583–93.

Kant, I. (1992) The Cambridge Edition of the Works of Immanuel Kant, edited by P. Guyer and A. Wood, 1992–, Cambridge: Cambridge University Press.

Kasper, G. (2008) 'Language', in J. Cenoz and N. H. Hornberger (eds.), Encyclopedia of Language and Education, 6, New York: Springer, pp. 59–78.

Kasper, G. and Rose, K. R. (2002) Pragmatic Development in a Second Language, Oxford: Blackwell.

Kegan, R. and Lahey, M. (2009) Immunity to Change: How to Overcome It and Unlock the Potential in Yourself and Your Organization, Boston: Harvard Business Press.

Kinstler, L. (2015) 'The European (Schools) Crisis', Politico 07/09/2015.

Kolb, D. (1984) Experiential Learning Experience as a Source of Learning and Development, New Jersey: Prentice Hall.

Lave, J. and Wenger, E. (1998) Situated Learning: Legitimate Peripheral Participation, Cambridge: Cambridge University Press.

Leaton Gray, S., Scott, D., Gutierrez-Peris, D., Mehisto, P., Pachler, N. and Reiss, M. (2015) External Evaluation of a Proposal for the Reorganisation of Secondary Studies in the European School System, London: UCL Institute of Education.

Legenhausen, L. (2009) 'Autonomous Language Learning', in K. Knapp and B. Seidlhofer (eds.), Handbook of Foreign Language Communication and Learning,

London: Mouton de Gruyter, pp. 373–400.

Lightbown, P. and Spada, N. (2013) How Languages Are Learned (4th edition), Oxford: Oxford University Press.

Little, O. and Boynton, L. (2004) Personal Communication.

Locke, J. (2007 [1689]) An Essay Concerning Human Understanding, London: Fontana Library.

Lyster, R. (2007) Learning and Teaching Languages Through Content: A Counterbalanced Approach, Philadelphia, PA: John Benjamins.

MacIntyre, P. (2002) 'Motivation, Anxiety and Emotion in Second Language Acquisition', in P. Robinson (ed.), Individual Differences and Instructed Language Learning, Philadelphia, PA: John Benjamins, pp. 45–68.

Marjoram, D. and Williams, R. (1977) 'European Schools: Based on an Agreement Between Nine Nations', Trends in Education, 2: 26–30.

Martel, J. (2016) 'Tapping the National Standards for Thought-Provoking CBI in K-16 Foreign Language Programs', in L. Cammarata (ed.), Content-based Foreign Language Teaching: For Developing Advanced Thinking and Literacy, New York, NY: Routledge, pp. 101–22.

Martinez, M., Hetterschijt, C. and Iglesias, M. (2015) 'The European Schools: Perspectives of Parents as Participants in a Learning Community', Journal of Research in International Education, 14, 1: 44–61.

Maton, K. (2014) Knowledge and Knowers: Towards a Realist Sociology of Education, London: Routledge.

McLaren, P. and Farahmandpur, R. (2001) 'The Globalization of Capitalism and the New Imperialism: Notes Towards a Revolutionary Critical Pedagogy', The Review of Education, Pedagogy and Cultural Studies, 23, 3: 271–315.

Meece, J., Anderman, E. and Anderman, L. (2006) 'Classroom Goal Structure, Student Motivation, and Academic Achievement', Annual Review of Psychology, 57, 1: 487–503.

Mehisto, P. (2012) Excellence in Bilingual Education: A Guide for School Principals, Cambridge: Cambridge University Press.

Mehisto, P. (2015) 'Conclusion: Forces, Mechanisms and Counterweights', in P. Mehisto and F. Genesee (eds.), Building Bilingual Education Systems: Forces, Mechanisms and Counterweights, Cambridge: Cambridge University Press, pp. 269–88.

Mehisto, P. with Ting, T. (2017) CLIL Essentials for Secondary School Teachers. Cambridge: Cambridge University Press.

Mercer, N. and Dawes, L. (2008) 'The Value of Exploratory Talk', in N. Mercer and S. Hodgkinson (eds.), Exploring Talk in Schools, London: Sage, pp. 55–71.

Messick, S. (1989) 'Validity', in R. Linn (ed.), Educational Measurement (3rd edition), Washington, DC: American Council on Education.

Meyer, E. (2014) Navigating the Cultural Minefield, Harvard University Press.

Mourshed, M., Chijioke, C. and Barber, M. (2010) How the World's Best Performing Systems Come Out on Top, London: McKinsey.

Murphy, V. (2016) 'Research on Raising Achievement in English Language and/ or Literacy in Pupils with EAL', Presentation at the 'Multilingual Learners in Context – EAL, Community and International School Settings' Symposium Held at Oxford Brookes University, Oxford, 11 June.

National Academies of Sciences, Engineering, and Medicine (2017) Promoting the Educational Success of Children and Youth Learning English: Promising Futures, Washington, DC: The National Academies Press.

Nelson, M. and Schunn, C. (2009) 'The Nature of Feedback: How Different Types of Peer Feedback Affect Writing Performance', Instructional Science, 27, 4: 375–401.

Nic Craith, M. (2006) Europe and the Politics of Language: Citizens, Migrants and Outsiders, Palgrave Studies in Minority Languages and Communities, Basingstoke: Palgrave Macmillan.

OECD (2016) Education 2030: Preliminary Reflections and Research by Experts on Knowledge, Skills, Attitudes and Values towards 2030, Paris: OECD.

Office of Secretary General of the European Schools (2017) Statistics, https:// www. eursc.eu/en.

Office of Secretary General of the European Schools (2016) Statistics, https:// www. eursc.eu/en.

Olsen, J. (2000) 'The European School Model Part I', The International Schools Journal, 20, 1: 38–44.

Oostlander, A. (1993) Report on the Proposal for a Council Decision on the Conclusion by the European Economic Community and the European Atomic Energy Community of the Convention Defining the Statute of the European Schools (com 93-c3-0142/93), Brussels: Europ 26262 Session Documents.

Osberg, D. and Biesta, G. (2007) 'Beyond Presence: Epistemological and Pedagogical Implications of Strong Emergence', Interchange, 38, 1: 31–51.

Osler, A. and Starkey, H. (2005) Changing Citizenship: Democracy and Inclusion in Education, Maidenhead: Open University Press.

Parker, R. (1985) 'The "Language Across the Curriculum" Movement: A Brief Overview and Bibliography', College Composition and Communication, 36, 2: 173–7.

Pomerantsev, P. (2016) 'European Schools', London Review of Books, 38, 12: 46–7.

Reagan, T. (2016) 'Language Teachers in Foreign Territory: A Call for a Critical Pedagogy-Infused Curriculum', in L. Cammarata (ed.), Content-Based Foreign Language Teaching: For Developing Advanced Thinking and Literacy, New York, NY: Routledge, 173–91.

Ruiz de Zarobe, Y. (2015) 'The Basque Country: Plurilingual Education', in P. Mehisto and F. Genesee (eds.), Building Bilingual Education Systems: Forces Mechanisms and Counterweights, Cambridge: Cambridge University Press.

Rydenvald, M. (2015) 'Elite Bilingualism? Language Use Among Multilingual Teenagers of Swedish Background in European Schools and International Schools in Europe', Journal of Research in International Education, 14, 3: 213-27.

Savvides, N. (2006a) 'Developing a European Identity: A Case Study of the European School at Culham', Comparative Education, 42, 1: 113-29.

Savvides, N. (2006b) 'Investigating Education for European Identity at Three European Schools: A Research Proposal', Research in Comparative and International Education, 1, 2: 174-86.

Savvides, N. (2006c) 'Comparing the Promotion of European Identity at Three 'European Schools': An Analysis of Teachers' Perceptions', Research in Comparative and International Education, 1, 4: 393-402.

Savvides, N. (2008) 'The European Dimension in Education: Exploring Students' Perceptions at Three European Schools', Journal of Research in International Education, 7, 3: 304-26.

Schleicher, A. (2013) www.bbc.com/news/business-31087545.

Schmalenbach, K. (2010) 'Challenging Decisions of the European Schools Before National Courts', in A. Reinisch (ed.), Challenging Acts of International Organizations Before National Courts, Oxford: Oxford University Press.

Scott, D. (2011) Education, Epistemology and Critical Realism, London and New York: Routledge.

Schon, D. (2005) The Reflective Practitioner: How Professionals Think in Action, San Francisco: Jossey Bass.

Shapiro, B. (1994) What Children Bring to Light: A Constructivist Perspective on Children's Learning in Science, New York: Teachers College Press.

Shore, C. and Baratieri, D. (2005) 'Crossing Boundaries Through Europe: European Schools and the Supersession of Nationalism', in J. Stacul, C. Moutsou and H. Kopnina (eds.), Crossing European Boundaries: Beyond Conventional Geographical Categories, Oxford: Berghahn Books.

Shore, C. and Finaldi, D. (2005) 'Crossing Boundaries Through Education: European Schools and the Supersession of Nationalism', in J. Stacul et al. (eds.), Crossing European Boundaries Beyond Conventional Geographical Categories, Berghahn Books, pp. 23-40.

Smith, A. (1995) 'The Special Needs of Gifted Children in the European Schools', Schola Europaea, Brussels: European School.

Spitzberg, B. H. and Changnon, G. (2009) 'Conceptualizing Multicultural Competence', in D. K. Deardorff (ed.), Handbook of Intercultural Competence, Thousand Oaks, CA: Sage, 2–52.

Stacul, J., Moutsou, C. and Kopnina, H. (2006) Crossing European Boundaries: Beyond Conventional Geographic Categories, New York: Berghahn Books.

Standish, P. (2016) 'The Disenchantment of Education and the Re-enchantment of the World', Journal of Philosophy of Education, 50, 1: 98–116.

Starkey, H. (2012) 'Europe, Human Rights and Education', in J. Sayer and L. Erler (eds.), Schools for the Future of Europe Values and Change Beyond Lisbon, London: Continuum.

Strawson, P. (1959) Individuals: An Essay in Descriptive Metaphysics, London: Methuen.

Swan, D. (1996) A Singular Pluralism: The European Schools 1984–94, Dublin: Institute of Public Administration.

Tedick, D. J. and Wesely, P. M. (2015) 'A Review of Research on Content-Based Foreign/Second Language Education in US K-12 Contexts', Language, Culture and Curriculum, 28, 1: 25–40,

Theiler, T. (1999) 'The European Union and the 'European Dimension' in Schools: Theory and Evidence', Journal of European Integration, 21, 4: 307–41.

UNESCO (2001) Universal Declaration on Cultural Diversity, November 2001.

Van Dijk Consultants (2006) Evaluation of the European Schools at Culham, Mol, Bergen and Karlsruhe and Options for the Future, 17 of August 2006, Brussels: Van Dijk Consultants.

Van Parijs, P. (2009) Linguistic Justice for Europe, Oxford: Oxford University Press.

Vollmer, H. J. (2006) Language Across the Curriculum, Strasbourg: Council of Europe.

Vygotsky, L. S. (1978) Mind in Society: The Development of Higher Psychological Processes, Cambridge, MA: Harvard University Press.

Watson, A., Jones, K. and Pratt, D. (2013) Key Ideas in Teaching Mathematics: Research-Based Guidance for Ages 9–19, Oxford: Oxford University Press.

Wiliam, D. and Thompson, M. (2008) 'Integrating Assessment with Instruction: What Will It Take to Make It Work?', in C. Dwyer (ed.), The Future of Assessment: Shaping Teaching and Learning, Mawah, NJ: Lawrence Erlbaum Associates, pp. 53–82.

Williams, C. (1996) 'Secondary Education: Teaching in the Bilingual Situation', in C. Williams, G. Lewis and C. Baker (eds.), The Language Policy: Taking Stock, Llangefni, Wales: CAI.

Wilson, E. and Demetrio, H. (2007) 'New Teacher Learning: Substantive Knowledge and Contextual Factors', The Curriculum Journal, 18, 3: 213–29.

Wolff, D. (2011) 'The CLIL Teacher's Strategic Competence', Presentation Given at 'International CLIL Conference: Towards Quality CLIL Teaching' Held in Rovereto, Italy,

Centro Rovereto on 19 February.

Zimmerman, B. and Schunk, D. (2011) Handbook of Self-regulation of Learning and Performance, New York: Routledge.

부록 1

서양철학	
Ontology [존재에 관한 사유] Q. 세상의 기본은?	Epistemology [우리가 실제 세계의 진리를 인식할 수 있는가 없는가의 차이]

Materialism (유물론)	Idealism (관념론/유심론)	Classic Realism (전통적 실재론, 실재주의)	Critical Realism (비판적 실재주의)
*물질	*정신 *종교, 신, 기독교	세계에 Reality가 있고, 우리가 Reality를 과학, 감각을 통해서 해석할 수 있다.	*세계에 대해 알 수 없다. *세상에 완전히 다져져 있다는 것에 대한 의구심. *세상의 기반은 불완전하다. 예시) 영화 매트릭스의 오피우스와 네오. "What's the real?"
시조: 그리스 자연철학자들 "공기, 불 등에도 영혼이 깃들어 있다"	피타고라스 (수는 물질이 아니라고 주장함) * 서양주의의 기본	뉴톤, 데카르트의 기계론적 세계관 분자, 원자의 결합. 있는 그래도를 인식할 수 있다고 본다.	Reality의 실제에 대한 의구심 청사진처럼 진술할 수 없다. 중도적 입장. (approximately)진리를 향해 근사치를 가질 수 있다.
아리스토텔레스 (유물론자는 아니지만 유물론에 가까운 주장) 자연물질 그 자체에 가치를 부여. 현상이 본질성을 가지고 있다.	플라톤: 이데아 (동굴의 비유: 우리가 보는 것은 실제의 그림자의 반영이다. 실제는 보는 순간 견디지 못한다. 세상의 본질은 직시할 수 없다.)	극단으로 가면 결정론자 (determinism)	극단으로 가면 회의주의 (Sceprtical) 현대 철학의 주류

저자 색인(Author Index)

주제 색인 (Subject Index)

139, 141, 142, 146, 148, 150, 151, 153, 156

U

UNESCO(유네스코), 57
United Kingdom,(영국) 5, 17
University(대학), v–vii, 17, 22, 34–36, 38, 41, 100, 105–107, 121, 123–129, 131, 132, 134
Use(사용), 1, 8, 12, 18, 52, 53, 55, 57, 59–72, 80, 83, 88, 93, 101–103, 105, 107, 111–113, 115–119, 146, 147, 150, 152, 156

V

Validity(유효성), 106, 116–119

W

Working Language(실무 언어), 11, 12, 14, 31

EU 바칼로레아

책제목 | EU 바칼로레아
부제목 | 유럽학교의 교육과정 개혁

초판 발행 | 2022년 6월 30일

지은이 | Sandra Leaton Gray, David Scott, Peeter Mehisto
번 역 | 윤소영
교 정 | 서다영

표지디자인 | 주식회사 라일린
본문디자인 | 디두

출판사 | 주식회사 라일린
출판등록 | 2022년 1월 5일 제 2022-000002호
주 소 | 30033 세종특별자치시 조치원읍 군청로 93, 2층 BCC (R-4호)
문 의 | 070-4006-7605
이메일 | lylinn3@lylinn.com

ISBN | 979-11-977599-0-1